Sa seconde venue

Sa seconde venue

Les signes du retour de Christ et de la fin des temps

John MacArthur

La Maison de la Bible
Genève — Paris

Titre original en anglais: *The Second Coming*

Published by Crossway Books
A division of Good News Publishers
Wheaton, Illinois 60187, U.S.A.

This edition published by arrangement with Good News Publishers.

Les textes bibliques sont tirés de la Bible Segond revue, Nouvelle Edition de Genève, 1979

Le Trési 6, CH 1028 Préverenges
Diffusion en France:
La Maison de la Bible, F 69813 Tassin
Imprimé en UE
ISBN 2-8260-3374-3

Table des matières

Introduction

Je crois que Christ reviendra un jour sur terre littéralement et victorieusement, sous une forme corporelle visible. Ma conviction à ce sujet est aussi forte que ma foi en Christ lui-même. Ma foi dans le retour futur de Christ est aussi inébranlable que ma certitude quant à l'histoire passée de la rédemption. J'ajoute que le fait de la seconde venue constitue une doctrine essentielle du christianisme. Ce retour marquera la fin et le but du dessein de Dieu sur terre, et cet apogée divin sera aussi précis et revêtu d'autant de signification que n'importe quelle autre révélation de Dieu. Ceux qui ont abandonné l'espoir du retour corporel de Christ ont en fait abandonné le véritable christianisme.

Le danger de nier la seconde venue de Christ

C'est une question vitale aujourd'hui. De plus en plus de gens qui se disent chrétiens rejettent toute idée d'une seconde venue de Christ. Ainsi, depuis longtemps des théologiens libéraux ne croient plus au retour de Christ au sens littéral. Certains d'entre eux spiritualisent toutes les Ecritures prophétiques, déclarant que la "seconde venue" s'opère au moment où une personne reçoit le Seigneur dans son cœur. D'autres vont encore plus loin et considèrent l'attente apostolique du retour de Christ comme un mythe et un faux espoir. Ils rejettent ainsi la promesse biblique de la seconde venue et se rangent du côté des moqueurs (cf. 2 Pi 3:3-4). Ce type d'erreur caractérise ceux qui ont une connaissance très limitée de l'Ecriture, comme c'est le cas des théologiens libéraux.

Mais récemment, certains chrétiens réputés traditionnellement conservateurs et attachés à la Bible ont attaqué la doctrine du retour littéral, corporel, de Christ. *L'hyper-prétérisme* (appelé aussi par ses avocats *prétérisme complet* ou "eschatologie réalisée") est une conception qui gagne rapidement du terrain.[1] Ses adeptes fondent toute leur théologie sur une mauvaise compréhension des paroles de Christ dans Matthieu 24:34: "Je

1. D'un bout à l'autre de ce livre, les termes eschatologiques et théologiques qui apparaissent en caractères italiques à leur première occurrence sont définis dans le glossaire à la fin. L'*hyper-prétérisme* doit être distingué du *prétérisme*, même si ces deux conceptions partagent une approche herméneutique similaire et interprètent de la même manière beaucoup de prophéties de la Bible. Le prétérisme simple suggère que les prophéties relatives à la tribulation de Matthieu 24 et de l'Apocalypse ont trouvé leur accomplissement dans l'histoire de l'Eglise primitive. (La plupart des prétéristes diraient que ces événements se sont produits lors de la destruction de Jérusalem par l'armée romaine en 70 apr. J.-C.) L'*hyper*-prétérisme applique la même herméneutique en la poussant jusqu'à l'extrême (ce qui justifie l'étiquette "hyper"). Selon l'argumentation de ses partisans, non seulement les prophéties relatives à la tribulation, mais *toutes* les promesses prophétiques de l'Ecriture ont déjà trouvé leur accomplissement. (Voir le texte principal pour plus de détails.)
Je désapprouve fortement l'approche prétériste de la prophétie, et il est clair que c'est l'approche herméneutique adoptée par les prétéristes qui a posé le fondement de l'erreur hyper-prétériste. Toutefois si l'on peut accuser l'hyper-prétérisme d'être une hérésie sous-chrétienne, cette charge ne s'applique pas nécessairement au simple prétérisme. C'est la négation par l'hyper-prétérisme de doctrines fondamentales – telles que la résurrection des morts au sens littéral et le retour corporel de Christ – qui fait de cette conception une hérésie si grave, pas la méthode herméneutique en elle-même.

vous le dis en vérité, cette génération ne passera point, que tout cela n'arrive." Pour eux, cela signifie que chaque détail de la prophétie biblique devait s'accomplir avant la mort des gens auxquels Jésus s'adressait; et selon eux, cela s'est produit en 70 de notre ère, durant la tourmente et le bouleversement politique qui ont suivi la prise et le sac de Jérusalem par les Romains, et où la plupart des habitants de la ville ont été massacrés.

Autrement dit, d'après les hyper-prétéristes, la seconde venue de Christ, la résurrection des morts et la comparution devant le grand trône blanc du jugement sont des événements passés, de telle sorte qu'il ne reste plus une seule prophétie biblique qui ne soit accomplie. Ils affirment qu'il n'y a aucun espoir d'un retour de Christ. Les hyper-prétéristes vont même jusqu'à dire que l'univers dans lequel nous vivons est "les nouveaux cieux et la nouvelle terre" promis dans des passages comme 2 Pierre 3:13 et Apocalypse 21. Ainsi, la terre où nous nous mouvons est permanente. Le péché et le mal ne seront jamais complètement éradiqués de la création de Dieu. Satan a déjà été vaincu et ne connaîtra pas d'autre défaite. Il n'existe pas de réalité tangible ni d'existence physique de l'autre côté de la tombe. A sa mort, le croyant devient un esprit désincarné pour l'éternité, et passe dans la présence de Dieu sur un plan purement spirituel, sans aucune espérance d'une future résurrection corporelle. L'âme des méchants est rejetée loin de la présence de Dieu dans un état désincarné.

Que font donc les hyper-prétéristes de la multitude d'affirmations scripturaires qui semblent contredire leurs conceptions? Par exemple, quel sort réservent-ils à la promesse d'1 Thessaloniciens 4:16-17: "Car le Seigneur lui-même, à un signal donné, à la voix d'un archange, et au son de la trompette de Dieu, descendra du ciel, et les morts en Christ ressusciteront premièrement. Ensuite, nous les vivants, qui serons restés, nous serons tous ensemble enlevés avec eux sur des nuées, à la rencontre du Seigneur dans les airs, et ainsi nous serons toujours avec le Seigneur"? Comment interprètent-ils 1 Corinthiens 15:22-24: "Et comme tous meurent en Adam, de même aussi tous revivront en Christ, mais chacun en son rang, Christ comme prémices, puis ceux qui appartiennent à Christ, lors de son avènement. Ensuite viendra la fin, quand il remettra le royaume à celui qui est Dieu et Père, après avoir réduit à l'impuissance toute domination, toute autorité et toute puissance"? Et les versets 53-54: "Car il faut que ce corps corruptible revête l'incorruptibilité, et que ce corps mortel revête l'immortalité. Lorsque ce corps corruptible aura revêtu l'incorruptibilité, et que ce corps mortel aura revêtu l'immortalité, alors s'accomplira la parole qui est écrite: La mort a été engloutie dans la victoire"? Que pensent-ils du jugement terrible décrit dans 2 Pierre 3:10: "Le jour du Seigneur viendra comme un voleur; en ce jour, les cieux passeront avec fracas, les éléments embrasés se dissoudront, et la terre avec les œuvres qu'elle renferme sera consumée"?

S'appuyant sur une page des manuels libéraux, les hyper-prétéristes interprètent de façon allégorique ces passages prophétiques et tous les autres, déclarent qu'ils parlent de réalités spirituelles et non littérales. En d'autres termes, parce qu'ils interprètent – de façon injustifiée et bornée – littéralement Matthieu 23:36, ils sacrifient le sens réel de toutes les prophéties concernant le retour de Christ et les événements des temps de la fin.

Cette approche de l'Ecriture a des conséquences désastreuses pour presque toutes les doctrines fondamentales du christianisme. Ainsi, elle anéantit tout espoir de résurrection des morts. Les hyper-prétéristes affirment que la résurrection des morts décrite dans Apocalypse 20:4-15 et dans 1 Corinthiens 15:51-52 s'est pleinement réalisée autour de l'an 70. Pour eux, il s'agit d'une résurrection spirituelle et non corporelle, et c'est la seule qu'il faille envisager. Les tenants de cette interprétation prophétique ont donc abandonné tout espoir d'une résurrection littérale, corporelle, des saints.[2]

Que pensent-ils de la seconde venue de Christ? Ils affirment que c'était également un événement spirituel qui s'est produit au cours de la première génération de l'Eglise, et qu'il n'y a aucune raison d'attendre un accomplissement littéral futur. Privant l'Ecriture de tout sens réel et rejetant toutes les confessions de foi et les affirmations doctrinales des conciles ecclésiastiques, des dénominations et des théologiens qui ont marqué l'histoire de l'Eglise, ils nient le fait que Christ reviendra un jour sur la terre dans son corps visible.

Cette position semble tellement étrange que l'on pourrait se demander si elle mérite vraiment d'être réfutée. Comment peut-on déclarer croire la Bible tout en niant le retour corporel de Christ? Pourtant, ce courant de pensée a exercé une influence grandissante surtout parmi les jeunes croyants qui ont plus de zèle que de connaissance. A en juger par le nombre manifestement croissant de gens qui clament cette conception sur Internet et sur d'autres plates-formes[3], il faut croire qu'ils

---

2. Ward FENLEY, "The Resurrection of the Dead Already Happened!" (http://www.preterist.net/articles/index.htm).

3. L'auteur le plus vendu, le reconstructioniste chrétien David Chilton, a commencé à embrasser les doctrines hyper-prétéristes avant sa mort en 1997. Peut-être en partie à cause de l'influence de Chilton et en partie parce que ce mouvement a toujours été favorable à l'approche prétériste de la prophétie biblique, le mouvement reconstructioniste chrétien a montré une sensibilité particulière à l'hyper-prétérisme.
Walt Hibbard, le fondateur du service de vente par correspondance de livres chrétiens Great Christian Book (GCB), a aussi épousé l'hyper-prétérisme. Il faisait une réclame agressive pour la littérature hyper-prétériste sur les premières pages de ses catalogues avant que la GCB ne fasse faillite au début de 1999. Un des ouvrages dont Hibbard faisait le plus vigoureusement la promotion est le principal manifeste de l'hyper-prétérisme: *The Second Coming of Jesus Christ Already Happened*, de Ward Fenley (Sacramento, Kingdom of Sovereign Grace, 1997). Plusieurs sites Web hyper-prétéristes se font maintenant les porte-parole de cette conception par Internet.

rencontrent un succès phénoménal dans leurs efforts pour gagner à leurs vues d'autres âmes non averties.

Le retour corporel de Christ n'est pas un point sur lequel l'Ecriture serait ambiguë ou peu claire. Elle déclare qu'au moment où les disciples regardaient le Christ ressuscité remonter au ciel, "deux hommes vêtus de blanc leur apparurent, et dirent: Hommes Galiléens, pourquoi vous arrêtez-vous à regarder au ciel? Ce Jésus, qui a été enlevé au ciel du milieu de vous, *viendra de la même manière* que vous l'avez vu allant au ciel" (Actes 1:10-11, italiques ajoutés). Il est monté sous une forme corporelle visible; il reviendra du ciel "de la même manière". On ne peut être plus explicite.

Les hyper-prétéristes ont une parade à cet argument: ils nient le fait de l'ascension corporelle de Christ.[4] Ils sont *obligés* d'adopter ce point de vue pour rester cohérents et conserver le parallèle – *de la même manière* – établi entre l'ascension de Christ et son retour sur la terre.

Certains hyper-prétéristes extrémistes prolongent un peu plus cette hypothèse empoisonnée en niant la résurrection corporelle de Christ d'entre les morts. Après tout, 1 Corinthiens 15:20-23 ne dit-il pas que Christ est "les prémices" de ceux qui ressusciteront? Sa résurrection est donc le modèle et le prototype de tous ceux qui doivent ressusciter des morts. Ayant déjà affirmé que la résurrection des croyants est à prendre au sens spirituel, de nombreux hyper-prétéristes n'ont aucune peine à conclure que Christ lui-même est sorti spirituellement du tombeau. Cette déclaration détruit le fondement de la doctrine chrétienne: "Car si les morts ne ressuscitent point, Christ non plus n'est pas ressuscité. Et si Christ n'est pas ressuscité, votre foi est vaine, vous êtes encore dans vos péchés" (1 Corinthiens 15:16-17). L'apôtre Paul semblait vouloir réfuter une théologie très proche de celle de l'hyper-prétérisme actuel en écrivant ces mots.

---

4. Ward FENLEY, "Christ's Post-Resurrection Mode" (http://www.preterist.net/articles/index.htpm).

Puisqu'ils nient tant de doctrines cardinales du christianisme, il n'est pas étonnant que des hyper-prétéristes tombent encore plus bas dans l'énoncé d'idées hétérodoxes. Pour en donner un exemple, Ward Fenley (probablement le défenseur le plus influent de l'hyper-prétérisme) déclare que Christ *est réellement devenu* pécheur sur la croix:

> Il n'a pas été fait péché pendant sa vie. Mais sur la croix, il est devenu tout ce que nous avons commis de plus terrible et de plus souillé... J'affirme que dans son amour incommensurable pour ses enfants, Christ est réellement devenu ce que nous étions, dans un sens si fort qu'il a pu faire sienne cette prière à son Père: "O Dieu! tu connais ma folie, et mes fautes ne te sont point cachées."[5]

L'erreur des hyper-prétéristes est exactement celle d'Hyménée et de Philète "qui se sont détournés de la vérité, disant que la résurrection est déjà arrivée, et qui renversent la foi de quelques-uns" (2 Ti 2:18). Paul n'avait aucun scrupule à dénoncer ouvertement la gravité d'une telle erreur qui menaçait l'âme. N'hésitons pas non plus à mettre en garde contre le danger de s'éloigner de la vérité biblique. Après tout, la négation du retour corporel de Christ est une hérésie de la pire espèce, et elle renverse actuellement la foi de beaucoup.

---

5. Ward FENLEY, "Psalm 69: The Sins of Christ" (http://www.preterist.net/articles/index.htpm). Le protestantisme orthodoxe historique a longtemps affirmé que notre *culpabilité* a été imputée à Christ, et qu'il en a payé la dette en subissant la colère de Dieu contre le péché. Mais nous rejetons l'idée que Christ aurait été *fait* pécheur dans le sens suggéré par les remarques de Fenley. Rappelez-vous que la justice de Christ est donnée aux croyants exactement de la même manière que notre culpabilité a été imputée à Christ. Mais nous ne sommes pas de ce fait automatiquement *rendus* justes. Nous sommes justifiés tout en étant encore pécheurs (Ro 4:5). De façon similaire, Christ a porté notre culpabilité sans avoir été *rendu* injuste. Les remarques de Fenley sont un affront à Christ, qui n'aurait jamais pu être personnellement souillé par le péché, même en portant la culpabilité des multitudes qu'il a sauvées (Hé 7:26).

La folie du sensationnel à propos de la seconde venue de Christ

Je crois que le fait de la seconde venue de Christ est une doctrine fondamentale. Je m'empresse toutefois d'ajouter que nombre de *détails* de la prophétie biblique sont entourés de mystère et que c'est donc une grave erreur de parler avec une certitude dogmatique de sujets qui ne sont somme toute que de simples conjectures. Jésus lui-même a déclaré: "Pour ce qui est du jour ou de l'heure, personne ne le sait, ni les anges dans le ciel, ni le Fils, mais le Père seul. Prenez garde, veillez et priez; car vous ne savez quand ce temps viendra" (Mc 13:32-33). Que pourrait-il y avoir de *plus* mystérieux?

A l'opposé de la tendance hyper-prétériste, il y a ceux qui auréolent de sensationnel tout ce que l'Ecriture dit concernant les événements futurs. Ils le font en suggérant comme grille d'interprétation des Ecritures des faits qui font la manchette des journaux actuels. Pendant plus de cent ans, cette démarche a été très populaire et désastreuse à la fois. Sur les rayons de ma bibliothèque s'alignent des ouvrages de différents auteurs du début du vingtième siècle. Tous s'adonnent à la spéculation pour montrer que certains personnages et certains faits historiques accomplissent les prophéties eschatologiques. Un livre paru vers 1917 suggère que les événements qui ont abouti à la Première Guerre mondiale ne pouvaient que présager l'Apocalypse. Pour son auteur, la génération d'alors serait sans aucun doute celle qui connaîtrait l'enlèvement.

Vingt-cinq ans plus tard, d'autres auteurs, témoins de la montée d'Hitler, suggérèrent que le Führer correspondait parfaitement à la description biblique de l'Antichrist. Quelques livres d'alors prédisaient l'imminence de l'enlèvement, après quoi Hitler établirait sa domination sur le monde. Ce serait alors le début de la tribulation. D'autres identifièrent l'Antichrist à Benito Mussolini ou à Joseph Staline. Ils se sont tous trompés.

Après la Deuxième Guerre mondiale, de nombreux ouvrages affirmèrent que la fondation de l'Etat d'Israël marquait le début du compte à rebours de la bataille d'Harmaguédon, qui ne pouvait pas survenir plus de quarante ans après cette proclamation. Ces prédictions furent faites de façon solennelle et avec beaucoup de retentissement. On assista dans les années 1980 à une prolifération d'ouvrages sur ce thème. Tous se sont trompés.

Au moment où débute un nouveau millénaire, les spéculations se multiplient comme jamais. Sur les chaînes de télévision religieuses, des prétendus experts en prophétie biblique rivalisent pour expliquer que les événements majeurs de la semaine accomplissent telle ou telle prophétie biblique précise. Les librairies chrétiennes regorgent de titres sur la prophétie biblique, y compris les dernières lubies d'auteurs qui tentent d'expliquer les événements les plus récents à partir des prophéties tirées de l'Ecriture dans des ouvrages qui s'apparentent à de la science-fiction. Tout ceci encourage les gens à interpréter l'Ecriture à partir des titres qui font la une des journaux modernes, au lieu de faire l'inverse.

Mais il y a pire encore. Malgré l'avertissement de Jésus – "vous ne savez quand ce temps viendra" – les spéculations concernant les dates vont bon train dans le monde évangélique qui a vu se lever certains spécialistes n'hésitant pas à fixer des dates. Dans son best-seller *L'agonie de notre vieille planète*, paru en 1970, Hal Lindsey ne cachait pas qu'il s'attendait au retour de Christ en 1988:

> Mais le signe le plus important de Matthieu doit être le rétablissement des Juifs dans leur pays, la renaissance d'Israël. L'expression même du "figuier" a été un symbole

historique de la nation d'Israël. Lorsqu'après 2 000 ans d'exil, de persécutions sans merci, Israël est redevenu une nation, le 14 mai 1948, le "figuier" a poussé ses premières feuilles.

Jésus a dit que cela indiquerait qu'il était "à la porte", prêt à revenir. Puis il a dit: "Je vous le dis en vérité, *cette génération* ne passera point, que tout cela n'arrive" (Mt 24:34). Quelle génération? Evidemment, la génération qui verrait les signes – parmi lesquels le plus important serait la renaissance d'Israël. Dans la Bible, une génération représente quelque quarante ans. Si cette déduction est correcte, toutes ces choses pourraient se passer dans les quarante ans qui suivent 1948. Beaucoup de savants qui ont étudié toute leur vie la prophétie biblique le croient.[6]

En 1970, Lindsey adoptait un langage modéré comparé à ses déclarations hardies vers la fin de cette période de quarante ans. Dans son livre *Compte à rebours vers Harmaguédon! les années 1980*, publié en 1980, Lindsey écrivait: "Les prophètes nous ont dit que la naissance d'Israël – et rien d'autre – serait le signe que le compte à rebours a commencé. Depuis cette renaissance, le restant des prophéties a commencé à s'accomplir rapidement. Pour cette raison, je suis convaincu que nous vivons maintenant à l'époque unique prédite clairement par les prophètes hébreux."[7] Plus loin, Lindsey affirmait croire que l'enlèvement et le début de la tribulation se produiraient dans les années 1980.[8]

---

6. Hal LINDSEY, *The Late Great Planet Earth* (Grand Rapids, Michigan: Zondervan, 1970), pp. 53-54. Note de l'éditeur: pour l'édition française, voir *L'agonie de notre vieille planète* (E.L.B. / épuisé).
7. Hal LINDSEY, *The 1980s: Countdown to Armageddon* (New York: Bantam, 1980), p. 12. Note de l'éditeur: pour l'édition française, voir *Compte à rebours vers Harmaguédon! les années 1980* (Vida, 1982).
8. *Ibid.*, p. 43.

D'autres se sont polarisés sur cette période de quarante ans qui démarrait en 1948 et en ont tiré des dogmes plus explicites encore. Au début de l'année 1988, Edgar Whisenant publia un livre qui devint rapidement un best-seller: *88 Reasons Why the Rapture Will Be in 1988*. L'auteur assura à ses lecteurs qu'il avait réussi à déchiffrer le mystère du calendrier prophétique, et que l'enlèvement se produirait entre le 11 et le 13 septembre 1988, pendant le Rosh Hashanah, le Nouvel-An juif, désigné aussi de *Yom Teru'ah*, le premier jour du septième mois, jour publié au son des trompettes (décrit en No 29:1).[9] Aucunement ébranlé lorsque rien ne se produisit à la date qu'il avait fixée, Whisenant changea la date de sa prédiction et publia un autre livre intitulé *89 Reasons Why the Rapture Will Be in 1989*. Mais discrédité par sa précédente fausse prédiction, il eut beaucoup de mal à susciter l'engouement du public par sa nouvelle prédiction qui, évidemment, se révéla fausse, elle aussi.

Ces échecs ne réussirent pas à calmer l'ardeur de certains prophètes modernes. En effet, quelques années plus tard, Harold Camping, président et directeur général des émissions Family Radio, publia un ouvrage intitulé simplement *1994* dans lequel il prédisait le retour du Seigneur pour le 7 septembre 1994.[10] Camping fonda sa prédiction sur la numérologie, la fondation de l'Etat d'Israël et d'autres signes des temps. Sur ses antennes radio, il répéta plusieurs fois "être certain à plus de 99 pour cent" que sa prédiction était exacte. En fait, elle ne l'était pas.

Ces dernières années ont vu surgir de nombreux autres "prophètes" moins connus, et bien sûr chacun d'eux s'est fourvoyé dans ses calculs. Malheureusement, chaque fausse prédiction sape un peu plus la crédibilité de l'Evangile dans l'esprit

9. Edgar WHISENANT, *88 Reasons Why the Rapture Will Be in 1988* (Nashville: World Bible Society, 1988).
10. Harold CAMPING, *1994* (New York. Vantage, 1992).

des incroyants qui les ont entendues et assimilées au vrai message chrétien. De plus, toutes ces prédictions qui se sont révélées fausses ont miné la confiance des chrétiens dans ceux qui les enseignent. Pour ma part, je crains qu'elles ne détournent beaucoup de gens de l'attente que le Seigneur *peut* revenir à tout instant. Il ne fait pratiquement aucun doute qu'après tant de décennies de prédictions fausses, le développement de l'hyperprétérisme est une réaction à la supercherie honteuse et aux prédictions non réalisées de soi-disant spécialistes évangéliques en eschatologie.

Ces mêmes prétendus spécialistes n'hésitent pas à évoluer avec le temps, s'efforçant de faire cadrer leurs prophéties avec les événements qui changent rapidement. Il y a une trentaine d'années, des gourous en matière de prophétie biblique affirmaient en toute assurance que la montée en puissance de l'Union soviétique au rang de superpuissance mondiale avait une portée biblique. Beaucoup estimaient que la Bible contenait des indices selon lesquels la Russie attaquerait Jérusalem et que cette bataille aboutirait à Harmaguédon. Quand les années 1980 marquèrent, non le compte à rebours de la bataille d'Harmaguédon, mais la chute du communisme, la fin du rideau de fer et le déclin de l'Empire soviétique, ces mêmes autorités autoproclamées spécialistes en prophétie biblique ajustèrent simplement leurs prédictions conformément au vent de l'Histoire et déclarèrent que même la chute du communisme était prédite dans les Ecritures.

L'actualité n'est donc pas un repère pour l'interprétation de l'Ecriture. Ceux qui réajustent constamment leur compréhension de l'Ecriture pour qu'elle épouse les contours des derniers faits marquants traitent la Bible comme un personnage de cire dont ils modifient la forme pour qu'elle s'adapte à leurs objectifs. Ce n'est pas une façon intègre de traiter la Parole de Dieu.

De plus, notre vive attente du retour de Christ ne doit dépendre en aucune manière des événements mondiaux. Comme nous le verrons tout au long de notre étude dans ce livre, Christ a enseigné que nous devons l'attendre et être prêts à *tout* instant pour son retour; de plus, il nous a demandé de nous préparer et de rester fidèles même s'il tarde à venir. La bonne attitude chrétienne quant au retour de Christ implique à la fois l'attente éveillée et la persévérance patiente. Malheureusement, toutes les tromperies et le sensationnalisme qui caractérisent la plupart des enseignements sur la prophétie biblique sapent ces deux aspects de l'attitude chrétienne équilibrée.

Le mystère de la seconde venue

Il vaut certainement la peine de rappeler que *l'eschatologie*, la partie de la théologie qui traite des choses futures, est davantage enveloppée de mystère que n'importe quelle autre discipline théologique. Il en est ainsi par la volonté de Dieu. Souvenez-vous que lorsqu'il était encore sur terre, Christ a déclaré que ni lui ni les anges du ciel ne connaissaient le moment de sa seconde venue: "Pour ce qui est du jour ou de l'heure, personne ne le sait, ni les anges dans le ciel, ni le Fils, mais le Père seul. Prenez garde, veillez et priez; car vous ne savez quand ce temps viendra" (Mc 13:32-33).

Comment Christ, qui était toujours pleinement Dieu même lors de son incarnation dans une chair humaine, pouvait-il *ne pas connaître* une chose aussi importante que le moment de son retour? Cette ignorance ne signifie certainement pas qu'il avait littéralement renoncé à son omniscience, car s'il s'était réellement dépouillé de l'un quelconque des attributs divins, il aurait vraiment cessé d'être Dieu (Mal 3:6; Hé 13:8). D'ailleurs, de nombreux récits des évangiles démontrent l'omniscience de Christ (par exemple Jn 16:30; 18:4; 21:17). Mais l'Ecriture enseigne qu'il était néanmoins réellement humain dans tous les sens du terme (Hé 2:14-18). Il semble donc qu'il était capable d'empêcher son omniscience de gagner son intelligence humaine consciente lorsque c'était la volonté du Père pour lui (Jn 5:30); mais il le fit sans pour autant se dépouiller de son omniscience ni d'aucun autre aspect de sa divinité. Ainsi, il n'a jamais renoncé à son omnipotence (cf. Jn 10:18). Pourtant, pendant sa vie terrestre, et parce que c'était conforme au plan de son Père, Christ a volontairement limité l'exercice de sa puissance divine illimitée, de telle sorte que son corps humain a connu les limitations normales de la nature humaine (Jn 4:6). Il a volontairement assujetti l'exercice de *tous* ses attributs divins à la volonté parfaite de son Père (Jn 5:19; 8:28). A elle seule, cette vérité est assurément un mystère suprême et impénétrable.

Mais aucun autre sujet de toute l'Ecriture n'est déclaré *plus* mystérieux que le moment du retour de Christ. Hormis le Père, *personne* ne connaît l'époque; ni Jésus pendant son ministère terrestre, ni les anges dans le ciel, ni personne d'autre sur la terre – et certainement pas ceux qui ont l'impudence de prétendre connaître les détails secrets du calendrier prophétique de Dieu!

Puisque *Christ lui-même* a dit ne pas connaître l'instant de son retour, ne serait-ce pas un sujet devant lequel nous devrions faire preuve de la plus extrême humilité?

Il est d'ailleurs instructif de nous rappeler que même les prophètes qui écrivaient sous l'inspiration divine étaient souvent plongés dans le mystère quant à la signification précise de ce qu'ils écrivaient, surtout lorsqu'il s'agissait de prophéties concernant les choses futures et les questions qui leur étaient associées, à savoir "qui?", "comment?" et "où?". L'apôtre Pierre écrivit: "Les prophètes, qui ont prophétisé touchant la grâce qui vous était réservée, ont fait de ce salut l'objet de leurs recherches et de leurs investigations; ils voulaient sonder l'époque et les circonstances marquées par l'Esprit de Christ qui était en eux, et qui attestait d'avance les souffrances de Christ et la gloire dont elles seraient suivies" (1 Pi 1:10-11). Ainsi, ils ne comprenaient pas comment concilier les prophéties relatives aux souffrances avec celles relatives à la gloire. Plusieurs de ces faits étaient mystérieux pour *tout le monde*, jusqu'au moment où Christ lui-même les expliqua en privé à ses disciples après sa résurrection (Lu 24:25-27).

C'est pourquoi il est juste qu'au début même de cette étude, nous reconnaissions la profondeur du mystère qui subsiste à propos des détails du retour de Christ. Si le *fait* de la seconde venue constitue certainement une doctrine fondamentale du christianisme, plusieurs des précisions relatives à la manière et au moment où elle se produira sont, d'après le témoignage même de l'Ecriture, enveloppées dans un mystère incompréhensible. Ne le perdons jamais de vue. Les schémas prophétiques détaillés et les chronologies spéculatives sur les événements eschatologiques ne doivent jamais être considérés comme des dogmes incontestables ou fondamentaux, ni constituer le test principal de l'orthodoxie et de la communion.

Hélas, c'est ce qui se produit sans cesse. Je connais des gens qui veulent faire de l'eschatologie le test fondamental de toute théologie. Beaucoup d'entre eux sont jeunes dans la foi. Ils ne seraient pas capables d'exposer de façon cohérente la doctrine de la justification par la foi. Ils sont mal préparés pour défendre la moindre des doctrines fondamentales du christianisme. Mais ils estiment être des spécialistes en mesure de dater l'enlèvement et de dévoiler le sens des sept sceaux d'Apocalypse 5 à 7. Ou alors, ils sont persuadés qu'il n'y aura ni enlèvement ni royaume terrestre littéral, et ils considèrent comme des ennemis tous ceux qui ne partagent pas leur vision des choses. Il semble que ces personnes brûlent constamment du désir de débattre des finesses eschatologiques.[11]

D'autres qui tombent dans le même travers ne sont pourtant pas des novices. Il peut s'agir de responsables chrétiens renommés ou de professeurs de théologie, mais leur passion pour une perspective eschatologique particulière leur a fait perdre le sens de la mesure, et leur zèle pour ces doctrines est tel qu'il est devenu un obstacle à la communion avec des frères qui ne partagent pas le même point de vue.

Je connais un homme qui insiste sur le fait que l'eschatologie devrait être le point de départ de la vision chrétienne du monde, et qui veut assujettir tout ce que nous croyons à la compréhension du calendrier prophétique de Dieu. Je ne peux imaginer pire approche à reculons concernant l'eschatologie ou la formulation d'une vision chrétienne du monde. Celle-ci devrait commencer par les doctrines les plus sûres du christianisme, c'est-à-dire les sujets sur lesquels l'Ecriture s'exprime avec

---

11. J'ai reçu une lettre d'un zélote de ce genre précisément le jour où j'ai commencé le travail de ce livre. Selon ses dires, il avait toujours trouvé que mes livres et mes cassettes étaient une bénédiction, mais quelqu'un l'avait récemment informé que je soutenais une perspective *prémillénariste* de l'eschatologie biblique, et par conséquent il avait perdu toute confiance en moi en tant qu'enseignant. Il disait avoir remarqué que je citais souvent en les approuvant des hommes comme C. H. Spurgeon, Iain Murray, et quelques-uns des responsables puritains; et il suggérait que si j'avais réellement lu leurs œuvres et été d'accord avec eux, je savais que l'*amillénarisme* est la seule approche biblique défendable de l'eschatologie. Il insinuait que citer ces hommes sans embrasser leur point de vue eschatologique n'était pas entièrement honnête, et il suggérait qu'à l'avenir, lorsque je les citerais, je devrais penser à mentionner que je ne partageais pas leur position eschatologique. En fait, ces hommes n'étaient *pas* amillénaristes. Spurgeon était prémillénariste, et Iain Murray est postmillénariste. Le livre de Murray *The Puritan Hope* suggère que le postmillénarisme était aussi la conception prédominante parmi les puritains. J'ai grandement profité des écrits de toutes ces personnes, mais cela ne m'oblige pas à accepter chaque nuance de leur théologie. Une précision quant à nos divergences eschatologiques n'est pas non plus nécessaire quand je les cite en les approuvant. Nos différences concernent toutes des questions secondaires, non des points essentiels à la foi et à la communion chrétiennes.

le plus de clarté et le moins de mystère. L'eschatologie est extrêmement importante dans la mesure où elle nous parle de l'aboutissement de l'œuvre rédemptrice de Dieu et de l'apogée de son dessein de salut. Bien sûr, l'espérance du retour de Christ est essentielle à la vision chrétienne du monde. Mais les détails spéculatifs du calendrier eschatologique de qui que ce soit ne sont pas le point de mire ni le point de départ de la conception chrétienne. Nous n'avons d'ailleurs aucune raison d'isoler l'eschatologie des autres catégories théologiques comme si les détails prophétiques concernant l'avenir étaient les caractéristiques les plus importantes.

Aux futurs étudiants en théologie systématique, je conseille de maîtriser d'abord les doctrines fondamentales du salut *(sotériologie)*, du péché *(hamartiologie)*, de l'Esprit Saint *(pneumatologie)*, de Christ *(christologie)*, de la Bible *(bibliologie)*, de Dieu *(théologie proprement dite)*, ainsi que d'autres points essentiels de la doctrine chrétienne avant d'adopter une position aussi intraitable sur des détails eschatologiques.

Il est certes bon d'avoir des convictions solides sur ces questions. Comme vous le remarquerez dans ce livre, mes convictions eschatologiques personnelles sont fermes et précises, pour autant que l'Ecriture le permet. Mais étant donné le mystère qui enveloppe tant de prophéties concernant l'avenir, nous ne devrions pas nous quereller ni nous montrer chicaniers à propos de ces questions. Nos schémas prophétiques détaillés ne devraient pas constituer un test d'orthodoxie ni être une raison de nous séparer d'autres croyants. En dehors des aspects de la prophétie biblique qui sont essentiels au message chrétien, comme le fait de la résurrection corporelle de Christ, la résurrection des morts et le triomphe final de Christ sur tous ses ennemis, les autres questions relatives à l'avenir ne sont pas des questions à propos desquelles nous devrions nous couper des chrétiens avec lesquels nous sommes en désaccord.

Trop de gens sont portés à la dispute au sujet de leurs conceptions des mystères de l'eschatologie biblique. Les calendriers détaillés sur le déroulement des événements à venir, les tableaux présentant les différentes dispensations et les discussions au sujet de la chronologie de tous les événements prophétiques ne justifient pas une telle attention, des débats aussi enflammés et des rancunes aussi vives que celles qu'ils provoquent entre des frères chrétiens.

Pire, beaucoup trop de chrétiens rompent effectivement toute communion avec d'autres chrétiens qui pensent différemment d'eux sur des points eschatologiques conjecturaux et secondaires. Lorsque nous abordons des sujets aussi mystérieux, notre humilité devrait s'accompagner de charité à l'égard de ceux qui ont un autre point de vue que nous.

D'ailleurs, souvenons-nous qu'en dépit de l'abondance des prophéties détaillées de l'Ancien Testament concernant la première venue de Jésus, quelques personnes seulement reconnurent leur accomplissement lorsqu'il se produisit. Parmi elles se trouvaient les mages, ces astrologues et guérisseurs occultes qui avaient probablement une connaissance très rudimentaire de l'Ancien Testament et considéraient YHWH comme une divinité étrangère. Une étoile les conduisit à Christ (Mt 2:1-12). Il y avait également les bergers auxquels les anges annoncèrent la naissance de Jésus (Lu 2:8-18). Mentionnons encore Siméon, un Israélite pieux qui avait reçu une révélation spéciale l'informant qu'il ne mourrait pas avant d'avoir vu le Messie (Lu 2:25-35). Sans oublier Anne, une veuve pieuse qui discerna en l'enfant Jésus le Christ, probablement à la suite d'une révélation particulière, car l'Ecriture la qualifie de "prophétesse" (Lu 2:36-38).

Autrement dit, malgré les nombreuses prophéties de l'Ancien Testament relatives à la venue du Messie, entre autres celles qui annonçaient qu'il naîtrait à Bethléhem (Mi 5:1), d'une vierge (Es 7:14), qu'il serait précédé d'un précurseur venant avec l'esprit et la puissance d'Elie (Mal 4:5-6; Es 40:3-4), apparemment *aucun* de ceux qui s'appuyaient sur ces prophéties ne le reconnut lors de sa naissance. L'Histoire rapporte que l'attente messianique était très forte en Israël à l'époque de la venue de Christ, mais lorsqu'il vint au monde, il ne répondait aux attentes de personne.

Il se pourrait très bien que chacun des prétendus experts modernes en prophétie biblique se soit trompé quant à la date et aux détails de la seconde venue de Christ. C'est même ce que le Seigneur semble suggérer lorsqu'il déclare: "C'est pourquoi, vous aussi, tenez-vous prêts, car le Fils de l'homme viendra à l'heure où vous n'y penserez pas" (Mt 24:44; cf. Lu 12:40).

Soyez prêts

A l'évidence, beaucoup de mystère voile notre pleine compréhension de plusieurs des caractéristiques du retour de notre Seigneur. Mais si vous pensez que cela constitue une bonne raison de rester dans l'ignorance, de cultiver le scepticisme ou l'apathie concernant l'ensemble de la doctrine de la seconde venue de Christ, réfléchissez à nouveau. Les Ecritures nous exhortent sans cesse à discerner les signes des temps, à veiller et à nous tenir prêts. Tout en soulignant le mystère qui enveloppe son retour, Christ a souvent rappelé à ses disciples que "le Fils de l'homme viendra à l'heure où vous n'y penserez pas". Mais il a systématiquement insisté sur le corollaire: "C'est pourquoi... tenez-vous prêts" (Lu 12:40). Il a reproché aux Juifs de ne pas savoir discerner les signes des temps: "Vous savez discerner l'aspect du ciel, et vous ne pouvez discerner les signes des temps" (Mt 16:3). L'apôtre Jean a ouvert le récit de ses visions apocalyptiques par cette promesse: "Heureux celui qui lit et ceux qui entendent les paroles de la prophétie, et qui gardent les choses qui y sont écrites! Car le temps est proche" (Ap 1:3).

Telles sont donc les questions que nous devons étudier et dont nous devons avoir une idée claire en cherchant à approfondir notre compréhension. Nous ne pouvons pas simplement classer le sujet de l'eschatologie sous prétexte qu'il contient des caractéristiques impénétrables ou l'éviter parce qu'il favorise les divisions. Nous sommes exhortés à discerner les signes des temps, à rester vigilants et à être prêts, que le Seigneur revienne immédiatement ou qu'il attende encore mille ans. L'Ecriture révèle à celui qui étudie diligemment ample matière à certitude.

Elle est remplie de promesses prophétiques; vous ne pouvez donc pas l'étudier sans vous retrouver plongés dans l'eschatologie. Sachant que *toute* Ecriture est utile pour enseigner, pour convaincre, pour corriger et pour instruire dans la justice, les étudiants fidèles se pencheront sur ses portions prophétiques avec le même zèle et le même enthousiasme que celui qu'ils apportent à l'étude du reste de la Parole de Dieu.

Je crois que les passages prophétiques de l'Ecriture doivent être traités comme n'importe quelle autre portion de la Parole de Dieu. Le sens évident d'un texte est l'interprétation que je préfère. Il n'y a aucune raison de spiritualiser ou d'imaginer des interprétations allégoriques à l'Ecriture si son sens littéral tient debout. Si le contexte d'un passage contient des raisons valables de supposer que le langage est symbolique, alors nous sommes en droit de rechercher une signification figurée. Chaque fois que le sens d'un passage de l'Ecriture saute aux yeux, point n'est besoin d'en chercher un autre.

Pour cette raison, j'estime que le *prémillénarisme* correspond à l'interprétation la plus correcte des Ecritures. Selon cette conception, Christ reviendra sur la terre pour juger le monde et inaugurer ici-bas son règne de mille ans durant lesquels Satan sera lié.[12] Apocalypse 20 semble trancher cette question de façon définitive; je ne connais aucun autre passage de l'Ecriture qui suggère un autre scénario. Au contraire, toutes les prophéties de l'Ancien Testament concernant le royaume coïncident avec la conception prémillénariste.

Il existe néanmoins deux autres conceptions populaires liées à l'eschatologie. L'une est l'*amillénarisme*, selon laquelle le règne de Christ décrit dans Apocalypse 20 est une réalité invisible et spirituelle d'une durée indéterminée plutôt qu'un règne littéral terrestre de mille ans. Les amillénaristes croient que le royaume existe déjà maintenant dans un sens spirituel et que le prochain grand événement du calendrier prophétique est le retour de Christ, suivi immédiatement du jugement final.

L'autre interprétation de l'eschatologie biblique est le *postmillénarisme*. Il suggère que l'Eglise instaurera le royaume terrestre de Christ par la prédication (et aussi par des moyens politiques selon certains). Contrairement aux amillénaristes, les postmillénaristes croient en un règne terrestre littéral, mais la plupart pensent que Christ gouvernera depuis le ciel, après quoi il reviendra sur terre pour le jugement final.

De nombreux commentateurs et théologiens que je respecte sont amillénaristes ou postmillénaristes. Mais après avoir étudié sérieusement tous les arguments de leurs interprétations,

---

12. Il y a plusieurs sortes de prémillénarisme. Le "prémillénarisme historique" et le posttribulationisme éliminent de fait toute distinction entre l'enlèvement de l'Eglise et le retour de Christ, puisqu'ils placent les deux événements immédiatement après la période de sept ans de tribulation. L'optique "précolère" et le mitribulationisme suggèrent que l'enlèvement de l'Eglise aura lieu pendant la tribulation. Je suis quant à moi adepte du prétribulationisme: je pense que l'enlèvement de l'Eglise aura lieu avant que la tribulation ne commence. Le prétribulationisme est la seule variante du prémillénarisme qui préserve l'espérance de l'imminente apparition du Christ (discutée au chapitre 2). Un examen minutieux de chaque sorte de prémillénarisme est bien au-delà de la portée de ce livre, mais beaucoup de mes raisons exégétiques de retenir l'optique prétribulationiste seront claires quand nous examinerons le discours de notre Seigneur au mont des Oliviers (dans les chapitres 3 à 10).

je suis convaincu que seul le prémillénarisme repose sur un support *exégétique* solide. Les amillénaristes et les postmillénaristes ont tendance à défendre leurs points de vue pour des considérations théologiques plutôt que textuelles. Les deux systèmes imposent un traitement extraordinaire aux passages prophétiques de l'Ecriture, et requièrent une interprétation allégorique ou spirituelle de ces textes au lieu d'utiliser les principes historiques et grammaticaux d'interprétation qu'ils appliquent au reste de la Bible. Si nous interprétons les passages prophétiques selon la méthode herméneutique dont nous nous servons pour le reste de la Parole de Dieu, c'est la vision prémillénariste qui émerge tout naturellement du texte. La lecture simple d'Apocalypse 20 le montrera; ce texte, lu et compris dans son sens évident et ordinaire, expose succinctement le prémillénarisme.

Ce livre est donc moins une défense du prémillénarisme qu'une exégèse en bonne et due forme de certains textes bibliques clés, en particulier le plus long et le plus important message eschatologique de Christ, le discours du mont des Oliviers. Mon vœu est qu'en étant ainsi mis en présence de la Parole de Dieu sur ces questions, le lecteur puisse éprouver un sincère désir et une ardente attente du retour de Christ qui, à leur tour, l'inciteront à approfondir cette étude.

1

Pourquoi Christ doit revenir

L'Ecriture prédit qu'il viendra un temps où les sceptiques se moqueront de l'idée du retour de Christ: "Il viendra des moqueurs avec leurs railleries, et marchant selon leurs propres convoitises. Ils disent: Où est la promesse de son avènement?" (2 Pi 3:3-4). Notre époque ne manque pas de personnes qui reprennent cette question.

Ainsi, un groupe de prétendus érudits de l'Ecriture déclare avoir la preuve (basée sur les techniques de la critique littéraire moderne) que Christ n'est pas l'auteur de la plupart des paroles que le Nouveau Testament lui attribue. Les 200 savants libéraux du "Jesus Seminar" ont décidé de se mettre d'accord sur les "vraies" paroles de Christ. Ils ont éprouvé le besoin de s'attaquer à cette tâche parce que certains d'entre eux avaient déjà conclu que la plus grande part des paroles que l'Ecriture attribue à Christ étaient des faux ajoutés aux récits des Evangiles. La décision finale de ces savants pour décider quelles étaient les paroles authentiques de Christ fut prise à la majorité des votants. Le verdict de ce groupe ne surprendra aucun de ceux qui sont déjà familiarisés avec la conception libérale de l'Ecriture. Les érudits conclurent que sur les plus de 700 paroles attribuées à Jésus dans les Evangiles, trente et une seulement étaient indubitablement authentiques – et plus de la moitié de celles-ci se trouvent dans les récits parallèles. Tout compte fait, d'après ces "spécialistes" Jésus n'aurait réellement prononcé que quinze paroles rapportées dans le Nouveau Testament.

En plus de ces quelques affirmations qu'ils acceptent comme authentiques, les membres du groupe "Jesus Seminar" énumèrent quelques autres déclarations qu'ils jugent douteuses mais qui pourraient cependant éventuellement être authentiques. Ils rejettent catégoriquement plus de 80 pour cent des paroles prononcées par Christ dans l'Ecriture, parmi lesquelles, bien évidemment, tous les principaux passages où Christ annonce sa seconde venue.

"Où est la promesse de son avènement?" D'après les spécialistes libéraux mentionnés plus haut, Jésus n'aurait jamais promis de revenir.

Ce scepticisme dissimulé sous un vernis d'érudition est en train de se répandre sur une vaste échelle aujourd'hui. Il s'attache particulièrement à la doctrine de la seconde venue. Voici ce qu'un auteur écrit:

> Jésus dit: "Je vous le dis en vérité, cette génération ne passera point, que tout cela n'arrive."
> Comment Jésus aurait-il pu se tromper à ce point au sujet de son retour? Un groupe de spécialistes de la Bible, connu sous le nom "Jesus Seminar" a étudié les déclarations de Jésus en s'appuyant sur les copies des plus anciens manuscrits bibliques découverts à ce jour, sur d'autres écrits historiques intéressant l'époque de Jésus et de l'Eglise primitive, sur l'analyse scientifique du style et sur d'autres outils. Après des années d'études laborieuses et de discussions, ce groupe est arrivé à la conclusion générale que plus de 80 pour cent des paroles attribuées à Jésus dans le Nouveau Testament ne sont pas du tout de lui, mais

> sont l'interprétation et les ajouts des premiers croyants. Il est très important de rappeler que rien de ce que Jésus a dit n'a été écrit avant au moins une génération après sa mort. Les récits de ses paroles et de son ministère circulaient uniquement de bouche à oreille. Aucun savant biblique digne de ce nom ne conteste le fait historique qu'il y a eu une période de transmission orale... Même si les croyants attachés à la Bible ont du mal à l'accepter, l'analyse scientifique objective a montré que les paroles de Jésus ont été fortement déformées par les croyances et les déclarations des premiers croyants chrétiens.[1]

Faisons remarquer tout d'abord que cet auteur dénature et exagère la portée du travail du "Jesus Seminar". Les découvertes de ces "savants" n'ont aucune autorité scientifique. Elles ne reflètent que l'opinion libérale et ne reposent que sur de simples hypothèses ancrées dans une incrédulité et un scepticisme coupables. L'auteur se trompe également énormément en prétendant qu'aucun savant biblique digne de ce nom ne conteste les conclusions libérales de ce groupe de soi-disant savants. Son affirmation est basée sur un raisonnement en cercle vicieux et borné qui caractérise si bien la "science" libérale; tout savant qui conteste ses théories est *automatiquement* considéré comme "indigne".

Pourtant des multitudes ont cru à ces mensonges, et principalement beaucoup de responsables d'églises. Il y a quelques années, j'ai lu une enquête communiquée à un groupe de pasteurs protestants lors d'une convention d'églises à Evanston, Illinois. Selon cette étude, quatre-vingt-dix pour cent d'entre eux déclaraient qu'ils ne croyaient pas du tout que Christ reviendrait un jour sur la terre.

1. Anthony L. LITTLE, *Faith, Reason, and the Reality of God: A Search for Honesty* (Greenwich, Conn.: Empowerment, 1999), s.p.

Le résultat de tout ce scepticisme affiché par tant de savants et par le clergé est que tout un pan de la société considère l'espérance de la seconde venue de Christ comme un nonsens d'ignorants et une illusion de fondamentalistes insensés. L'arrogance des moqueurs a presque acquis droit de cité comme sagesse populaire!

Mais l'Ecriture n'est ni vague ni équivoque sur la promesse du retour de Christ. Une grande partie de la Parole de Dieu (un cinquième selon certains) est prophétique et il se peut qu'un tiers des passages prophétiques, ou même davantage, traite de la seconde venue de Christ ou des événements qui lui sont associés. Cet événement constitue donc un thème majeur de la prophétie de l'Ancien Testament et du Nouveau.

Quoi qu'en disent les moqueurs, Christ revient. L'histoire du monde s'achemine vers une conclusion qui a été prévue par Dieu et annoncée par l'Ecriture. Elle peut se produire bientôt ou dans mille ans, voire davantage. De toute façon, Dieu n'abandonne pas sa promesse. Christ *reviendra*!

Il y a cependant une certaine ironie dans cette affaire. En effet, nous sommes à une époque où même les moqueurs vivent dans l'angoisse de l'avenir! A bien des égards, le potentiel destructeur du monde est effrayant. Les matérialistes les plus indifférents reconnaissent eux-mêmes que notre monde a la capacité de se détruire à tout instant, que ce soit par une guerre nucléaire, un accident nucléaire, une crise énergétique, différents désastres écologiques, de nouveaux virus mortels comme le SIDA (ou pire), ou même une collision cosmique. En fait, la plupart des gens reconnaissent implicitement que ce monde *ne peut pas* subsister indéfiniment. Tout nous le rappelle. Presque tout au long du vingtième siècle, une succession ininterrompue de livres, d'articles, d'études scientifiques et même de productions hollywoodiennes ont assailli la conscience publique pour l'avertir que si nous ne changeons pas collectivement notre façon de vivre, nous risquons de mettre un terme à l'existence des hommes et à celle de notre petite planète. En fait, les oiseaux de mauvais augure qui donnent le plus de la voix aujourd'hui ne sont pas les gens qui espèrent le retour de Christ, mais les matérialistes séculiers qui admettent que ce monde et la vie qui s'y trouve prendront *inévitablement* fin un jour. Ils ont raison. La fin surviendra, mais non à la suite d'une irresponsabilité écologique ou de l'esprit destructeur de l'homme.

Comment le monde finira-t-il? Pouvons-nous le savoir? Oui. La Bible donne une réponse très claire et directe. Le monde que nous connaissons prendra fin avec le retour de Jésus-Christ. L'histoire du monde atteindra son apogée lors du retour littéral corporel de Christ sur la terre.

Ce fait est aussi certain que toutes les autres vérités de l'Ecriture. Voici neuf raisons tirées de l'Ecriture qui nous donnent la certitude que Christ revient.

La promesse de Dieu l'exige

L'Ancien Testament regorgeait de promesses messianiques. En fait, il est juste d'affirmer que la venue du Messie était son sujet principal. Le premier indice d'un Rédempteur messianique se trouve en Genèse 3, juste après la chute d'Adam, lorsque Dieu promit que la descendance de la femme écraserait la tête du serpent (v. 15). Dans le dernier chapitre du dernier livre de l'Ancien Testament, Dieu annonce que "se lèvera le soleil de la justice, et la guérison sera sous ses ailes" (Mal 4:2). Entre ces deux promesses, l'Ancien Testament est rempli de prophéties concernant la venue d'un Libérateur. On en compte au moins 333 distinctes.

Plus d'une centaine de ces prophéties se sont réalisées littéralement lors de la première venue de Christ. Voici quelques unes des plus importantes:

* Esaïe annonça que Christ naîtrait d'une vierge (Es 7:14; Mt 1:18, 22-25).

* Michée prédit qu'il viendrait au monde à Bethléhem (Mi 5:1; Mt 2:1).

* L'expérience de l'Israël de l'Ancien Testament préfigure la remontée d'Egypte de Jésus (Os 11:1[2]; Mt 2:13-15).

* Esaïe révéla qu'il serait un descendant d'Isaï (le père du roi David) et qu'il serait oint de façon toute spéciale de l'Esprit de Dieu (Es 11:1-5; Mt 3:16-17).

* Zacharie prophétisa qu'il entrerait dans Jérusalem monté sur un âne, le petit d'une ânesse (Za 9:9; Lu 19:35-37).

* Le psaume 41:9 indiqua qu'il serait trahi par un ami avec qui il partageait le pain (cf. Mt 10:4).

* Zacharie révéla qu'il serait frappé et que ses brebis seraient dispersées, signalant ainsi d'avance qu'il serait abandonné par ses disciples les plus proches (Za 13:7; Mc 14:50).

* Zacharie fit connaître longtemps à l'avance le prix auquel Judas le vendrait (trente pièces d'argent) et l'usage qui serait fait de cet argent (Za 11:12-13; Mt 26:15; 27:6-7).

* Esaïe prédit de nombreux détails de la crucifixion (Es 52:14–53:12; Mt 26:67; 27:29-30, 57-60).

* David annonça plusieurs détails complémentaires concernant les souffrances qu'endurerait Christ sur la croix, notamment son dernier cri adressé à son Père, le percement de ses mains et de ses pieds, et le partage au sort de ses vêtements (Ps 22; Mt 27:35, 42-43, 46; Jn 19:23-24).

* David prophétisa également qu'aucun des os du Messie ne serait brisé (Ps 34:21; Jn 19:33).

* Ailleurs, David fit encore allusion à la résurrection de Christ (Ps 16:10; cf. Ac 2:27; 13:35-37).

---

2. Osée 11:1 renvoie premièrement à la nation d'Israël dans l'Ancien Testament, appelée hors d'Egypte. Mais Israël lui-même était un *type* prophétique (une préfiguration symbolique) de Christ. Par conséquent, de façon typologique, le séjour

Toutes les prophéties relatives à la première venue de Christ se sont accomplies de façon littérale et précise. Son entrée sur le dos d'un âne, le partage de ses vêtements, le percement de ses pieds et de ses mains, et les prophéties saisissantes de son rejet par les hommes dans Esaïe 53, tout cela aurait pu être interprété de façon allégorique par les érudits de l'Ancien Testament qui ont vécu avant Christ. Or, le Nouveau Testament rapporte invariablement que ces prophéties se sont accomplies de la façon la plus littérale "afin que les écrits des prophètes soient accomplis" (Mt 26:56; cf. 2:15; 4:14-16; 8:17; 12:17-21; 13:35; 21:4-5; 27:35; Jn 12:38; 15:25; 19:24, 28).

Dans certains cas, les prophéties de l'Ancien Testament concernant Christ s'accomplirent de façon si littérale que même les savants de l'Ancien Testament les plus attentifs n'auraient pas pu les prévoir. Le psaume 69 par exemple semble être une lamentation de David à un moment où il se trouvait poursuivi par ses ennemis et dans une profonde détresse. Rien dans le psaume ne permet de penser qu'il s'agit d'une prophétie. D'ailleurs, au verset 6, David mentionne sa propre folie et ses fautes. Les paroles qu'il a prononcées traduisent donc bien son angoisse personnelle devant la haine gratuite dont il est l'objet. Ces paroles recèlent cependant un sens prophétique plus profond. En tant que type du rédempteur, David le préfigure. Le Nouveau Testament indique que certaines déclarations de ce psaume s'appliquent infiniment mieux à Christ qu'à David. Le témoignage "Le zèle de ta maison me dévore" (v. 10) est une prophétie de ce que Christ accomplit littéralement dans Mc 11:15-17 (comparer avec Jn 2:14-17). Le verset 22 – "Ils mettent du fiel dans ma nourriture, et, pour apaiser ma soif, ils m'abreuvent de vinaigre" – est manifestement une prophétie qui trouve son accomplissement à la croix (Mt 27:34).

d'Israël en Egypte annonçait prophétiquement la fuite de Christ enfant en Egypte. Osée 11:1 est donc cité comme une prophétie sur Christ enfant dans Matthieu 2:15.

Il est donc raisonnable de penser que les deux autres tiers des prophéties messianiques de l'Ancien Testament s'accompliront également à la lettre, ce qui impose le retour de Jésus-Christ sur cette terre.

Lorsque, dans la synagogue de sa ville de Nazareth, Christ prit le rouleau que le serviteur lui tendit et qu'il commença à lire, le passage divinement prévu pour ce jour-là était tiré d'Esaïe 61. Luc rapporte l'événement de la façon suivante (Lu 4:17-21):

> *Et on lui remit le livre du prophète Esaïe. L'ayant déroulé, il trouva l'endroit où il était écrit: L'Esprit du Seigneur est sur moi, parce qu'il m'a oint pour annoncer une bonne nouvelle aux pauvres; il m'a envoyé pour guérir ceux qui ont le cœur brisé, pour proclamer aux captifs la délivrance, et aux aveugles le recouvrement de la vue, pour renvoyer libres les opprimés, pour publier une année de grâce du Seigneur. Ensuite, il roula le livre, le remit au serviteur, et s'assit. Tous ceux qui se trouvaient dans la synagogue avaient les regards fixés sur lui. Alors il commença à leur dire: Aujourd'hui cette parole de l'Ecriture, que vous venez d'entendre, est accomplie.*

Si nous comparons ce texte avec celui d'Esaïe 61, nous constatons que Christ a brusquement interrompu sa lecture au milieu d'une phrase. Voici le passage complet d'Esaïe 61:1-3:

> *L'Esprit du Seigneur, l'Eternel, est sur moi, car l'Eternel m'a oint pour porter de bonnes nouvelles aux malheureux; il m'a envoyé pour guérir ceux qui ont le cœur brisé, pour proclamer aux captifs la liberté, et aux prisonniers la délivrance; pour publier une année de grâce de l'Eternel,* et un jour de vengeance de notre Dieu*; pour consoler tous*

> *les affligés; pour accorder aux affligés de Sion, pour leur donner un diadème au lieu de la cendre, une huile de joie au lieu du deuil, un vêtement de louange au lieu d'un esprit abattu, afin qu'on les appelle des térébinthes de la justice, une plantation de l'Eternel, pour servir à sa gloire. (mise en évidence ajoutée)*

Le reste du chapitre d'Esaïe poursuit en décrivant les bénédictions du royaume millénaire: "Car, comme la terre fait éclore son germe, et comme un jardin fait pousser ses semences, ainsi le Seigneur, l'Eternel, fera germer le salut et la louange, en présence de toutes les nations" (v. 11).

Christ a donc délibérément arrêté sa lecture au milieu d'une phrase, car le "jour de vengeance de notre Dieu" appartient à sa seconde venue, et non à la première. De nombreuses prophéties de l'Ancien Testament semblent télescoper des événements messianiques de cette façon-là, si bien qu'il n'est pas toujours aisé de dire quelle partie d'une prophétie concerne sa première venue et quelle autre s'applique à sa seconde venue. Si nous n'avions que l'Ancien Testament, nous serions bien en peine de différencier les deux classes de prophéties messianiques.

Voici cependant quelques prophéties de l'Ancien Testament qui attendent encore leur accomplissement lors de la seconde venue de Christ:

Psaume 2. Nous savons que ce psaume parle de Christ. En effet, le verset 7 est cité plusieurs fois dans le Nouveau Testament à propos de Christ: "Tu es mon Fils! Je t'ai engendré aujourd'hui" (cf. Ac 13:33; Hé 1:5; 5:5). Mais plusieurs aspects de ce psaume attendent encore leur réalisation. Le verset 6 suggère l'établissement d'un règne terrestre: "C'est moi qui ai oint mon roi sur Sion, ma montagne sainte." Le royaume et le jugement décrits aux versets 8 et 9 doivent encore s'accomplir littéralement: "Je te donnerai les nations pour héritage, les extrémités de la terre pour possession; tu les briseras avec une verge de fer, tu les briseras comme le vase d'un potier."

Esaïe 9:5-6. Ce passage bien connu semble lui aussi avoir en vue la première et la seconde venue de Christ: "Car un enfant nous est né, un fils nous est donné..." Ces paroles s'appliquent évidemment à sa première venue, et annoncent d'avance la parole de l'ange à Marie dans Luc 1:35. Mais la suite (Es 9:5-6) décrit Christ comme un roi glorieux sur le trône de David:

> *Et la domination reposera sur son épaule; on l'appellera Admirable, Conseiller, Dieu puissant, Père éternel, Prince de la paix. Donner à l'empire de l'accroissement, et une paix sans fin au trône de David et à son royaume, l'affermir et le soutenir par le droit et par la justice, dès maintenant et à toujours, voilà ce que fera le zèle de l'Eternel des armées.*

Christ lui-même a présenté sa seconde venue comme le moment où il monterait sur le trône de façon littérale: "Lorsque le Fils de l'homme viendra dans sa gloire, avec tous les anges, il s'assiéra sur le trône de sa gloire" (Mt 25:31).

Michée 4:3. Ce passage évoque la promesse d'un royaume de paix sous le gouvernement de Christ: "Il sera le juge d'un grand nombre de peuples, l'arbitre de nations puissantes, lointaines. De leurs glaives ils forgeront des hoyaux, et de leurs lances des serpes; une nation ne tirera plus l'épée contre une autre, et l'on n'apprendra plus la guerre." Cette prophétie attend encore son accomplissement au moment de la seconde venue de Christ.

Jérémie 23:5. Ici, la Parole de Dieu déclare expressément que le futur royaume de Christ sera un royaume terrestre: "Voici, les jours viennent, dit l'Eternel, où je susciterai à David un germe juste; il régnera en roi et prospérera, il pratiquera la justice et l'équité *dans le pays*" (italiques ajoutés). Christ doit revenir pour établir son règne sur la terre.

Zacharie 14:4-9. Le prophète décrit la seconde venue de Christ de façon précise et détaillée:

> *Ses pieds se poseront en ce jour sur la montagne des Oliviers, qui est vis-à-vis de Jérusalem, du côté de l'orient; la montagne des Oliviers se fendra par le milieu, à l'orient et à l'occident, et il se formera une très grande vallée; une moitié de la montagne reculera vers le septentrion, et une moitié vers le midi. Vous fuirez alors dans la vallée de mes montagnes, car la vallée des montagnes s'étendra jusqu'à Atzel; vous fuirez comme vous avez fui devant le tremblement de terre, au temps d'Ozias, roi de Juda. Et l'Eternel, mon Dieu, viendra, et tous ses saints avec lui. En ce jour-là, il n'y aura point de lumière; il y aura du froid et de la glace. Ce sera un jour unique, connu de l'Eternel, et qui ne sera ni jour ni nuit; mais vers le soir la lumière paraîtra. En ce jour-là, des eaux vives sortiront de Jérusalem, et couleront moitié vers la mer orientale, moitié vers la mer occidentale; il en sera ainsi été et hiver. L'Eternel sera roi de toute la terre; en ce jour-là, l'Eternel sera le seul Eternel, et son nom sera le seul nom.*

Ce passage décrit la glorieuse apparition de Christ, qui est encore à venir. Alors il mettra toutes choses en ordre. Rien de cela ne s'est réalisé à sa première venue. Comme beaucoup de prophéties messianiques de l'Ancien Testament, celle-ci attend son accomplissement lors de la seconde venue de Christ.

Les Ecritures affirment que Dieu "ne ment pas" et qu'il exécute ce qu'il a déclaré (Tit 1:2: No 23:19). Ce qu'il a promis, il l'accomplira. Beaucoup de choses qu'il a promises concernant

Christ requièrent que le Sauveur revienne sur la terre en vainqueur pour les accomplir. Il y va de la crédibilité de la Bible.

L'enseignement de Christ l'exige

Les propres déclarations de Christ indiquent clairement qu'il reviendra. Son enseignement terrestre était rempli de références à sa seconde venue. Plusieurs de ses paraboles en parlent. D'ailleurs, les Evangiles contiennent des chapitres entiers qui traitent des événements liés à sa seconde venue (Mt 24–25; Lu 21).

La nuit où il fut trahi, Jésus dit à ses disciples: "Je vais vous préparer une place. Et, lorsque je m'en serai allé, et que je vous aurai préparé une place, je reviendrai, et je vous prendrai avec moi" (Jn 14:2-3). Ce n'est pas seulement la crédibilité de Dieu qui est en jeu dans la seconde venue, mais également celle de son Fils. *Si Jésus ne revient pas, c'est un menteur.*

Mais ses paroles constituent la garantie divine qu'il reviendra. "Que Dieu, au contraire, soit reconnu pour vrai, et tout homme pour menteur" (Ro 3:4).

Lors de son procès, Christ défendit sa divinité et la justifia par une déclaration audacieuse concernant sa seconde venue de la façon la plus éblouissante. Il dit au souverain sacrificateur: "Et vous verrez le Fils de l'homme assis à la droite de la puissance de Dieu, et venant sur les nuées du ciel" (Mc 14:62).

Peu avant, sur le mont des Oliviers, Christ avait déroulé devant ses disciples le panorama des événements à venir. Il leur dit: "Car, comme l'éclair part de l'orient et se montre jusqu'en occident, ainsi sera l'avènement du Fils de l'homme" (Mt 24:27). Et il ajouta cette description très parlante:

> *Alors le signe du Fils de l'homme paraîtra dans le ciel, toutes les tribus de la terre se lamenteront, et elles verront*

> *le Fils de l'homme venant sur les nuées du ciel avec puissance et une grande gloire. Il enverra ses anges avec la trompette retentissante, et ils rassembleront ses élus des quatre vents, d'une extrémité des cieux à l'autre (Mt 24:30-31).*

Plusieurs des paraboles que Christ a racontées pour illustrer son royaume soulignent la vérité de sa seconde venue. "Jésus ajouta une parabole... parce qu'on croyait qu'à l'instant le royaume de Dieu allait apparaître" (Lu 19:11). Il mit fréquemment en avant le fait que depuis sa première venue jusqu'à maintenant, son royaume est d'aspect spirituel et invisible (Lu 17:20-21), alors que son aspect sera visible et terrestre lors de sa seconde venue. C'est pourquoi ses paraboles racontent souvent l'histoire d'un maître qui, après être parti dans un pays lointain, revient pour gouverner en personne. Celle de Luc 19:12-27 décrit justement "un homme de haute naissance [qui] s'en alla dans un pays lointain pour se faire investir de l'autorité royale, et revenir ensuite" (v. 12). A son retour, "après avoir été investi de l'autorité royale" (v. 15), il exerce ses jugements et confie le gouvernement de son royaume à ses serviteurs qui s'étaient montrés fidèles pendant son absence (vv. 15-19).

De même, trois paraboles du discours sur le mont des Oliviers, à savoir la parabole des deux serviteurs (Mt 24:45-51), celle des dix vierges (Mt 25:1-13) et celle des talents (Mt 25:14-30) mettent en évidence la certitude du retour de Christ.

Ce n'est pas tout. Dans l'Apocalypse, Christ répète plusieurs fois "Oui, je viens bientôt" (Ap 22:20; cf. 2:5, 16; 3:11; 22:7, 12). L'Apocalypse dévoile "ce qui doit arriver ensuite" (1:19; 4:1). Le retour triomphal de Christ, décrit au chapitre 19, en marque le couronnement et l'apogée.

Ainsi donc, Christ a constamment donné la certitude de son retour. Il en a fait la promesse durant son ministère terrestre, juste avant de remonter au ciel et même dans une vision à Jean, du haut de son trône dans les cieux. Il voulait que ses amis et ses ennemis sachent qu'il reviendrait. Sa crédibilité dépend de sa seconde venue.

Le témoignage du Saint-Esprit l'exige

Puisque "Dieu… ne ment pas" (Tit 1:2), sa promesse garantit le retour de Christ. Jésus est la vérité incarnée (Jn 14:6); son enseignement confirme indéniablement le fait de son retour. Le Saint-Esprit, appelé "l'Esprit de vérité" (Jn 14:17; 15:26), atteste, lui aussi, la certitude de la seconde venue de Christ.

Voici ce que l'apôtre, inspiré par le Saint-Esprit, écrit aux Corinthiens: "Je rends à mon Dieu de continuelles actions de grâces à votre sujet, pour la grâce de Dieu qui vous a été accordée en Jésus-Christ. Car en lui vous avez été comblés de toutes les richesses qui concernent la parole et la connaissance, le témoignage de Christ ayant été solidement établi parmi vous, de sorte qu'il ne vous manque aucun don, dans l'attente où vous êtes de la manifestation de notre Seigneur Jésus-Christ."(1 Co 1:4-7).

C'était le Saint-Esprit qui avait mis en eux cette attente impatiente de la venue de Christ. C'est aussi lui qui, en tant que divin auteur de l'Ecriture, a confirmé la promesse du retour de Christ (2 Pi 1:20-21).

Ailleurs, Paul déclare: "Mais nous, nous sommes citoyens des cieux, d'où nous attendons aussi comme Sauveur le Seigneur Jésus-Christ" (Ph 3:20). Il encourage les Colossiens par ces mots: "Quand Christ, votre vie, paraîtra, alors vous paraîtrez aussi avec lui dans la gloire" (3:4). Il a beaucoup de choses à dire aux Thessaloniciens concernant le retour du Seigneur. Voici un extrait:

> *Car le Seigneur lui-même, à un signal donné, à la voix d'un archange, et au son de la trompette de Dieu, descendra du ciel, et les morts en Christ ressusciteront premièrement. Ensuite, nous les vivants, qui serons restés, nous serons tous ensemble enlevés avec eux sur des nuées, à la rencontre du Seigneur dans les airs, et ainsi nous serons toujours avec le Seigneur (1 Th 4:16-17).*

Le Saint-Esprit a confirmé la promesse du retour de Christ en inspirant l'auteur de la lettre aux Hébreux à écrire ceci: "…de même Christ, qui s'est offert une seule fois pour porter les péchés de beaucoup d'hommes, apparaîtra sans péché une seconde fois à ceux qui l'attendent pour leur salut" (9:28).

La promesse se trouve réitérée dans l'épître de Jacques: "Soyez donc patients, frères, jusqu'à l'avènement du Seigneur. Voici, le laboureur attend le précieux fruit de la terre, prenant patience à son égard, jusqu'à ce qu'il ait reçu les pluies de la première et de l'arrière-saison. Vous aussi, soyez patients, affermissez vos cœurs, car l'avènement du Seigneur est proche" (5:7-8).

Pierre rappelle les mêmes promesses inspirées par l'Esprit. En voici une: "C'est pourquoi, ceignez les reins de votre entendement, soyez sobres, et ayez une entière espérance dans la grâce qui vous sera apportée, lorsque Jésus-Christ apparaîtra" (1 Pi 1:13). Et une autre: "Et lorsque le souverain berger paraîtra, vous obtiendrez la couronne incorruptible de la gloire" (1 Pi 5:4).

L'Esprit a confirmé cette même vérité par la plume de Jean: "Bien-aimés, nous sommes maintenant enfants de Dieu, et ce que nous serons n'a pas encore été manifesté; mais nous savons que, lorsqu'il paraîtra, nous serons semblables à lui, parce que nous le verrons tel qu'il est" (1 Jn 3:2). C'est l'une des promesses les plus exaltantes de l'Ecriture.

Ainsi, par les auteurs du Nouveau Testament, le Saint-Esprit atteste sans cesse que Christ viendra une deuxième fois. Ce que les hommes, utilisés par le Saint-Esprit comme des instruments pour écrire la Parole de Dieu inspirée, ont couché sur le papier constitue un troisième témoignage infaillible, qui s'ajoute à ceux du Père et du Fils. Par le moyen des Ecritures inerrantes, le Saint-Esprit continue d'attester que Jésus revient.

Le programme fixé pour l'Eglise l'exige

Le plan que Dieu a fixé pour l'Eglise impose le retour de Christ. Actuellement, Dieu jette un regard sur les nations "pour choisir du milieu d'elles un peuple qui porte son nom" (Ac 15:14). Il rassemble les élus en un seul corps, l'Eglise. Celle-ci doit être semblable à une épouse pure pour le Fils de Dieu, prête à lui être présentée lors de sa seconde venue.

C'est précisément l'image que Paul utilise dans 2 Corinthiens 11:2: "Car je suis jaloux de vous d'une jalousie de Dieu, parce que je vous ai fiancés à un seul époux, pour vous présenter à Christ comme une vierge pure."

L'Ecriture indique plusieurs fois que Christ reviendra comme un époux venant chercher son épouse. Dans sa vision du ciel, Jean décrit de façon très imagée le festin des noces:

> *Et j'entendis comme la voix d'une foule nombreuse, comme un bruit de grosses eaux, et comme un bruit de forts coups de tonnerre, disant: Alléluia! Car le Seigneur notre Dieu Tout-Puissant est entré dans son règne. Réjouissons-nous, soyons dans l'allégresse, et donnons-lui gloire; car les noces de l'Agneau sont venues, son épouse s'est préparée, et il lui a été donné de se revêtir d'un fin lin, éclatant, pur; car le fin lin, ce sont les œuvres justes des saints. L'ange me dit: Ecris: Heureux ceux qui*

> *sont appelés au festin des noces de l'Agneau! Puis il me dit: Ces paroles sont les véritables paroles de Dieu (Ap 19:6-9).*

Ce symbolisme repose sur le modèle de mariage qui se célébrait en Orient au temps du Nouveau Testament. Les traditions remontaient même plus haut, à l'époque de l'Ancien Testament. Tout mariage comportait trois éléments vitaux, chacun figurant dans la relation de Christ avec son Eglise.

La dot. A cette époque, les mariages étaient arrangés par les parents des futurs époux qui se rencontraient, s'engageaient par contrat à unir leurs enfants, souvent même avant que les intéressés ne se soient rencontrés. Le contrat de mariage liait les deux parties; pour le sceller, le futur époux ou son père versait une dot.[3] Cette somme garantissait la sécurité financière de la mariée. Bien que donné au père de la fiancée, l'argent devait être mis de côté pour l'épouse au cas où son mari la quitterait ou s'il venait à mourir (cf. Ge 31:15). La dot incluait également des cadeaux pour la jeune fille (cf. Ge 24:53; Jg 1:15). Une fois la dot payée, le contrat d'union était reconnu par la loi, et ne pouvait être rompu que par un divorce, même si les vœux de mariage n'avaient pas encore été prononcés et si le mariage n'était pas consommé (cf. Mt 1:18-19).

Le Nouveau Testament utilise la même image pour décrire la relation entre Christ et l'Eglise. Lorsque le Seigneur mourut sur la croix, il paya le prix d'acquisition de l'Eglise en versant son sang. A plusieurs reprises, Paul décrit l'Eglise comme une épouse acquise par le céleste époux. Ce symbolisme revêt tellement d'importance pour l'apôtre qu'il n'hésite pas à utiliser l'image de l'union de Christ avec son Eglise pour montrer ce

3. Actuellement, le terme de *dot* renvoie habituellement à l'idée d'argent ou de biens apportés par l'épouse à son mari à l'occasion du mariage, mais dans les temps bibliques il s'agissait d'un présent fait par le futur époux et sa famille à l'épouse (cf. Ge 34:12).

que doit être un bon mariage. Aux maris, il donne le conseil suivant: "Maris, que chacun aime sa femme, comme Christ a aimé l'Eglise, et s'est livré lui-même pour elle, afin de la sanctifier en la purifiant et en la lavant par l'eau de la parole, pour faire paraître devant lui cette Eglise glorieuse, sans tache, ni ride, ni rien de semblable, mais sainte et irréprochable" (Ep 5:25-27). Les paroles d'adieu de Paul aux anciens de l'église d'Ephèse contiennent cette exhortation: "Prenez donc garde à vous-mêmes, et à tout le troupeau sur lequel le Saint-Esprit vous a établis évêques, pour paître l'Eglise de Dieu, qu'il s'est acquise par son propre sang" (Ac 20:28). Ce fut évidemment la dot la plus élevée jamais payée. Et bien que le mariage n'ait pas encore été célébré, il a une existence légale et lie les parties à jamais. C'est d'ailleurs ce qui garantit notre sécurité. Rien ne peut nous séparer de l'amour de Christ.

Les fiançailles. Autrefois, les fiançailles étaient célébrées par une cérémonie officielle au cours de laquelle la fiancée et le fiancé se rencontraient en présence de témoins et se donnaient mutuellement des cadeaux. Cette cérémonie devait ressembler de près à un mariage actuel, mais elle avait lieu longtemps avant la consommation du mariage, parfois un an ou deux plus tôt. Ensuite la fiancée et son fiancé retournaient chacun vivre dans leurs familles respectives. Dans l'intervalle de temps qui séparait les fiançailles de la consommation du mariage, le jeune homme était occupé à préparer un toit pour sa future épouse. En général, il agrandissait la maison de son père ou construisait une nouvelle maison à proximité. Ainsi, dès leur mariage, les jeunes époux avaient un lieu pour y vivre ensemble. Joseph et Marie avaient déjà célébré de telles fiançailles lorsque l'ange Gabriel communiqua à Marie la nouvelle céleste de sa prochaine conception virginale suivie de la naissance virginale de Jésus (Lu 1:26-38; Mt 1:18-25).

Cette étape illustre admirablement la relation de Christ avec son Eglise. Il lui a fait des dons (Ep 4:8) et il est parti lui préparer une place dans la maison de son Père (Jn 14:2). La période qui s'étend entre la première et la seconde venue de Christ correspond à la période des fiançailles. L'Eglise est promise à Christ, la dot a été versée, les cadeaux échangés. L'union est scellée et n'attend plus que sa consommation finale.

Le festin de noce. La phase finale du processus du mariage se déroulait lorsque le mari, accompagné de ses amis, se rendait à la maison de sa future épouse pour la cérémonie de mariage suivie d'un grand festin. Les noces de Cana (Jn 2:1-11) et la parabole des dix vierges (Mt 25:1-13) décrivent cet événement.

De la même façon, le festin de noce de l'Agneau et de l'Epouse marquera la consommation du plan de Dieu pour l'Eglise. Ce festin ne peut avoir lieu avant le retour de Christ pour chercher son épouse (Ap 19:6-16). Tel est le projet de Dieu pour l'Eglise. Il faut donc que Christ revienne sur la terre.

L'institution du mariage est une magnifique métaphore qui décrit l'amour de Christ pour son Eglise. S'il ne revenait pas pour chercher l'Eglise, il tromperait son attente. Ainsi donc, le dessein que Dieu a conçu pour l'Eglise requiert le retour de Jésus-Christ.

La corruption dans le monde l'exige

Voici une autre raison en faveur du retour de Christ: il doit juger le monde. Matthieu 16:27 rapporte les paroles de Jésus: "Car le Fils de l'homme doit venir dans la gloire de son Père, avec ses anges; et alors il rendra à chacun selon ses œuvres." L'Ecriture qualifie le retour de Christ de "bienheureuse espérance" pour l'Eglise (Tit 2:13). Mais pour le monde des incroyants, cet événement est une perspective terrifiante, car son apparition signifie que les impies seront jugés immédiatement. Dans Jean 5: 25-29, Christ a prédit ce jugement:

> *En vérité, en vérité, je vous le dis, l'heure vient, et elle est déjà venue, où les morts entendront la voix du Fils de Dieu; et ceux qui l'auront entendue vivront. Car, comme le Père a la vie en lui-même, ainsi il a donné au Fils d'avoir la vie en lui-même. Et il lui a donné le pouvoir de juger, parce qu'il est Fils de l'homme. Ne vous étonnez pas de cela; car l'heure vient où tous ceux qui sont dans les sépulcres entendront sa voix, et en sortiront. Ceux qui auront fait le bien ressusciteront pour la vie, mais ceux qui auront fait le mal ressusciteront pour le jugement.*

L'Ecriture associe constamment le retour de Christ et le jugement universel final. Jude déclare: "Voici, le Seigneur est venu avec ses saintes myriades, pour exercer un jugement contre tous, et pour faire rendre compte à tous les impies parmi eux de tous les actes d'impiété qu'ils ont commis et de toutes les paroles injurieuses qu'ont proférées contre lui des pécheurs impies" (Jud 14-15).

Aux chrétiens de Thessalonique, Paul déclare (2 Th 1: 7-10):

> *...lorsque le Seigneur Jésus apparaîtra du ciel avec les anges de sa puissance, au milieu d'une flamme de feu, pour punir ceux qui ne connaissent pas Dieu et ceux qui n'obéissent pas à l'Evangile de notre Seigneur Jésus. Ils auront pour châtiment une ruine éternelle, loin de la face du Seigneur et de la gloire de sa force, lorsqu'il viendra en ce jour-là pour être glorifié dans ses saints et admiré dans tous ceux qui auront cru – car notre témoignage auprès de vous a été cru.*

L'Ecriture révèle que tout jugement a été remis à Christ (Jn 5:22). A plusieurs reprises, elle présente Christ revenant sur la terre pour y exercer ses jugements. Apocalypse 19:11-16 brosse un tableau saisissant de cette scène:

> *Puis je vis le ciel ouvert, et voici, parut un cheval blanc. Celui qui le montait s'appelle Fidèle et Véritable, et il juge et combat avec justice. Ses yeux étaient comme une flamme de feu; sur sa tête étaient plusieurs diadèmes; il avait un nom écrit, que personne ne connaît, si ce n'est lui-même; et il était revêtu d'un vêtement teint de sang. Son nom est la Parole de Dieu. Les armées qui sont dans le ciel le suivaient sur des chevaux blancs, revêtues d'un fin lin, blanc, pur. De sa bouche sortait une épée aiguë, pour frapper les nations; il les paîtra avec une verge de fer; et il foulera la cuve du vin de l'ardente colère du Dieu Tout-Puissant. Il avait sur son vêtement et sur sa cuisse un nom écrit: Roi des rois et Seigneur des seigneurs.*

Jésus *doit* revenir afin de donner aux pécheurs leur juste rétribution et d'exercer les jugements conformément à sa promesse.

L'avenir d'Israël l'exige

Nous avons donc montré clairement que le plan divin pour l'Eglise et pour le monde rendait le retour de Christ absolument nécessaire. Avez-vous déjà songé que le dessein de Dieu pour Israël imposait, lui aussi, l'avènement de Christ?

Zacharie fait référence à cette promesse divine: "Alors je répandrai sur la maison de David et sur les habitants de Jérusalem un Esprit de grâce et de supplication, et ils tourneront les regards vers moi, celui qu'ils ont percé. Ils pleureront sur lui comme on pleure sur un fils unique, ils pleureront amèrement sur lui comme on pleure sur un premier-né" (Za 12:10). Ce salut d'Israël ne s'est pas encore produit, mais il se produira. "En ce jour-là, une source sera ouverte pour la maison de David et les habitants de Jérusalem, pour le péché et pour l'impureté" (13:1). Tout le chapitre 14 de Zacharie décrit d'une façon détaillée le grand jour du salut pour Israël, un salut qui s'opérera au retour du Seigneur.

Romains 11:25-27 déclare: "Car je ne veux pas, frères, que vous ignoriez ce mystère, afin que vous ne vous regardiez point comme sages: une partie d'Israël est tombée dans l'endurcissement, jusqu'à ce que la totalité des païens soit entrée. Et ainsi tout Israël sera sauvé, selon qu'il est écrit: Le libérateur viendra de Sion, et il détournera de Jacob les impiétés; et ce sera mon alliance avec eux, lorsque j'ôterai leurs péchés."

Paul décrivait de toute évidence une réalité à venir. Il attendait le jour où "tout Israël sera sauvé". Il compare le peuple de Dieu à un olivier. Israël, représenté par les branches naturelles de l'arbre franc, n'a pas produit les fruits attendus; c'est pourquoi Dieu a coupé les branches naturelles et les a remplacées par des branches d'un olivier sauvage – symbole des élus païens – qu'il a greffées sur l'olivier franc. Apparemment, du temps de Paul, les païens convertis entraient en plus grand nombre que les juifs convertis dans l'Eglise. L'apôtre rappelle aux païens leur immense privilège: "toi qui étais un olivier sauvage, tu as été greffé à leur place, et rendu participant de la racine nourricière de l'olivier" (Ro 11:17). Mais le temps viendra où les branches naturelles seront à nouveau greffées sur l'olivier franc (vv. 23-24). Paul lie cet événement au retour de Christ, le libérateur qui viendra de Sion (v. 26).

Pour sa justification, Christ l'exige

Voici une autre raison du retour de Christ: il est inconcevable que le dernier cliché public que le monde ait eu de Jésus-Christ soit celui d'un criminel couvert de sang, de crachats et de mouches, agonisant presque nu sur une croix dans le crépuscule de Jérusalem. Savez-vous qu'après sa résurrection, Christ ne s'est jamais montré en public devant des incroyants? De très nombreux *croyants* l'ont vu, l'ont touché, lui ont parlé et ont rendu le témoignage unanime qu'il était bien ressuscité d'entre les morts. Mais nous n'avons aucun récit d'incroyants qui auraient vu le Seigneur. S'ils l'ont vu, nul doute qu'ils se sont convertis sur-le-champ. Les croyants qui l'ont rencontré ont vu leurs doutes fondre comme neige au soleil, comme le montre l'entretien de Thomas avec le Christ ressuscité (Jn 20:24-29).

Dans 1 Corinthiens 15:5-8, Paul énumère ceux qui furent les témoins du Christ ressuscité: "Il est apparu à Céphas, puis aux douze. Ensuite, il est apparu à plus de cinq cents frères à la fois, dont la plupart sont encore vivants, et dont quelques-uns sont morts. Ensuite, il est apparu à Jacques, puis à tous les apôtres. Après eux tous, il m'est aussi apparu à moi, comme à l'avorton." Vous remarquez que cette liste ne comporte aucun incroyant.

Ainsi donc, la dernière fois que le monde a vu Christ, c'était un homme humilié, souffrant, cloué sur une croix. Le Seigneur n'avait pas encore manifesté sa gloire.

Mais le monde la verra. L'Ecriture déclare: "Christ, qui s'est offert une seule fois pour porter les péchés de beaucoup d'hommes, apparaîtra sans péché une seconde fois à ceux qui l'attendent pour leur salut" (Hé 9:28). "Voici, il vient avec les nuées. Et tout œil le verra, même ceux qui l'ont percé; et toutes les tribus de la terre se lamenteront à cause de lui" (Ap 1:7). "Car, comme l'éclair part de l'orient et se montre jusqu'en occident, ainsi sera l'avènement du Fils de l'homme" (Mt 24:27).

Quelques passages importants de l'Ecriture mettent côte à côte les prophéties concernant l'humiliation de Christ et son exaltation publique subséquente, comme si l'une ne pouvait exister sans l'autre. Les versets 17 à 19 du Psaume 22 décrivent en détail le traitement qui sera infligé à Christ de la part de ceux qui le mettront à mort: "Car des chiens m'environnent, une bande de scélérats rôdent autour de moi, ils ont percé mes mains et mes pieds. Je pourrais compter tous mes os. Eux, ils observent, ils me regardent; ils se partagent mes vêtements, ils tirent au sort ma tunique." Mais ce même psaume révèle d'avance la gloire qui sera manifestée lorsque Christ reviendra sur la terre: "Toutes les extrémités de la terre penseront à l'Eternel et se tourneront vers lui; toutes les familles des nations se prosterneront devant ta face. Car à l'Eternel appartient le règne, il domine sur les nations" (vv. 28-29).

Matthieu 26 évoque simultanément les souffrances de la première venue de Christ et la gloire de sa seconde venue. Les versets 67-68 décrivent le châtiment que lui ont infligé ceux qui l'avaient arrêté: "Là-dessus, ils lui crachèrent au visage, et lui donnèrent des coups de poing et des soufflets en disant: Christ, prophétise; dis-nous qui t'a frappé." Ils se sont moqués de lui, se sont joués de lui, lui ont tiré les poils de la barbe. Ils l'ont humilié et finalement l'ont exécuté. Est-ce l'image que les hommes doivent conserver de Jésus? Est-ce vraiment là sa dernière apparition publique sur la terre?

Dans ce même chapitre de Matthieu, Jésus a clairement indiqué que le monde aurait une tout autre image de lui. "Et le souverain sacrificateur, prenant la parole, lui dit: Je t'adjure, par le Dieu vivant, de nous dire si tu es le Christ, le Fils de Dieu. Jésus lui répondit: Tu l'as dit. De plus, je vous le déclare, vous verrez désormais le Fils de l'homme assis à la droite de la puissance de Dieu, et venant sur les nuées du ciel" (Mt 26:63-64).

Du fond de son humiliation, Jésus a donc lui-même fait la promesse de sa future exaltation.

L'indignité et la honte de la crucifixion ont été étalées devant une foule moqueuse. Devant quel public fera-t-il éclater sa gloire? "Tout œil le verra" (Ap 1:7). "Il y aura des signes dans le soleil, dans la lune et dans les étoiles. Et sur la terre, il y aura de l'angoisse chez les nations qui ne sauront que faire, au bruit de la mer et des flots, les hommes rendant l'âme de terreur dans l'attente de ce qui surviendra pour la terre; car les puissances des cieux seront ébranlées. Alors on verra le Fils de l'homme venant sur une nuée avec puissance et une grande gloire" (Lu 21:25-27). Le Sauveur qui a été humilié, abreuvé de sarcasmes et mis à mort dans une démonstration publique de haine de l'humanité contre Dieu reviendra en Seigneur victorieux à la vue du monde entier. Oui, il *doit* revenir.

La destruction de Satan l'exige

Une autre raison vitale milite en faveur du retour de Christ: la nécessité de vaincre le diable. Bien que Satan soit déjà un ennemi vaincu en ce qui concerne les chrétiens, il continue d'exercer une certaine domination sur le monde. Trois fois dans l'évangile selon Jean, Christ désigne le diable comme "prince de ce monde" (Jn 12:31; 14:30; 16:11). Paul l'appelle le "dieu de ce siècle" (2 Co 4:4), et "le prince de la puissance de l'air, de l'esprit qui agit maintenant dans les fils de la rébellion" (Ep 2:2). Au chapitre 6 de la même épître, l'apôtre fait allusion à la hiérarchie des esprits mauvais au service de Satan en ces termes: "dominations… autorités… princes de ce monde de ténèbres… esprits méchants dans les lieux célestes" (Ep 6:12). Dans sa première épître, Jean déclare que "le monde entier est sous la puissance du malin" (1 Jn 5:19).

Dans un certain sens, c'est bien Satan qui gouverne ce monde. Comment a-t-il conquis ce pouvoir? Dieu avait confié à Adam le soin de dominer sur toute la création. Mais en succombant aux ruses de Satan, en choisissant d'obéir au diable plutôt qu'à Dieu, Adam a abandonné sa position dominante et a permis au diable d'exercer l'autorité. Depuis, Satan est le prince de ce monde. Il n'a aucun droit légitime à gouverner. C'est un usurpateur. Mais Dieu lui permet de rester en place.

Lorsque Christ a fait l'expiation des péchés, il a infligé à Satan un coup mortel, racheté la race humaine déchue et mis fin aux prétentions sataniques de dominer le monde. "C'est pourquoi aussi Dieu l'a souverainement élevé, et lui a donné le nom qui est au-dessus de tout nom, afin qu'au nom de Jésus tout genou fléchisse dans les cieux, sur la terre et sous la terre, et que toute langue confesse que Jésus-Christ est Seigneur, à la gloire de Dieu le Père" (Ph 2:9-11). Christ est le seul maître légitime du monde; quand il reviendra, il chassera Satan et le détruira complètement.

Apocalypse 5 brosse un tableau saisissant de cette scène. L'apôtre Jean raconte sa vision: Dieu est assis sur son trône et tient dans sa main un rouleau fermé par sept sceaux. Le rouleau était "écrit en dedans et en dehors" (Ap 5:1).

C'est une description des titres de propriété de Dieu sur ce monde. Aux temps bibliques, comme aux nôtres, les titres de propriété étaient des documents officiels importants qui certifiaient que telle personne était bien le propriétaire légal d'un domaine. Dans l'Ancien Testament, la terre ne pouvait pas constamment changer de propriétaire. Des parcelles de terrain pouvaient être cédées temporairement comme garantie, à titre de prêt ou en échange du paiement d'une dette. Mais il était interdit de vendre la terre de façon définitive (cf. Lé 25:23). Lors de l'année du jubilé (qui revenait tous les cinquante ans), toute parcelle de terre qui avait changé de main revenait à la famille ou à son propriétaire légitime (v. 10). Même entre deux jubilés, ceux qui désiraient récupérer leurs terres pouvaient les racheter à un juste prix. Jérémie racheta ainsi une partie des propriétés de sa famille (Jé 32:6-7). Il raconte que la transaction fut minutieusement consignée sur un titre de propriété (Jé 32:10-12):

> *J'écrivis un contrat, que je cachetai, je pris des témoins, et je pesai l'argent dans une balance. Je pris ensuite le contrat d'acquisition, celui qui était cacheté, conformément à la loi et aux usages, et celui qui était ouvert; et je remis le contrat d'acquisition à Baruc, fils de Nérija, fils de Machséja, en présence de Hanameel, fils de mon oncle, en présence des témoins qui avaient signé le contrat d'acquisition, et en présence de tous les juifs qui se trouvaient dans la cour de la prison.*

Le sceau servait de signature. Un titre de propriété pouvait donc comporter plusieurs sceaux, comme ceux qui scellaient le livre aperçu dans Apocalypse 5. Au premier siècle, le lecteur de Jean aurait compris que ce livre était un document officiel, un contrat d'acquisition. Personnellement, je crois qu'il représente le titre de propriété de Dieu sur cette terre.

Personne n'avait le droit d'ouvrir un document scellé sauf l'héritier légitime indiqué par le contrat lui-même. C'est pour cela que ce rouleau était aussi écrit en dehors. Sa face extérieure comportait un résumé de son contenu et précisait le nom de la personne habilitée à l'ouvrir. Les actes officiels juifs devaient porter légalement la signature de trois témoins, et donc trois sceaux, parfois davantage selon l'importance du document.

Le rouleau scellé de sept sceaux que vit Jean était manifestement de la plus haute importance. Le fait que Dieu en personne le tient et que des anges cherchent vainement quelqu'un qui soit digne de l'ouvrir (Ap 5:2-3) suggère que la personne qualifiée pour rompre les sceaux devra être particulièrement digne.

La situation devenait tellement angoissante pour Jean qu'il se mit à pleurer: "Et je pleurai beaucoup de ce que personne ne fut trouvé digne d'ouvrir le livre ni de le regarder" (v. 4). Mais dans le ciel, personne n'avait de doute quant à l'identité et à la dignité de celui qui seul était habilité à ouvrir le livre. "Et l'un des vieillards me dit: Ne pleure point; voici le lion de la tribu de Juda, le rejeton de David, a vaincu pour ouvrir le livre et ses sept sceaux" (v. 5). En tant que Fils de Dieu, Christ était l'héritier légitime de toute la création (Ps 2:6-8; Hé 1:1-2). Il a donc acquis le droit au titre de propriété sur la terre parce qu'il a racheté le monde de la domination de Satan.

Puisqu'il a payé le prix de la rédemption, Christ doit revenir sur la terre pour y établir son règne. Les chapitres 6 et 7 de l'Apocalypse décrivent l'ouverture des sceaux, chaque ouverture se terminant par un jugement spécifique. Le dernier sceau plonge le ciel dans un grand silence auquel mettent fin sept trompettes retentissantes. Chaque son de trompette déclenche une nouvelle vague de jugements (chapitres 8 à 11). Ces sept trompettes sont suivies de sept coupes qui représentent les sept derniers jugements sous forme de fléaux qui frappent la terre (chapitre 16). Finalement, après un dernier sursaut de Satan pour maintenir sa domination illégitime sur la terre, Christ lui-même revient. Apocalypse 19 décrit la scène du retour soudain de Christ et de la destruction de ses ennemis. Au chapitre 20, Satan est enchaîné et jeté pendant un certain temps dans l'abîme sans fond avant d'être précipité éternellement dans l'étang de feu. Par cet acte, la victoire finale de Christ sur Satan est complète.

L'Ecriture présente régulièrement le retour de Christ sur la terre comme le prélude nécessaire à la damnation ultime de Satan. C'est pourquoi Christ *doit* revenir ici-bas afin de parfaire la destruction de son grand ennemi.

L'espérance des saints l'exige

Voici la dernière raison en faveur du retour de Christ sur notre planète: seul son retour glorieux et triomphal peut combler l'espérance des saints. Dieu n'est pas de ceux qui font miroiter de faux espoirs. Il sait vers quoi nous sommes tendus. Il connaît le soupir de notre cœur. Sa Parole nous donne de bonnes raisons d'espérer l'apparition de notre Seigneur Jésus-Christ. Dieu ne peut pas décevoir cette bienheureuse espérance.

Pierre voyait dans la promesse du retour de Christ une grande consolation pour le peuple de Dieu dans les temps d'épreuve: "afin que l'épreuve de votre foi, plus précieuse que l'or périssable (qui cependant est éprouvé par le feu), ait pour résultat la louange, la gloire et l'honneur, lorsque Jésus-Christ apparaîtra" (1 Pi 1:7).

Paul encouragea les croyants à cultiver cette même espérance (2 Th 1:4-7):

> *Aussi nous glorifions-nous de vous dans les Eglises de Dieu, à cause de votre persévérance et de votre foi au milieu de toutes vos persécutions et des afflictions que vous avez à supporter. C'est une preuve du juste jugement de Dieu, pour que vous soyez jugés dignes du royaume de Dieu, pour lequel vous souffrez. Car il est de la justice de Dieu de rendre l'affliction à ceux qui vous affligent, et de vous donner, à vous qui êtes affligés, du repos avec nous, lorsque le Seigneur Jésus apparaîtra du ciel avec les anges de sa puissance.*

Tous les vrais croyants soupirent après le jour où Jésus-Christ reviendra sur la terre. Pour Paul, les vrais croyants sont ceux qui "auront aimé son avènement" (2 Ti 4:8). Jean ajoute: "Bien-aimés, nous sommes maintenant enfants de Dieu, et ce que nous serons n'a pas encore été manifesté; mais nous savons que, lorsqu'il paraîtra, nous serons semblables à lui, parce que nous le verrons tel qu'il est" (1 Jn 3:2). En d'autres mots, le retour de Christ produira instantanément notre glorification totale.

Pour toutes ces raisons, Christ *doit* revenir. Le Nouveau Testament nous exhorte à attendre son retour, à soupirer après lui, à le guetter avec patience et dans l'expectative. Son retour a fait l'objet de la bienheureuse espérance de tous les vrais enfants de Dieu depuis le commencement. Elle est plus près que jamais de se réaliser.

L'apôtre Jean ajoute cette exhortation: "Quiconque a cette espérance en lui se purifie, comme lui-même est pur" (1 Jn 3:3). Voilà le test d'une saine eschatologie! Votre espérance exerce-t-elle une influence sanctifiante sur votre âme? Au lieu de vous laisser prendre par la fièvre et l'hystérie provoquées par les événements actuels et les manchettes des journaux, regardez-vous au-delà de l'agitation de ce monde en nourrissant la pensée que vous pourriez bientôt rencontrer Christ face à face, et préparez-vous votre cœur et votre âme en vue de cet événement? Au lieu de succomber au désespoir, comme certains, sous prétexte que Christ tarde, êtes-vous rempli d'espérance et d'impatience? Etes-vous éveillé et sur le qui-vive, sachant que le temps approche? L'Ecriture nous invite à adopter cette attitude-là.

La seconde venue ne doit pas nous empêcher d'accomplir nos tâches pour attendre oisivement le Seigneur. Elle ne doit pas non plus nous inciter à focaliser toute notre attention sur les événements et les développements politiques de ce monde. Au contraire, elle doit orienter notre cœur vers Christ, dont nous attendons la venue, et elle doit nous pousser à nous purifier comme lui-même est pur.

2

Le retour de Christ est-il imminent ?

Christ peut revenir à tout instant. Je le crois de tout mon cœur, non parce que je l'aurais lu dans les journaux, mais en raison de ce que j'ai lu dans l'Ecriture.

Dès les premiers jours de l'Eglise, les apôtres et les chrétiens de la première génération ont entretenu une ferme attente et un espoir fervent que Christ pouvait revenir soudainement n'importe quand pour rassembler son Eglise dans le ciel. Jacques, l'auteur de l'épître peut-être la plus ancienne du Nouveau Testament, déclare expressément à ses lecteurs que le retour du Seigneur est imminent:

> *Soyez donc patients, frères, jusqu'à l'avènement du Seigneur. Voici, le laboureur attend le précieux fruit de la terre, prenant patience à son égard, jusqu'à ce qu'il ait reçu les pluies de la première et de l'arrière-saison. Vous aussi, soyez patients, affermissez vos cœurs, car* l'avènement du Seigneur est proche. *Ne vous plaignez pas les uns des autres, frères, afin que vous ne soyez pas jugés, voici,* le juge est à la porte *(Ja 5:7-9, mise en évidence ajoutée).*

Pierre se fait l'écho de la même attente quand il écrit: "La fin de toutes choses est proche. Soyez donc sages et sobres pour vaquer à la prière" (1 Pi 4:7). L'auteur de la lettre aux Hébreux mentionne le retour imminent de Christ comme une incitation à la fidélité: "Veillons les uns sur les autres, pour nous exciter à l'amour et aux bonnes œuvres. N'abandonnons pas notre assemblée, comme c'est la coutume de quelques-uns; mais exhortons-nous réciproquement, et cela d'autant plus que vous voyez s'approcher le jour" (Hé 10:24-25). Et il ajoute: "Encore un peu, un peu de temps, celui qui doit venir viendra, et il ne tardera pas" (v. 37). L'apôtre Jean a fait la déclaration la plus ferme de toutes: "Petits enfants, c'est la dernière heure, et comme vous avez appris qu'un antéchrist vient, il y a maintenant plusieurs antéchrists, par là nous connaissons que c'est la dernière heure" (1 Jn 2:18). Dans sa préface au récit des visions qu'il a eues, Jean précise d'emblée qu'il s'agit de "choses qui doivent arriver bientôt" (Ap 1:1).

Les auteurs du Nouveau Testament ont beaucoup écrit au sujet de "l'avènement" de Christ, et ils n'ont jamais manqué de faire ressortir que ce retour pouvait se produire immédiatement. "Et maintenant, petits enfants, demeurez en lui, afin que, lorsqu'il paraîtra, nous ayons de l'assurance, et qu'à son avènement nous n'ayons pas la honte d'être éloignés de lui" (1 Jn 2:28; cf. 3:2; Col 3:4; 2 Ti 4:8; 1 Pi 5:4).

Tous ces textes suggèrent que dans l'Eglise primitive, les chrétiens vivaient dans l'attente du retour très prochain de Christ. Le Nouveau Testament est imprégné de la conviction que Christ pouvait revenir à tout moment. Lorsque l'apôtre Paul décrit le retour du Seigneur pour prendre son Eglise, il le fait en utilisant le pronom personnel qui montre que lui-même pensait pouvoir être parmi les vivants qui iraient à la rencontre du Seigneur: "Voici, en effet, ce que nous vous déclarons d'après la parole du Seigneur, *nous* les vivants, restés pour l'avènement du Seigneur... *nous* les vivants, qui serons restés, nous serons tous ensemble enlevés avec eux sur des nuées, à la rencontre du Seigneur dans les airs" (1 Th 4:15, 17, italiques ajoutés). Il attendait à l'évidence le retour du Seigneur de son temps. Il indiqua en outre que l'attente vigilante et pleine d'espérance de la seconde venue de Christ est une attitude que la grâce divine enseigne à tous les croyants: "Car la grâce de Dieu, source de salut pour tous les hommes, a été manifestée. Elle nous enseigne à renoncer à l'impiété et aux convoitises mondaines, et à vivre dans le siècle présent selon la sagesse, la justice et la piété, *en attendant la bienheureuse espérance, et la manifestation de la gloire de notre grand Dieu et Sauveur Jésus-Christ*" (Tit 2:11-13, italiques ajoutés).

La tribulation précédera-t-elle la venue de Christ pour son Eglise?

Il se trouve pourtant des personnes qui étudient la prophétie biblique et qui déclarent avec force que les chrétiens ne devraient pas s'attendre au retour immédiat de Christ. Ils les incitent plutôt à guetter le début des sept années de la *tribulation*, l'accomplissement de certains jugements et signes préliminaires, l'apparition de l'Antichrist, ou tous ces événements réunis. Lorsqu'ils parlent des événements à venir, ils insistent surtout sur les idées d'épouvante et de désastre qui frapperont le peuple de Dieu. Pour eux, la "bienheureuse espérance" devient une réalité seulement *après* que l'Eglise aura traversé la tribulation.

A première vue, cette position ne semble pas dénuée d'arguments bibliques. En effet, comme nous le verrons dans les chapitres suivants, lorsque Christ évoqua les événements de la fin, il fit plusieurs prophéties relatives à la tribulation et aux souffrances, en précisant que ces signes précéderaient son retour et pointeraient vers lui (Mt 24:21, 30).

Les épîtres contiennent, elles aussi, des prophéties concernant l'apostasie et les persécutions dans les jours qui précéderont le retour de Christ. L'apôtre Paul, par exemple, avertit d'avance Timothée des temps difficiles qui surviendraient (2 Ti 3:1-6). Il déclare à ce jeune pasteur: "L'Esprit dit expressément que, dans les derniers temps, quelques-uns abandonneront la foi" (1 Ti 4:1) et il poursuit en décrivant l'apostasie qui précédera et annoncera le retour de Christ sur la terre.

Ceux qui croient que l'Eglise devra passer par les temps difficiles de la tribulation citent invariablement 2 Thessaloniciens 2:1-3 comme preuve:

> *Pour ce qui concerne l'avènement de notre Seigneur Jésus-Christ et notre réunion avec lui, nous vous prions, frères, de ne pas vous laisser facilement ébranler dans votre bon sens, et de ne pas vous laisser troubler, soit par quelque inspiration, soit par une parole, ou par une lettre qui semblerait venir de nous, comme si le jour du Seigneur était déjà là. Que personne ne vous séduise d'aucune manière;* car il faut que l'apostasie soit arrivée auparavant, et que l'on ait vu paraître l'homme impie, le fils de la perdition. *(Mise en évidence ajoutée.)*

Ainsi, d'un côté le Nouveau Testament est imprégné du sentiment très fort d'attente vive et de conviction que le retour de Christ, la bienheureuse espérance, est imminent. Mais de l'autre, il nous avertit que des troubles et des afflictions précéderont l'avènement du Seigneur. Comment concilier ces deux révélations prophétiques? Comment nous attendre journellement et joyeusement au retour de Christ si ces signes préliminaires doivent s'accomplir avant sa seconde venue?

Il faut avoir plusieurs choses à l'esprit. D'abord, tous les "signes des temps" généraux indiqués dans le Nouveau Testament se sont *déjà* produits et *continuent* de se dérouler devant nos yeux. Ils sont caractéristiques de toute la période de l'Eglise. L'apostasie et l'incrédulité, l'égoïsme et le péché, les guerres, les bruits de guerres et les catastrophes naturelles ont été monnaie courante pendant toute l'histoire de l'Eglise. Presque chaque génération de chrétiens depuis l'époque de Christ a cru assister à l'accomplissement des signes des temps. Dans ces conditions, comment savoir si *notre* époque correspond vraiment aux "derniers jours" de la Bible, ou s'il ne s'agit pas simplement de la même apostasie et des mêmes calamités que celles qui ont marqué toute l'ère chrétienne?

L'apôtre Jean répond clairement à cette question lorsqu'il écrit sous l'inspiration du Saint-Esprit: "Petits enfants, c'est la dernière heure, et comme vous avez appris qu'un antéchrist vient, il y a maintenant plusieurs antéchrists, par là nous connaissons que c'est la dernière heure" (1 Jn 2:18). L'Eglise se trouvait *déjà* dans les derniers temps avant même la fin de la période apostolique. D'ailleurs, l'expression "les derniers temps" est une expression biblique qui désigne l'ère chrétienne (Hé 1:1-2). Toute cette période est un prélude au point culminant de l'histoire de l'humanité. Nous sommes dans les derniers temps, tout comme l'Eglise primitive.

Ensuite, rien dans le Nouveau Testament n'indique que nous devrions reporter notre attente de l'apparition de Christ jusqu'à ce que d'autres événements préliminaires s'accomplissent. La seule exception se trouve dans le passage de 2 Thessaloniciens 2:1-3 cité plus haut, qui déclare: "Car il faut que l'apostasie soit arrivée auparavant, et qu'on ait vu paraître l'homme impie, le fils de la perdition." C'est évidemment un passage clé pour ceux qui croient que la tribulation est le prochain événement sur le calendrier prophétique et que l'Eglise doit guetter le règne de l'Antichrist plutôt que le retour de Christ. En fait, si le texte de 2 Thessaloniciens 2:1-3 parle réellement du retour de Christ pour son Eglise, il rend caduc tout l'enseignement néotestamentaire concernant l'imminence du retour de Christ.

Examinons attentivement le contexte de 2 Thessaloniciens 2. Les chrétiens de Thessalonique avaient été troublés et bouleversés par quelques faux docteurs (probablement des gens qui prétendaient parler au nom des apôtres) qui leur avaient enseigné que les persécutions et les souffrances par lesquelles ils passaient alors correspondaient aux jugements associés avec *le jour du Seigneur*. (Cette expression désigne toujours un temps de jugement apocalyptique; cf. Es 13:9-11; Am 5:18-20; 1 Th 5:2-3; 2 Pi 3:10; Ap 6:17; 16:14.) Dans l'église de Thessalonique, plusieurs chrétiens, broyés par des afflictions et des épreuves terribles, avaient cru ce mensonge, et pensé qu'ils étaient eux-mêmes les objets de la colère apocalyptique finale de Dieu. Cet enseignement les avait évidemment profondément troublés, d'autant plus que dans sa lettre précédente, Paul les avait encouragés en leur parlant de *l'enlèvement* (1 Th 4:14-17), c'est-à-dire de la venue de Christ pour son Eglise. L'apôtre avait même exhorté ses destinataires à se consoler mutuellement par cette promesse du retour de Christ pour eux (v. 18).

Entre-temps, à un moment de persécutions et d'épreuves cruelles, les Thessaloniciens étaient devenus la proie de l'idée fausse que Dieu donnait déjà libre cours à sa colère finale et qu'ils en étaient, eux, les objets. Ils craignaient évidemment d'avoir raté l'enlèvement et d'être balayés par les jugements finaux et historiques de Dieu au jour du Seigneur.

C'est pourquoi Paul leur écrit: "Pour ce qui concerne l'avènement de notre Seigneur Jésus-Christ et notre réunion avec lui, nous vous prions, frères, de ne pas vous laisser facilement ébranler dans votre bon sens, et de ne pas vous laisser troubler, soit par quelque inspiration, soit par une parole, ou par une lettre qui semblerait venir de nous, comme si le jour du Seigneur était déjà là" (2 Th 2:1-2). L'expression "l'avènement de notre Seigneur Jésus-Christ et notre réunion avec lui" désigne clairement l'enlèvement.

L'erreur qui avait troublé l'église de Thessalonique comportait deux aspects. Le premier était la crainte d'avoir raté l'enlèvement. Le second était la peur subséquente d'être déjà entrés dans la période des jugements apocalyptiques qui indiquaient que le jour du Seigneur était arrivé.

Par conséquent, en disant: "Car il faut que l'apostasie soit arrivée auparavant, et que l'on ait vu paraître l'homme impie, le fils de la perdition" (2 Th 2:3), Paul parle du jour du Seigneur avec ses jugements apocalyptiques, et non de l'enlèvement. Il ne laissait pas croire que la venue de Christ pour l'Eglise était reportée à la fin du déroulement des événements de la tribulation. Il ne suggérait certainement pas aux Thessaloniciens de laisser tomber leur espérance du retour de Christ en attendant la fin de la tribulation. Dans sa première épître, l'apôtre s'était efforcé de les inciter à la vigilance et à l'attente, et leur avait demandé de s'encourager les uns les autres par la nouvelle du retour imminent de Christ (cf. 1 Th 1:10; 4:14-18; 5:6, 9, 11). Si l'apôtre cherchait maintenant à leur enseigner que tous les événements de la tribulation devaient avoir lieu *avant* que Christ puisse revenir pour eux, ce serait une bien maigre consolation. Une telle idée contredirait en fait tout ce que le Nouveau Testament dit de l'imminence du retour de Christ, ainsi que de la consolation et de l'espérance qui lui sont liées.

Ainsi le Nouveau Testament enseigne de façon constante que les chrétiens doivent attendre le retour imminent de Christ pour son Eglise, et le passage de 2 Thessaloniciens 2:1-4 ne fait pas exception.

Comment le retour de Christ aurait-il pu être imminent pour l'Eglise primitive?

Certains prétendent que l'apparition de Christ ne pouvait pas être imminente pour l'Eglise primitive, puisque de toute évidence, 2 000 ans plus tard, il n'est toujours pas revenu. Les sceptiques ridiculisent le christianisme ou mettent en doute l'inerrance de l'Ecriture à cause de ce fait. Après tout, les versets cités au début de ce chapitre prouvent que Jacques, Pierre, Jean, Paul et l'auteur de la lettre aux Hébreux croyaient tous que le retour de Christ était très proche – "à la porte" (Ja 5:9); "proche" (Ph 4:5; 1 Pi 4:7); "s'approcher" (Hé 10:25); "je viens bientôt" (Ap 3:11; 22:7).

Comment se fait-il alors, 2 000 ans plus tard, que Christ ne soit pas encore revenu? Les apôtres auraient-ils commis une erreur de jugement? C'est précisément ce qu'affirment quelques sceptiques. Voici un extrait typique d'une lettre circulaire dont le seul but était d'attaquer l'inerrance de l'Ecriture:

> Paul lui-même a montré... qu'il était parmi ceux qui attendaient le retour imminent de Christ. Mais, comme le prouve clairement l'histoire de notre ère, il n'en a rien été. Aucun messie n'est apparu... Le NT répète inlassablement que le messie doit revenir dans un bref avenir. Or, l'humanité attend depuis près de 2 000 ans, et rien ne s'est produit. En dépit de tous les efforts de l'imagination, on ne peut vraiment pas dire que Christ soit revenu "bientôt"... Il est tout de même regrettable que des millions de gens s'accrochent à l'espoir vain qu'un messie viendra les arracher un jour à leur triste condition. Combien d'années (2 000, 10 000, 100 000) faudra-t-il encore pour que tous reconnaissent enfin: "Nous pouvons conclure que nous sommes victimes d'une cruelle mystification"?[1]

1. Dennis MCKINSEY (éd.), "Imminence", in *Biblical Errancy*, mai 1990.

Que penser de cette accusation portée contre la fiabilité de l'Ecriture? Les 2 000 ans déjà écoulés prouvent-ils vraiment que le retour de Christ n'était pas imminent pour l'Eglise primitive, et que les apôtres se sont trompés?

Certainement pas. Souvenez-vous de la claire affirmation de Christ dans Matthieu 24:42: "Vous ne savez pas quel jour votre Seigneur viendra." Le moment exact nous est caché, comme il l'était pour les apôtres. Mais il n'empêche que Christ peut revenir à tout instant. Le juge est toujours à la porte. Le jour est toujours proche. Aucun autre événement du calendrier prophétique ne se produira avant notre rencontre avec Christ dans les airs. Il peut surgir n'importe quand. Dans ce sens, son retour est imminent. Il était déjà imminent à l'époque de l'Eglise primitive.

Je crois aussi possible que Christ attende encore 2 000 ans ou davantage pour revenir. Pourtant, compte tenu du rapide déclin de la société, je ne vois pas bien comment cela pourrait se faire. Mais les apôtres non plus ne le voyaient pas quand ils observaient l'état du monde d'alors. Il peut donc différer son retour. C'est pourquoi Christ nous demande d'être prêts, qu'il vienne immédiatement ou beaucoup plus tard que nous le pensons (cf. Mt 24:42–25:13).

Quoi qu'il en soit, le délai de 2 000 ans ne jette aucun discrédit sur la fidélité de Dieu ou sur la fiabilité de sa Parole. C'est ce que Pierre s'évertue à souligner en évoquant d'avance les moqueurs qui ridiculiseront la promesse du retour de Christ (2 Pi 3:3-4). Qu'oppose-t-il à leurs sarcasmes? "Devant le Seigneur, un jour est comme mille ans, et mille ans sont comme un jour" (v. 8). La durée du temps terrestre qui s'écoule n'a aucune conséquence pour Dieu qui est hors du temps. Pour lui, un instant peut durer des siècles, et des millénaires se réduire à un instant. Il n'est pas lié au temps comme nous, et aucune durée, aussi grande soit-elle, ne peut annuler sa fidélité. "Le

Seigneur ne tarde pas dans l'accomplissement de la promesse, comme quelques-uns le croient; mais il use de patience envers vous, ne voulant pas qu'aucun périsse, mais voulant que tous arrivent à la repentance" (v. 9).

Autrement dit, la vraie raison pour laquelle le Seigneur tarde n'est pas sa négligence ou son insouciance à tenir ses promesses; c'est simplement parce qu'étant bon et patient, il retarde la venue de Christ et la colère qui accompagnera ce retour afin de permettre aux hommes de parvenir au salut. Christ ne reviendra pas avant que les desseins bienveillants de Dieu soient accomplis. Loin d'être synonyme d'apathie ou de négligence de sa part, ce long délai qui précède l'apparition du Seigneur souligne la remarquable profondeur de sa miséricorde et de sa patience presque intarissables.

C'est pourquoi le fait que 2 000 ans se sont déjà écoulés ne modifie en rien la doctrine du retour de Christ. La seconde venue du Seigneur est *encore et toujours* imminente. Il peut revenir à tout moment. Le commandement d'être prêts et vigilants s'applique autant à nous qu'à l'Eglise du premier siècle. En fait, la question du retour de Christ devrait même être un sujet de plus grande préoccupation pour nous car chaque jour qui passe nous en rapproche indéniablement. Nous ignorons toujours quand se produira ce retour, mais nous savons que nous sommes 2 000 ans plus près de cet événement que l'était Jacques au moment où le Saint-Esprit le poussa à avertir l'Eglise que la venue du Seigneur était "proche" et que le juge était déjà "à la porte".

Pourquoi le retour imminent de Christ est-il si important?

Pourquoi est-il si important de croire que Christ peut revenir n'importe quand? Parce que, comme nous l'avons vu à la fin du chapitre précédent, l'espérance du retour imminent de Christ a sur nous des effets sanctifiants et purifiants. "Quiconque a cette espérance en lui se purifie, comme lui-même est pur" (1 Jn 3:3). Le fait de savoir que cette venue approche devrait nous inciter à nous y préparer, à ressembler davantage à Christ, à nous dépouiller de tout ce qui appartient encore à notre ancienne façon de vivre sans lui.

C'est ce que Paul indique vers la fin de son épître aux Romains. Il rappelle aux croyants de Rome leur devoir d'aimer leurs prochains comme eux-mêmes en déclarant que l'amour est l'accomplissement de tous les commandements moraux de Dieu (Ro 13:8-10). Puis il souligne l'urgence de vivre en obéissant à ce commandement suprême et écrit (Ro 13:11-14):

> *Cela importe d'autant plus que vous savez en quel temps nous sommes, c'est l'heure de vous réveiller enfin du sommeil,* car maintenant le salut est plus près de nous que lorsque nous avons cru. *La nuit est avancée,* le jour approche. *Dépouillons-nous donc des œuvres des ténèbres, et revêtons les armes de la lumière. Marchons honnêtement, comme en plein jour, loin des orgies et de l'ivrognerie, de la luxure et de la débauche, des querelles et des jalousies. Mais revêtez-vous du Seigneur Jésus-Christ, et n'ayez pas soin de la chair pour en satisfaire les convoitises. (mise en évidence ajoutée)*

C'est le coup de clairon de Paul à l'Eglise. Le retour de Christ est proche. Nous en sommes plus proches que lorsque nous avons cru. Chaque minute qui passe nous en rapproche davantage. Comment rachetons-nous le temps? L'apôtre préconise une triple attitude qui résume parfaitement la perspective chrétienne de l'imminence possible du retour de Christ.

Réveillez-vous! "C'est l'heure de vous réveiller enfin du sommeil", dit-il (v. 11). Il insiste sur l'urgence de cet ordre et sur l'imminence du retour de Christ au moyen de quatre expressions: "c'est l'heure", "le salut est plus près" (v. 11), "la nuit est avancée", et "le jour approche" (v. 12). Le temps est court, les occasions passent. Le Seigneur vient bientôt et ce retour se rapproche à chaque instant. Il est temps d'obéir. Le seul moment dont nous sommes maîtres est le moment présent. Comme rien ne prouve que nous aurons encore du temps, il est déraisonnable de différer notre obéissance.

Rendez-vous compte: l'apôtre Paul a insisté sur l'urgence de ce commandement à *son* époque, il y a 2000 ans. Il croyait le retour de Christ proche et se rapprochant à chaque instant. Combien plus urgente est son exhortation aujourd'hui! "Car maintenant le salut est plus près de nous" (v. 11), plus près de 2000 ans pour être précis. Ce n'est donc certainement pas le moment de nous relâcher et de nous assoupir. Même si certains sont tentés de penser que le retard passé signifie que le retour de Christ n'est plus une affaire d'urgence, il suffit d'un moment d'attention pour comprendre que si nous croyons que Christ a dit vrai lorsqu'il a promis de revenir bientôt, nous *devons* croire que cette échéance se rapproche constamment. En somme, le retard n'atténue pas l'urgence, au contraire, il l'accentue.

Il est tout à fait naturel que pour les infidèles, les sceptiques et les incroyants, le fait que Jésus tarde à venir signifie qu'il ne tiendra pas sa promesse (2 Pi 3:4). Mais aucun vrai croyant ne le pense. Au lieu de nous désespérer parce que le Seigneur tarde, disons-nous que jamais le moment de son retour n'a été aussi proche que maintenant. Il revient. Comme nous l'avons vu au chapitre précédent, sa Parole garantit son retour. C'est pourquoi le fait qu'il tarde, loin d'affaiblir notre espérance, devrait la fortifier.

Dans l'expression "vous savez en quel temps nous sommes" (Ro 13:11), le mot "temps" *(kairos,* en grec*)* que Paul utilise évoque une période ou une ère et non le temps *(chronos)* indiqué par une horloge. Par cette expression, l'apôtre encourage ses lecteurs à comprendre l'époque, à la discerner, comme "des fils d'Issacar, qui savaient distinguer des temps pour comprendre ce que devait faire Israël" (1 Ch 12:32). Christ a reproché aux pharisiens de ne pas posséder ce discernement. "Le soir, vous dites: Il fera beau, car le ciel est rouge; et le matin: Il y aura de l'orage aujourd'hui, car le ciel est d'un rouge sombre. Vous savez discerner l'aspect du ciel, et vous ne pouvez discerner les signes des temps *[kairos]*" (Mt 16:1-3).

Paul avait peut-être décelé des signes de léthargie ou de langueur chez les chrétiens de Rome. Cette grande ville offrait certainement beaucoup de distractions et de plaisirs mondains qui détournaient le cœur de la vive espérance de l'avènement de Christ. Tout comme la société dans laquelle nous vivons, Rome prenait soin de la chair en lui proposant abondance de bien-être matériel et d'amusements terrestres. Si bien que les chrétiens romains avaient oublié qu'ils vivaient dans les derniers temps. Ils s'étaient endormis spirituellement.

On a parfois l'impression que l'Eglise tout entière est tombée dans un état d'assoupissement spirituel pire. Elle fait preuve d'une indifférence généralisée concernant le retour du Seigneur. Où est ce sentiment d'attente impatiente qui caractérisait l'Eglise primitive? L'Histoire retiendra malheureusement qu'à son entrée dans un nouveau millénaire, l'Eglise de notre génération était beaucoup plus préoccupée par le "bug de l'an 2 000" que par la venue du Roi venant établir son règne de mille ans!

Beaucoup trop de chrétiens contemporains se sont installés dans la léthargie et l'inactivité, l'indifférence aux choses de Dieu. Ils sont comme Jonas qui dormait d'un sommeil lourd et profond dans la cale du navire alors que celui-ci était battu par la tempête qui menaçait de l'engloutir (Jon 1:5-6). Ou encore comme les dix vierges folles qui, "comme l'époux tardait... s'assoupirent et s'endormirent" (Mt 25:5). Il est grand temps de sortir de ce sommeil!

Paul fit résonner un coup de clairon similaire aux oreilles de l'église d'Ephèse: "Réveille-toi, toi qui dors, relève-toi d'entre les morts, et Christ t'éclairera. Prenez donc garde afin de vous conduire avec circonspection, non comme des insensés, mais comme des sages; rachetez le temps, car les jours sont mauvais" (Ep 5:14-16). Jamais pareil cri d'alarme n'a autant été justifié qu'aujourd'hui. Rappelons les paroles mêmes du Seigneur: "Veillez donc, car vous ne savez quand viendra le maître de la maison, ou le soir, ou au milieu de la nuit, ou au chant du coq, ou le matin; craignez qu'il ne vous trouve endormis, à son arrivée soudaine" (Mc 13:35-36).

Lorsque Paul dit: "car maintenant le salut est plus près de nous que lorsque nous avons cru" (Ro 13:11), il fait évidemment référence à la *consommation* du salut. Il ne suggérait pas que ses destinataires romains n'étaient pas régénérés. Il ne leur déclarait pas que leur *justification* était encore une réalité à venir. Il leur rappelait qu'ils se rapprochaient de plus en plus de l'apogée de l'œuvre commencée lors de leur régénération. Dans ce contexte, le "salut" désigne la *glorification*, l'étape finale de l'œuvre salvatrice de Dieu (Ro 8:30). Toute l'Ecriture associe cette phase à l'apparition de Christ. "Nous savons que, lorsqu'il paraîtra, nous serons semblables à lui, parce que nous le verrons tel qu'il est" (1 Jn 3:2). "Nous attendons aussi comme Sauveur le Seigneur Jésus-Christ, qui transformera le corps de notre humiliation, en le rendant semblable au corps de sa gloire" (Ph 3:20-21). "Quand Christ, votre vie, paraîtra, alors vous paraîtrez aussi avec lui dans la gloire" (Col 3:4). "Christ... apparaîtra sans péché une seconde fois à ceux qui l'attendent pour leur salut" (Hé 9:28). Remarquez que l'auteur de la lettre aux Hébreux emploie le mot *salut* dans le même sens que Paul dans Romains 13:11.

Paul avait fait mention de cet aspect final du salut dans Romains 8:23: "Nous soupirons en nous-mêmes, en attendant l'adoption, la rédemption de notre corps." C'est cet aspect-là de notre salut qui est plus proche que lorsque nous avons cru, et qui repose sur la venue de Christ.

Le vibrant appel que Paul adresse aux Romains (ch. 13) donne l'assurance que le retour de Christ est imminent. Si une autre ère *(kairos)* eschatologique, notamment la tribulation, devait précéder le retour de Christ pour son Eglise, Paul aurait certainement informé les chrétiens de Rome de son arrivée, et les aurait pressés de s'y préparer. Or, au lieu de les avertir qu'ils devraient affronter une sombre période de tribulations, l'apôtre leur dit le contraire: "La nuit est avancée, le jour approche" (v. 12). Le *kairos* de la persécution, des afflictions et des ténèbres était avancé (*prokoptô* en grec, ce qui signifie "avancer rapidement", "expulser"). La clarté du jour, qui correspond à la consommation finale de notre salut lorsque Christ reviendra pour nous prendre dans sa gloire, est imminente.

Nous n'avons aucune idée de la quantité de sable qui reste dans le sablier de l'histoire humaine. Mais nous pouvons raisonnablement penser qu'il s'en est écoulé déjà beaucoup depuis l'époque où Paul annonçait l'arrivée du jour. Combien plus urgente est donc sa sonnerie de clairon pour l'Eglise d'aujourd'hui!

La nuit de la domination de Satan va bientôt céder devant l'aurore de la venue de Christ pour les siens. Paul utilise cette même image de nuit et d'aurore dans sa lettre aux Thessaloniciens (1 Th 5:1-9):

Pour ce qui est des temps et des moments, vous n'avez pas besoin, frères, qu'on vous en écrive. Car vous savez bien

> *vous-mêmes que le jour du Seigneur viendra comme un voleur dans la nuit. Quand les hommes diront: Paix et sûreté! alors une ruine soudaine les surprendra, comme les douleurs de l'enfantement surprennent la femme enceinte, et ils n'échapperont point. Mais vous, frères, vous n'êtes pas dans les ténèbres, pour que ce jour vous surprenne comme un voleur; vous êtes tous des enfants de la lumière et des enfants du jour. Nous ne sommes point de la nuit ni des ténèbres. Ne dormons donc point comme les autres, mais veillons et soyons sobres. Car ceux qui dorment, dorment la nuit, et ceux qui s'enivrent, s'enivrent la nuit. Mais nous qui sommes du jour, soyons sobres, ayant revêtu la cuirasse de la foi et de l'amour, et ayant pour casque l'espérance du salut. Car Dieu ne nous a pas destinés à la colère, mais à la possession du salut par notre Seigneur Jésus-Christ*

Dieu ne nous a pas destinés à la colère. Il ne nous a pas préparés pour le jour de la colère qui surviendra lors de la tribulation. Notre espérance réside dans l'apparition soudaine de Christ pour nous prendre avec lui dans la gloire. Réveillez-vous! Soyez sobres! Veillez! Votre rédemption est proche.

Rejetez! La venue de l'aube signifie qu'il est temps de changer de vêtements. "Dépouillons-nous des œuvres des ténèbres, et revêtons les armes de la lumière" (Ro 13:12). Paul fait allusion à un soldat qui a passé la nuit à se saouler. Revêtu de ses habits de péché, il s'est endormi du sommeil de l'ivrogne. Mais l'aube approche, il est temps de s'éveiller, de se débarrasser des vêtements de la nuit et de revêtir les armes de la lumière.

Le verbe grec traduit par "dépouiller" a le sens fort d'éjecter ou d'expulser violemment. Il n'apparaît qu'à trois autres reprises dans le Nouveau Testament, et dans chaque cas, il désigne l'expulsion *manu militari* d'une synagogue (Jn 9:22;

12:42; 16:2). Le terme contient donc l'idée de renoncement ou de rejet du péché (ou du pécheur impénitent) avec vigueur et conviction. Paul en appelle à un acte de repentance. Il demande à ses destinataires de rejeter, d'excommunier "les œuvres des ténèbres", de rompre avec elles. Il utilise la même expression dans Ephésiens 5:11: "Ne prenez point part aux œuvres infructueuses des ténèbres, mais plutôt condamnez-les."

Paul se sert souvent de l'image des vêtements que l'on ôte pour décrire la séparation d'avec le péché et la vieille nature: "Vous avez été instruits à vous dépouiller, par rapport à votre vie passée, du vieil homme qui se corrompt par les convoitises trompeuses" (Ep 4:21-22). "Mais maintenant, renoncez à toutes ces choses, à la colère, à l'animosité, à la méchanceté, à la calomnie, aux paroles équivoques qui pourraient sortir de votre bouche. Ne mentez pas les uns aux autres, vous étant dépouillés du vieil homme et de ses œuvres" (Col 3:8-9). Remarquez l'étendue du "dépouillement": vous *étant dépouillés* (passé) du vieil homme et de ses œuvres"; mais "vous avez été instruits à *vous dépouiller* (présent continuel) de toutes les œuvres des ténèbres. Cette illustration évoque la résurrection de Lazare. Il était ressuscité des morts, avait reçu à nouveau la vie, mais il était encore enveloppé des bandelettes qu'il fallait ôter (cf. Jn 11:43-44).

L'auteur de la lettre aux Hébreux emploie une image semblable et exhorte les croyants à rejeter "tout fardeau, et le péché qui nous enveloppe si facilement" et à courir "avec persévérance dans la carrière qui nous est ouverte" (Hé 12:1). Il compare le croyant à un athlète qui se débarrasse de tout ce qui l'encombre et s'apprête à courir. Nous devons rejeter beaucoup de choses si nous voulons être prêts pour le grand jour. Jacques résume tout ce qui est encombrant: "... rejetant toute souillure et tout débordement de méchanceté..." (Ja 1:21). Pierre reprend en écho: "Rejetant donc toute méchanceté et toute ruse, la dissimulation, l'envie, et toute médisance..." (1 Pi 2:1).

Revêtez-vous! C'est l'autre aspect de notre préparation pour l'apparition du Seigneur. Tant que nous n'avons pas revêtu l'équipement approprié, nous ne sommes pas prêts pour l'aube de ce jour: "revêtons les armes de la lumière... revêtez-vous du Seigneur Jésus-Christ" (Ro 13:12, 14).

Il s'agit de nouveau de l'image d'un soldat qui a passé la nuit à festoyer et à s'enivrer. Il est rentré chez lui en titubant et s'est affalé tout habillé sur son lit. Les plis et les salissures témoignent de ses orgies. Mais le jour pointe, il est temps de se lever, d'ôter les anciens vêtements sales, de revêtir une tenue propre et correcte, et d'être prêt pour la bataille. Le mot "armes" suggère le combat, et c'est tout à fait juste. Bien que le retour de Christ soit imminent, il ne nous dispense pas de combattre. Nulle part il n'est écrit dans la Bible que le peuple de Dieu doit s'asseoir sur une colline et attendre la venue de Christ.

En fait, entre maintenant et son retour, nous sommes engagés dans une guerre "contre les dominations, contre les autorités, contre les princes de ce monde de ténèbres, contre les esprits méchants dans les lieux célestes" (Ep 6:12). La proximité du retour du Seigneur n'atténue en rien l'âpreté du combat. Ce n'est pas le moment de nous relâcher. Au contraire, nous devons nous lancer dans la bataille avec une ardeur nouvelle, sachant que le temps est court. "C'est pourquoi, prenez toutes les armes de Dieu, afin de pouvoir résister dans le mauvais jour, et tenir ferme après avoir tout surmonté" (v. 13).

En d'autres mots, nous ne sommes pas des soldats en permission, libres de festoyer et de nous adonner aux plaisirs charnels de la vie nocturne. Nous sommes de service, et notre commandant suprême peut arriver d'un moment à l'autre. C'est pourquoi "Marchons honnêtement, comme en plein jour, loin des orgies et de l'ivrognerie, de la luxure et de la débauche, des querelles et des jalousies" (Ro 13:13). Le chrétien qui ne mène pas une vie sainte et obéissante avec des priorités célestes n'a pas compris la portée du retour imminent du Seigneur. Si nous croyons réellement que le Seigneur peut apparaître à tout instant, cette bienheureuse espérance devrait nous inciter à être fidèles et à marcher d'une manière digne; autrement, à son apparition, le Seigneur nous trouvera en train de marcher de façon indigne, en lui désobéissant et en le déshonorant. Rappelons les propos de Christ lui-même: "Veillez donc, car vous ne savez quand viendra le maître de la maison, ou le soir, ou au milieu de la nuit, ou au chant du coq, ou le matin; craignez qu'il ne vous trouve endormis, à son arrivée soudaine. Ce que je vous dis, je le dis à tous: Veillez" (Mc 13:35-37).

Il y a plus encore. "Mais revêtez-vous du Seigneur Jésus-Christ, et n'ayez pas soin de la chair pour en satisfaire les convoitises" (Ro 13:14). Lorsque nous serons glorifiés, nous serons instantanément rendus conformes à l'image de Christ, aussi ressemblants à lui que des êtres humains peuvent l'être. La ressemblance à Christ est le but vers lequel Dieu nous pousse (Ro 8:29). Dès à présent, le processus de la sanctification nous rend de plus en plus conformes à son image. Croître en grâce, c'est croître dans la ressemblance à Christ. Nous sommes appelés à refléter la nature et la sainteté de Christ. C'est ce que Paul exprime par ces mots: "Revêtez-vous du Seigneur Jésus-Christ". Nous devons rechercher la sanctification, imiter Christ dans toute notre conduite et dans notre nature, nous laisser imprégner de sa pensée et nous laisser guider par son exemple (Ph 2:5; 1 Pi 2:21).

Paul compare son ministère pastoral, qui consiste à discipliner les Galates pour les rendre semblables à Christ, aux douleurs de l'enfantement: "J'éprouve de nouveau les douleurs de l'enfantement, jusqu'à ce que Christ soit formé en vous" (Ga 4:19). Aux Corinthiens, l'apôtre décrit la sanctification comme le processus qui nous amène à la ressemblance de Christ: "Nous tous dont le visage découvert reflète la gloire du Seigneur, nous sommes transformés en la même image, de gloire en gloire, par l'Esprit du Seigneur" (2 Co 3:18). Nous progressons d'un niveau de gloire au suivant en nous rapprochant du but ultime. Le commandement "revêtez-vous du Seigneur Jésus-Christ" est une autre façon d'inciter les chrétiens à poursuivre la sanctification (c'est tout le thème de Romains 12 à 16).

En déclarant aux Galates: "Vous tous, qui avez été baptisés en Christ, vous avez revêtu Christ" (3:27), Paul indiquait que la sanctification commençait à la conversion. Dès le premier instant où nous avons exercé la foi, nous avons été revêtus de la justice de Christ. C'est la justification. Voici les paroles du prophète Esaïe: "Je me réjouirai en l'Eternel, mon âme sera ravie d'allégresse en mon Dieu; car il m'a revêtu des vêtements du salut, il m'a couvert du manteau de la délivrance, comme le fiancé s'orne d'un diadème, comme la fiancée se pare de ses joyaux" (61:10).

Mais ce n'est que le début du processus qui consiste à revêtir Christ. La justification est un événement accompli une fois pour toutes, tandis que la sanctification est progressive. L'ordre de revêtir Christ dans Romains 13 impose la poursuite de la sanctification à la ressemblance de Christ.

L'espérance du retour imminent de Christ est donc la charnière autour de laquelle s'articule une juste compréhension de la sanctification.

Passons en revue quelques textes clés qui parlent de cette imminence et notons tout spécialement les devoirs pratiques que cette doctrine nous impose.

Fermeté: "Vous aussi, soyez patients, affermissez vos cœurs, car l'avènement du Seigneur est proche" (Ja 5:8).

Bonté: "Ne vous plaignez pas les uns des autres, frères, afin que vous ne soyez pas jugés, voici, le juge est à la porte" (Ja 5:9).

Prière: "La fin de toutes choses est proche. Soyez donc sages et sobres, pour vaquer à la prière" (1 Pi 4:7).

Fidélité aux assemblées et à l'encouragement mutuel: "Veillons les uns sur les autres, pour nous exciter à l'amour et aux bonnes œuvres. N'abandonnons pas notre assemblée, comme c'est la coutume de quelques-uns; mais exhortons-nous réciproquement, et cela d'autant plus que vous voyez s'approcher le jour" (Hé 10:24-25).

Sainteté de la conduite et de la piété: "Puisque tout cela est en voie de dissolution, combien votre conduite et votre piété doivent être saintes" (2 Pi 3:11).

Pureté et ressemblance à Christ: "Lorsqu'il paraîtra, nous serons semblables à lui, parce que nous le verrons tel qu'il est. Quiconque a cette espérance en lui se purifie, comme lui-même est pur" (1 Jn 3:2-3).

Ces exhortations recouvrent plusieurs domaines et concernent tous les aspects de notre sanctification. L'espérance du retour imminent de Christ est un catalyseur et un aiguillon pour toutes ces vertus, pour que nous portions le fruit de l'Esprit, que nous manifestions toutes les vertus chrétiennes, tout ce qui contribue à la sainteté et à la ressemblance à Christ, tout ce qui contribue à la vie et à la piété.

Voilà pourquoi il est si important de nourrir une attente enthousiaste et vigilante du retour imminent de Christ. L'avènement du Seigneur n'a pas pour but de nous focaliser sur les événements terrestres. En fait, si votre intérêt pour le retour de Christ se transforme en idée fixe sur ce qui se passe dans ce monde, vous êtes complètement passés à côté de l'essentiel. La certitude que le retour de Christ est imminent devrait diriger notre cœur vers le ciel "d'où nous attendons aussi comme Sauveur le Seigneur Jésus-Christ" (Ph 3:20).

C'est pourquoi, bien-aimés, en attendant ces choses, appliquez-vous à être trouvés par lui sans tache et irréprochables dans la paix (2 Pi 3:14).

3

Le plus grand discours prophétique de Christ

A part le livre de l'Apocalypse, les chapitres 24 et 25 de Matthieu constituent la portion prophétique la plus longue et la plus importante du Nouveau Testament. Il s'agit du *discours du mont des Oliviers*. C'est le deuxième plus long message de Christ rapporté dans les Ecritures. Le plus long, le sermon sur la montagne (Mt 5–7), était un sermon public délivré aux foules de la Galilée, au début du ministère terrestre de Christ. En revanche, le discours du mont des Oliviers fut un message privé réservé aux disciples, délivré à Jérusalem vers la fin de son ministère terrestre. Notre Seigneur prononça ces paroles alors qu'il était assis en face du temple, de l'autre côté de la vallée, sur le mont – ou la montagne – des Oliviers (Mt 24:3). Le nom populaire du discours est une réminiscence du lieu où il a été délivré.

D'où ils étaient assis, Christ et ses disciples pouvaient contempler les splendides constructions du temple. Celui-ci était le plus glorieux de tous les grands projets de construction mis en chantier par Hérode le Grand. La partie principale du temple formait un ensemble magnifique. Elle était en marbre blanc étincelant avec des décorations en or. Sa face orientale (que Christ voyait d'où il était assis) était recouverte de feuilles d'or et réfléchissait les rayons du soleil matinal comme un miroir. Le revêtement d'or illuminait les pentes occidentales du mont des Oliviers et était visible à des kilomètres. C'était, de l'avis général, l'édifice le plus surprenant et le plus beau du monde.

C'est d'ailleurs la magnificence de ce complexe religieux qui donna le coup d'envoi au discours. Tandis que Jésus quittait le mont du temple pour se rendre au mont des Oliviers, ses disciples avaient exprimé leur émerveillement devant la grandeur de ce bâtiment. Le récit parallèle de Luc 21:5 suggère qu'ils étaient fascinés par l'incroyable richesse que constituaient les décorations somptueuses, les pierres précieuses et d'autres objets de valeur apportés en offrandes par de riches donateurs.

Jésus répondit à ses disciples par une prophétie à glacer d'effroi: "Voyez-vous tout cela? Je vous le dis en vérité, il ne restera pas ici pierre sur pierre qui ne soit renversée" (Mt 24:2). Cette annonce faisait écho à une déclaration que Jésus avait faite aux chefs juifs dans l'enceinte même du temple, probablement quelques instants auparavant: "Voici, votre maison vous sera laissée déserte" (Mt 23:38).

Les disciples ont dû se demander comment un édifice aussi spectaculaire que le temple pouvait être laissé "désert". La prédiction solennelle de Christ concernant les pierres de cette imposante structure qui ne resteraient pas l'une sur l'autre les surprit encore davantage. Et elle les troubla certainement. Ce que le Seigneur venait de leur dire était diamétralement opposé à leurs espérances messianiques. Ils étaient convaincu que Christ était bien le Messie promis (cf. Mt 16:16), et ils lui faisaient confiance pour diriger la nation et lui redonner une gloire supérieure à celle passée. Ils ne s'attendaient pas à ce qu'il leur parle de sa destruction.

C'est pourquoi, un peu plus tard, alors qu'ils étaient assis de l'autre côté de la vallée du Cédron, sur le mont d'où ils pouvaient contempler les murs étincelants de la façade du temple et tout le panorama des édifices construits sur le mont du temple étalé devant eux, "les disciples vinrent en particulier lui poser cette question: Dis-nous, quand cela arrivera-t-il, et quel sera le signe de ton avènement et de la fin du monde?" (Mt 24:3).

La réponse de Jésus est la plus longue – rapportée dans le Nouveau Testament – qu'il ait jamais donnée à une question. Le discours du mont des Oliviers couvre deux chapitres entiers de l'évangile de Matthieu. Un récit parallèle mais abrégé se trouve en Luc 21.

Les attentes messianiques juives

Pour comprendre les questions des disciples, il faut d'abord savoir comment les Juifs autour d'eux concevaient le rôle messianique de Jésus. Pour eux, le Messie était avant tout un personnage politique qui délivrerait Israël de l'occupation étrangère et hostile. Tout Israël croyait que lorsque son Messie viendrait, il récupérerait tous les territoires que les ennemis avaient occupés depuis l'exil et les siècles d'oppression qui avaient suivi. En s'appuyant sur les promesses contenues dans les alliances avec Abraham et avec David, les Israélites pensaient que le Messie reconstituerait les différentes lignées tribales et sacerdotales, réunifierait et purifierait le peuple, rétablirait le trône davidique à Jérusalem et rendrait à la nation une gloire inimaginable et sans précédent. Les disciples partageaient cette même vision. Ils étaient même certainement ceux qui, de tout Israël, estimaient ces événements les plus proches, car ils avaient déjà reconnu en Jésus le Christ, l'Oint annoncé par les prophètes de l'Ancien Testament. Ils pensaient être sur le point de voir instaurer le royaume messianique.

Il n'y a pas de meilleure illustration de cette attente que le cantique de Zacharie, le père de Jean-Baptiste. En se rendant compte que le précurseur du Messie venait de naître, Zacharie salua d'avance par un chant de louange la venue du libérateur d'Israël, celui qui accomplirait les promesses incluses dans les alliances de Dieu avec Abraham et avec David (Lu 1:68-75):

> *Béni soit le Seigneur, le Dieu d'Israël, de ce qu'il a visité et racheté son peuple, et nous a suscité un puissant Sauveur dans la maison de David, son serviteur, comme il l'avait annoncé par la bouche de ses saints prophètes des temps anciens, un Sauveur qui nous délivre de nos ennemis et de la main de tous ceux qui nous haïssent! C'est ainsi qu'il manifeste sa miséricorde envers nos pères, et se souvient de sa sainte alliance, selon le serment par lequel il avait juré à Abraham, notre père, de nous permettre, après que nous serions délivrés de la main de nos ennemis, de le servir sans crainte, en marchant devant lui dans la sainteté et dans la justice tous les jours de notre vie.*

Cet hymne résume la promesse messianique de l'Ancien Testament et l'attente d'Israël: Dieu venant visiter Israël pour le racheter par un Sauveur et Roi de la lignée davidique (2 S 7:12-16; 1 Ch 17:11-14; Ps 89:28-38), délivrant le peuple de ses ennemis et faisant d'Israël le siège de son gouvernement mondial. Le Messie accomplirait également toutes les promesses faites à Abraham, y compris les promesses de bénédiction, de protection, de possession du pays et de victoire définitive sur ses adversaires (Ge 12:1-3; 15:18-21; 22:16-18). Zacharie croyait que toutes ces promesses se réaliseraient avec la venue du Messie; c'est pourquoi il salua d'avance l'instauration prochaine du royaume promis, royaume de lumière et de paix (Es 9:2-7; cf. Lu 2:25-32, 36-38).

A l'évidence, Zacharie n'était pas seul à espérer l'accomplissement immédiat de ces promesses. A cette époque, Israël était sous la domination romaine. L'Empire romain était à son apogée, et Israël se trouvait juste à la frontière orientale de ce vaste empire. Depuis plusieurs siècles, le trône de David était vacant, et il n'y avait aucun espoir de faire monter un descendant sur ce trône en dehors d'une intervention surnaturelle du Messie. La seule monarchie à avoir exercé le pouvoir dans cette région au temps des disciples était la dynastie hérodienne, et encore était-ce avec le consentement de Rome. Mais, quel comble! Hérode et ses successeurs étaient des monarques étrangers, des Iduméens, des Edomites, donc des descendants d'Esaü. Les Edomites avaient souvent été des voisins peu commodes et même parfois farouchement hostiles aux Israélites. Ainsi, lors de l'exode, ils refusèrent à Israël le droit de traverser leur pays (cf. No 20). Plusieurs pouvoirs hostiles gouvernaient donc Israël.

De plus, Rome exigeait des Israélites le paiement d'impôts qui servaient à financer les armées d'occupation, leurs oppresseurs mêmes! On comprend alors la réticence de la plupart des Juifs à payer l'impôt dû à César (cf. Mc 12:13-17).

Il faut encore savoir que Rome exerçait souvent un pouvoir tyrannique. De toutes les régions qui formaient cet immense empire, le territoire d'Israël était devenu la cible particulière de la brutalité romaine. Contrairement aux autres régions administrées par les Romains, l'identité nationale d'Israël résultait d'une relation d'alliance avec YHWH. C'est pourquoi le polythéisme romain (et le culte de l'empereur en particulier) ne réussit pas à s'implanter parmi les Israélites. Les gouverneurs romains considérèrent donc le judaïsme monothéiste comme une menace constante de sédition. D'ailleurs, les zélotes juifs faisaient tout ce qu'ils pouvaient pour fomenter des troubles contre les Romains. Le pays vivait au sein de fortes tensions politiques entretenues à la fois par les atrocités romaines (cf. Lu 13:1) et par les violentes insurrections juives (cf. Mc 15:7).

A cause de l'alliance nationale d'Israël avec YHWH, les gouvernants étrangers – comme la famille des Hérode et les Romains – étaient considérés non seulement comme des ennemis politiques, mais aussi comme un fléau spirituel humiliant sur la nation, une plaie qui exprimait le mécontentement de Dieu vis-à-vis de son peuple. L'occupation romaine posait donc un sérieux dilemme au judaïsme. (Cela explique pourquoi certains Juifs avaient une telle fierté nationale qu'ils refusaient même le fait de l'occupation romaine, cf. Jn 8:33: "Nous sommes la postérité d'Abraham, et nous ne fûmes jamais esclaves de personne; comment dis-tu: Vous deviendrez libres?") Tout Israélite fidèle aspirait à l'expulsion des Romains pour que la nation soit à nouveau *vraiment* libre. Ces fidèles croyaient que les prophéties messianiques de l'Ancien Testament parlaient de Celui qui apparaîtrait soudainement et rétablirait toutes choses avant de restaurer le trône de David sur terre pour y monter et régner éternellement sur tous les royaumes terrestres.

Les prophéties messianiques de l'Ancien Testament

Ce climat politique permet de comprendre pourquoi les Juifs attendaient avec une telle impatience la venue du Messie. Mais ce n'est là qu'une raison qui explique pourquoi l'attente messianique des Juifs était si forte à l'époque de Jésus. D'autres prophéties de l'Ancien Testament semblaient suggérer que cette venue était imminente (cf. Da 9:25). Ceux qui sondaient les prophéties messianiques étaient certains que lorsque le Messie paraîtrait, l'expulsion des Romains serait une de ses premières préoccupations.

Cette vive attente messianique parmi ceux qui connaissaient les Ecritures est la principale raison qui a poussé des foules à se rendre dans le désert pour écouter Jean-Baptiste et, plus tard, Christ (Mt 3:4-6; Lu 5:15-16; 12:1). Ils croyaient que les prophètes leur avaient promis la venue d'un héros conquérant qui les conduirait. Ils ne s'attendaient pas à un Serviteur souffrant, mais à un Messie triomphant qui établirait un règne sans fin de paix et de prospérité en Israël et dans le monde. Et ils étaient prêts à se rendre n'importe où pour trouver quelqu'un qui puisse les conduire jusqu'à ce Libérateur.

Les disciples partageaient les mêmes attentes. Lorsqu'ils lisaient les promesses messianiques de l'Ancien Testament, ils avaient toutes les raisons de penser que le Christ les accomplirait bientôt toutes. C'est ce que leur inspirait la lecture d'Esaïe 9:5-6 par exemple:

> *Car un enfant nous est né, un fils nous est donné, et la domination reposera sur son épaule; on l'appellera Admirable, Conseiller, Dieu puissant, Père éternel, Prince de la paix. Donner à l'empire de l'accroissement, et une paix sans fin au trône de David et à son royaume, l'affermir par le droit et par la justice, dès maintenant et à toujours, voilà ce que fera le zèle de l'Eternel des armées.*

Ils savaient que le verset 5 s'était accompli avec la naissance de Christ. Ils s'attendaient tout naturellement à ce que Christ établisse bientôt le royaume parfait annoncé au verset 6.

Ils s'accrochaient aussi sans aucun doute à la promesse triomphante de Jérémie 23:5-6. "Voici, les jours viennent, dit l'Eternel, où je susciterai à David un germe juste, il régnera en roi et prospérera, il pratiquera la justice et l'équité dans le pays. En son temps, Juda sera sauvé, Israël aura la sécurité dans sa demeure." Ayant découvert Christ et *sachant* qu'il était le germe promis, ils espéraient vivement qu'il réaliserait la promesse d'un royaume terrestre de leur vivant.

Ce qu'ils n'avaient pas compris, c'est que parfois la Bible condense des événements proches et des événements lointains dans le même souffle prophétique, comme c'est le cas du texte d'Esaïe 61:2. Le Seigneur l'interrompit au beau milieu d'une phrase en déclarant aux Galiléens présents dans la synagogue que ce passage s'accomplissait sous leurs yeux (Lu 4:17-21). La suite du verset que Jésus ne lut pas (Es 61:2b) s'applique au jour de la vengeance de Dieu, et cette partie ne s'accomplissait pas du temps de Christ.

Il nous est plus facile, à nous, de voir que *beaucoup* de prophéties messianiques de l'Ancien Testament juxtaposaient des événements liés à la première venue de Christ et des prophéties qui ne s'accompliront qu'à sa seconde venue. Cette distinction entre les deux événements était beaucoup moins claire pour les disciples.

Les attentes messianiques immédiates des disciples

Il est manifeste que les disciples n'avaient pas bien enregistré les nombreuses prédictions que Jésus avait faites au sujet de ses souffrances et de sa mort. Ils les ignoraient, les mettaient en doute, les excusaient ou les spiritualisaient afin de les faire entrer dans leur schéma eschatologique. Des passages clairement messianiques comme le Psaume 22 ou Esaïe 53 leur restèrent voilés jusqu'au moment de la résurrection de Christ (cf. Lu 24:25-32). Voilà pourquoi, même à la veille de sa crucifixion, ils étaient restés insensibles à son agonie, malgré tout ce qu'il leur avait dit à ce sujet. Ils espéraient toujours que Jésus se manifesterait comme le Messie conquérant que tout Israël attendait, et ils étaient persuadés que cela se produirait très bientôt.

Les événements qui précèdent le discours du mont des Oliviers se sont déroulés le vendredi de la semaine de la Passion. Christ était entré dans la ville quelques jours plus tôt, au milieu de l'adulation enthousiaste des multitudes massées sur son parcours. Pratiquement toute la ville en liesse l'avait accueilli aux cris de "Hosanna!", avait jonché le chemin de branches de palmier et même étendu des vêtements sur son itinéraire (Mt 21:8-11). Pour les disciples, cette entrée triomphale signifiait l'inauguration du royaume messianique. L'événement eschatologique suivant était le rétablissement du trône de David et de son royaume. Comme le rapporte Luc, "on croyait qu'à l'instant le royaume de Dieu allait paraître" (Lu 19:11).

Aussi furent-ils ébahis lorsque Christ prophétisa la destruction totale du temple. Celui-ci était la pièce maîtresse et le souvenir le plus visible de la gloire nationale passée d'Israël. Pourquoi le Messie permettrait-il qu'un tel traitement soit infligé à la nation? N'était-il pas venu pour établir son royaume dans toute sa gloire? Pourquoi prédisait-il alors la *destruction* de la gloire d'Israël? Ne pouvait-il pas simplement vaincre les ennemis du peuple, conquérir son trône légitime et accomplir toutes les prophéties de l'Ancien Testament relatives à la rédemption, à la bénédiction, à la protection, à la paix et à la prospérité? La destruction du temple était incompréhensible aux disciples (cf. Jn 2:20). Ce que Jésus annonçait ne cadrait tout simplement pas avec leurs attentes messianiques.

C'est ce dilemme qui les a incités à poser la question: "Dis-nous, quand cela arrivera-t-il, et quel sera le signe de ton avènement et de la fin du monde?" (Mt 24:3).

N'oublions pas que les disciples avaient encore l'esprit rempli des images de l'entrée triomphale de Jésus dans la ville sous les acclamations de la foule. Ce n'était pour eux que le prélude à un triomphe imminent encore plus éclatant: l'accession de Christ au trône. Le Seigneur ne leur avait pas encore déclaré qu'il retournerait bientôt vers le Père (il ne le leur dira que la nuit suivante, cf. Jn 14:2; 16:16). Ils n'avaient donc aucune notion d'une seconde venue du Messie. Pour les disciples, les mots "ton avènement" faisaient référence à sa venue triomphale pour monter sur le trône de David. Le prophète Malachie avait prédit l'entrée soudaine du Messie comme messager de l'alliance, c'est-à-dire celui qui vient accomplir les promesses de l'alliance (Mal 3:1). Or Jésus leur annonçait la destruction du temple! Ils avaient certainement bien du mal à concilier ces deux prophéties.

Ils pensaient sans doute que toutes les prophéties messianiques se réaliseraient suivant une séquence ininterrompue d'événements. Ils s'attendaient donc à la réalisation très prochaine des dernières étapes de l'œuvre du Messie. D'après eux, il ne lui restait qu'à triompher de ses ennemis et à monter sur le trône. Conformément à ce qu'avait annoncé le prophète, il devait le faire par un déploiement de puissance surnaturelle ("Il frappera la terre de sa parole comme d'une verge, et du souffle de ses lèvres il fera mourir le méchant", Es 11:4). Les disciples pensaient qu'une fois la séquence des événements mise en mouvement, tout s'accomplirait avec une rapidité étonnante. Ils ont pu s'imaginer que la promesse ancienne d'un royaume allait se réaliser sous leurs yeux en l'espace de quelques jours.[1]

---

1. L'attente qu'avaient les disciples d'un royaume immédiat et terrestre au sens littéral était si profondément enracinée dans leur pensée que même après la résurrection de Christ, ils s'attendaient encore à ce qu'il l'établisse sur-le-champ. La dernière question qu'ils lui ont posée avant son ascension était: "Seigneur, est-ce en ce temps que tu rétabliras le royaume d'Israël?" (Ac 1:6). Sa mort et sa résurrection n'avaient pas diminué leur attente mais l'avaient augmentée: maintenant qu'il avait vaincu même la mort, il dévoilerait sûrement sa gloire au monde et établirait le royaume éternel. Notez que dans sa réponse Jésus ne les blâme pas de penser que le royaume en sera un au sens littéral, terrestre. En fait, il affirme implicitement que son royaume sera vraiment établi sur terre, mais pas selon *leur* horaire: "Ce n'est pas à vous de connaître les temps ou les moments que le Père a fixés de sa propre autorité" (Ac 1:7). Ainsi, sans briser leur espérance d'un royaume terrestre, il les appelle à se tenir prêts en attendant le temps de Dieu.

Mais à partir du moment où Jésus leur annonçait que quelque chose d'autre devait se produire *avant* son accession au trône, un événement aussi catastrophique que la destruction du temple, ils voulurent savoir quand cela s'accomplirait et quels seraient les signes qu'ils devaient guetter. C'est pourquoi, dès que l'occasion se présenta, ils lui demandèrent en privé d'expliquer sa déclaration.

Les promesses prophétiques du Messie lui-même

Consciemment ou non, les disciples posèrent des questions à portée multiple dans Matthieu 24:3. La première partie, "quand cela arrivera-t-il?", s'applique à la destruction du temple et aux événements accompagnant cette catastrophe. La suite, "quel sera le signe de ton avènement et de la fin du monde", aborde un sujet eschatologique plus vaste: comment la venue victorieuse de Christ en tant que Messie d'Israël se situait-elle dans l'ensemble du calendrier prophétique?

Comme nous le verrons dans les chapitres suivants, la réponse de Jésus ne lève absolument pas le voile sur tous les mystères de ces questions. L'interprétation du discours du mont des Oliviers n'est pas une entreprise aisée.

L'Histoire rapporte que le temple fut totalement détruit en l'an 70 de notre ère, lorsque les armées romaines commandées par Titus rasèrent la ville de Jérusalem. Les Romains avaient attaqué la colline du temple et jeté des torches qui mirent le feu au bâtiment principal. La chaleur fut si intense que l'édifice s'écroula. Ensuite les soldats passèrent les décombres au crible pour en extraire les métaux précieux et les pierres précieuses, avant de les répandre dans les vallées proches. Les paroles de Jésus s'accomplirent donc littéralement. Il ne resta pas une seule pierre sur une autre.[2] Josèphe rapporte que lorsque les Romains eurent achevé leur besogne, l'emplacement du temple avait l'air d'un désert qui n'avait jamais été habité.

Jésus a fait avec une précision étrange beaucoup de prédictions concernant les persécutions et les afflictions qui semblaient devoir se produire avant cette époque. Mais un examen plus attentif de tout le discours révèle que les aspects les plus importants de sa prophétie *ne* se sont *pas* réalisés lors de la destruction de Jérusalem en 70. Parmi les éléments non accomplis figurent son propre retour et le rassemblement des élus décrits aux versets 30 et 31: "Alors le signe du Fils de l'homme paraîtra dans le ciel, toutes les tribus de la terre se lamenteront, et elles verront le Fils de l'homme venant sur les nuées du ciel avec puissance et une grande gloire. Il enverra ses anges avec la trompette retentissante, et ils rassembleront ses élus des quatre vents, d'une extrémité des cieux à l'autre."

Notons de plus que la grande tribulation décrite par Christ sous-entend un cataclysme et des souffrances sur une échelle globale et même cosmique (Mt 24:29-30), et non seulement un holocauste local à Jérusalem. Par ailleurs, Jésus annonce clairement un temps de détresse et d'épreuves unique dans toute l'histoire du monde (v. 21), sans aucune commune mesure avec le siège de Jérusalem en 70. Malgré les grandes souffrances, les difficultés incroyables et la mort de centaines de milliers de Juifs qui ont accompagné la fin de Jérusalem, reconnaissons que les siècles qui ont suivi ont connu des calamités bien pires, en particulier l'exécution systématique de millions de Juifs par Hitler et Staline au vingtième siècle. La destruction de

---

2. Le mur occidental (mur des lamentations), encore debout aujourd'hui, était une partie du mur de soutènement construit quand l'esplanade du temple avait été agrandie pour supporter l'immense structure qu'Hérode désirait bâtir. Il soutenait la cour extérieure du temple, mais n'appartenait pas au temple proprement dit; ainsi, il ne constitue pas une exception à la prophétie du Christ qu'aucune pierre du temple ne restera.

Jérusalem fut certes un immense désastre, mais nous ne pouvons en aucun cas affirmer que le siège de la ville par les Romains a accompli la prophétie du v. 21: "Car alors, la détresse sera si grande qu'il n'y en a point eu de pareille depuis le commencement du monde jusqu'à présent, et qu'il n'y en aura jamais." Des aspects essentiels du discours de Jésus attendent donc visiblement un accomplissement futur.

Une seule conclusion raisonnable s'impose: comme les prophéties messianiques de l'Ancien Testament, celles de Jésus dans Matthieu 24 juxtaposent dans le même contexte des événements proches et des événements lointains. Cette conclusion semble inévitable si nous ne voulons pas tomber dans l'erreur de ceux qui nient le retour corporel de Christ. Car si la destruction du temple, prédite au verset 2, a été accomplie par l'armée romaine en 70, les signes cosmiques, annoncés dans les versets 29 à 31, qui accompagneront le retour de Christ, sont manifestement encore à venir.

Ajoutons encore que, comme d'autres passages prophétiques de l'Ecriture, certaines paroles que Jésus a prononcées dans son discours du mont des Oliviers semblent chargées d'un double accomplissement eschatologique. A première vue, elles semblent s'être accomplies totalement ou partiellement dans un événement, mais un examen plus attentif révèle qu'elles doivent encore se réaliser de façon plus précise et plus grandiose à l'avenir.

C'est notamment le cas de la prophétie concernant "l'abomination de la désolation dont a parlé le prophète Daniel" (v. 15). Christ faisait référence à Daniel 11:31: "Des troupes se présenteront sur son ordre; elles profaneront le sanctuaire, la forteresse, elles feront cesser le sacrifice perpétuel, et dresseront l'abomination du dévastateur." Historiquement, la prophétie de Daniel semble s'être pleinement réalisée dans les événements qui se sont produits sous le règne d'Antiochus Epiphane, un roi séleucide qui conquit Jérusalem au deuxième siècle avant notre ère, mit fin aux sacrifices juifs et profana le temple en sacrifiant un porc sur l'autel et en dressant une statue de Zeus dans le lieu saint. Ces initiatives précipitèrent la révolte des Maccabées, plus d'un siècle avant Jésus-Christ. Or ici, le Seigneur envisage "l'abomination de la désolation" comme un événement futur, une abomination qui surpassera celle du blasphème délibéré d'Antiochus Epiphane. C'est pourquoi "l'abomination de la désolation" de Daniel concerne un fait encore futur, plus grave que le blasphème d'Antiochus qui semblait pourtant être l'accomplissement de cette prophétie.

De même, des mises en garde de Christ contre les faux messies, les guerres, les bruits de guerres, les famines, les épidémies et les tremblements de terre ont pu concerner partiellement la situation qui prévalait durant le siège de Jérusalem en 70, mais de nombreux détails de cette prophétie semblent indiquer que son accomplissement précis et final interviendra lors d'un cataclysme futur qui sera mondial plutôt que local, apocalyptique plutôt que simplement historique.

Quels sont ces détails? Tout d'abord, la question posée par les disciples avait trait à "la fin du monde" (Mt 24:3). Jésus avait déjà employé cette expression dans deux de ses paraboles, celles de l'ivraie (Mt 13:39) et du filet (Mt 13:49). Dans les deux cas, il a parlé du jugement qui fondrait sur les méchants. Il l'a encore utilisée dans la promesse qui accompagnait l'ordre missionnaire: "Et voici, je suis avec vous tous les jours, jusqu'à la fin du monde" (Mt 28:20). La question des disciples concernait donc bien la période eschatologique, et non simplement les événements qui précéderaient la destruction du temple de Jérusalem.

Remarquons encore que les seules déclarations explicites de Christ à propos de la ruine du temple sont celles du verset 2, prononcées au moment où lui-même et ses disciples quittaient l'édifice (v. 1). Dans le discours du mont des Oliviers proprement dit, Jésus ne fait aucune allusion claire aux événements de l'an 70. En fait, il répond surtout longuement à la question plus importante des signes de son retour et de la fin du monde. Ignorant la première question des disciples, il ne dit rien du moment où la destruction de Jérusalem se produira, parce que cet événement ne se rapportait pas du tout à la fin des temps. Il ne constituait qu'un avant-goût du jugement plus important qui accompagnerait son retour, une avant-première de ce qui se produirait à la fin.

Les partisans du prétérisme s'opposent à cette interprétation du discours du mont des Oliviers. Ils citent systématiquement à l'appui de leurs objections le verset 34 ("Je vous le dis en vérité, cette génération ne passera point, que tout cela n'arrive"). Pour eux, ces paroles prouvent que Christ annonçait des événements qui devaient se produire au cours des quarante années suivantes, autrement dit, les faits qui se sont déroulés en l'an 70 *doivent* être l'accomplissement de ces prophéties.

Mais si le verset 34 doit être pris de cette façon au pied de la lettre, il faut alors interpréter le reste du discours de façon spirituelle ou figurée pour expliquer comment les prophéties de Christ ont pu se réaliser en 70 sans son retour corporel sur la terre.

Comme nous l'avons fait remarquer dans l'Introduction, les hyper-prétéristes gomment cette difficulté en niant purement et simplement le retour corporel de Christ, la résurrection des morts et d'autres doctrines chrétiennes essentielles, tout cela parce qu'ils prônent une interprétation trop littérale de Matthieu 24:34. La plupart des prétéristes adoptent une position plus nuancée pour éviter le piège d'une telle hérésie. Ils sont contraints de le faire en admettant que les prophéties clés du discours du mont des Oliviers concernent des événements encore futurs. En fait, ils rejettent et annulent implicitement l'interprétation littérale de Matthieu 24:34.

Il semble donc plus logique et plus cohérent d'adopter une approche futuriste dans l'explication des paroles que Jésus a prononcées à cette occasion, et d'interpréter le discours entier comme un tableau prophétique concernant une génération et des événements situés longtemps après la destruction de Jérusalem en 70. Il s'agit d'événements qui précéderont de peu la venue de Christ pour établir son royaume, et qui appartiennent donc encore à l'avenir. C'est ce que semble indiquer le passage lui-même (par exemple les vv. 29-31). C'est l'interprétation qu'à mon sens le texte exige.

C'est dans cette perspective herméneutique que nous allons donc étudier attentivement le discours verset par verset dans les chapitres suivants. Ce discours décrit les signes de la venue de Christ à la fin des temps, signes encore à venir, comme ils l'étaient pour les croyants du début de l'ère chrétienne. Il parle d'une époque encore future, celle du retour corporel de Christ sur la terre. C'est pourquoi il continue d'alimenter l'espérance de tous les vrais croyants. Préparez-vous à savourer les mets que nous livrera l'étude approfondie de ces versets.

4

Les douleurs de l'enfantement

Le message central du discours du mont des Oliviers consiste en une double exhortation. Premièrement, le Seigneur avertit qu'avant son retour, le monde sera de plus en plus hostile au peuple de Dieu. Deuxièmement, il incite les gens à se préparer à sa venue et aux jugements qui lui sont associés.

Ces thèmes parcourent tout le discours, y compris les paraboles qui le concluent. Il nous est peut-être difficile de comprendre pleinement certains aspects spécifiques des prophéties de Christ, mais nous ne pouvons pas passer à côté de la leçon essentielle: l'hostilité du monde envers Christ n'ira pas en s'atténuant, mais au contraire en se durcissant de façon dramatique (Mt 24:4-20). Cette haine aboutira à un temps de tribulation tel que le monde n'en a jamais connu (vv. 21-29). Lorsque Christ apparaîtra à la fin de la tribulation, sa venue n'échappera à personne, et aucun de ses ennemis ne pourra se soustraire à sa rétribution (vv. 30-51).

A aucun moment, le Seigneur ne laisse deviner le scénario prophétique qu'imaginent les postmillénaristes. Pour eux, les efforts d'évangélisation et l'œuvre sociale de l'Eglise finiront par gagner le monde à Christ et établir son royaume terrestre, ouvrant ainsi la voie à son retour. (Il n'est pas étonnant que de nombreux postmillénaristes accordent leur faveur à l'interprétation prétériste du discours du mont des Oliviers. En reléguant l'importance de ce passage à un événement passé depuis longtemps, au premier siècle, ils suppriment la difficulté de devoir concilier les prophéties manifestement "pessimistes" de ce discours avec leur vision "optimiste" de l'avenir du monde.)[1]

Souvenons-nous que le discours du mont des Oliviers s'adressait à un groupe de disciples qui croyaient "qu'à l'instant le royaume de Dieu allait paraître" (Lu 19:11). Christ s'efforça donc de bien leur faire comprendre que le royaume terrestre qu'ils attendaient appartenait aux temps eschatologiques. Tout en refusant de donner une époque ou une date précises pour ces événements (Mt 24:36), il souligna le fait que de nombreux signes indiqueraient leur proximité. Et tous ces signes conver-

---

1. Les postmillénaristes argumentent souvent contre le prémillénarisme en invoquant le fait qu'il est trop "pessimiste". (Certains le surnomment même par dérision "pessimillénarisme".) Mais je m'insurge contre l'idée que le prémillénarisme serait pessimiste dans un sens non biblique. Il est certainement vrai que les prémillénaristes sont pessimistes quant au système de ce monde mauvais, mais cela correspond tout à fait à la perspective biblique: il n'y a rien dans ce monde qui puisse nous rendre optimistes (1 Jn 2:16-17). "Ne vous étonnez pas, frères, si le monde vous hait" (1 Jn 3:13). Le monde méprise Christ (Jn 7:7), et c'est précisément pourquoi nous sommes choisis et appelés *du milieu du* monde (Jn 15:18-19). L'Ecriture indique clairement que cette haine du monde contre Christ ne va pas simplement continuer, mais va même empirer, jusqu'à ce qu'il revienne personnellement pour détruire le mal et juger les injustes. C'est en fait le point essentiel du discours sur le mont des Oliviers. Ainsi en considération du triomphe ultime de Christ sur ses ennemis, les prémillénaristes sont plus qu'optimistes. Nous croyons que ce triomphe final sera facilement et instantanément gagné par Christ à son apparition. Mais nous n'attendons pas la capitulation graduelle du monde hostile devant sa seigneurie avant ce retour en gloire. Du reste, l'Ecriture n'enseigne nulle part qu'une telle chose se passera. Si faire reposer sa confiance en Christ seul plutôt que d'entretenir le vain espoir que le monde lui deviendra progressivement plus favorable semble une attitude "pessimiste", soit. J'estime quant à moi que croire à une amélioration du monde avant le retour de Christ n'est pas faire preuve d'optimisme: c'est avoir une foi mal placée.

geraient vers un temps de tribulation sans pareille dans toute l'histoire du monde, un temps de souffrances et d'afflictions si atroces que si Christ n'intervenait pas, tout le monde mourrait (vv. 21-22).

Les tribulations évoquées par Christ dans Matthieu 24 sont très semblables aux jugements terrifiants décrits dans Apocalypse 7 à 19. Une comparaison entre ces deux passages met indubitablement en évidence plusieurs points communs. Les deux parlent d'un temps de calamités sans précédent qui culminera avec le retour glorieux de Christ. La seule explication plausible veut que les deux textes s'appliquent à la même période cataclysmique de malheur et de détresse. Apocalypse 7:14 parle de "la grande tribulation", l'article défini précisant qu'il s'agit bien d'une période eschatologique précise. Jésus lui-même décrit ces temps comme des jours "de détresse si grande qu'il n'y en a point eu de pareille depuis le commencement du monde jusqu'à présent, et qu'il n'y en aura jamais" (Mt 24:21). Il faisait manifestement allusion à la même période que celle des jugements apocalyptiques décrits en détail par l'apôtre Jean dans sa vision. Tout au long de notre étude du discours du mont des Oliviers, nous serons frappés par les liens entre ces deux passages de l'Ecriture.

La tribulation et la soixante-dixième semaine de Daniel

En comparant l'Ecriture à l'Ecriture, il saute aux yeux que la tribulation décrite par Christ dans son discours prophétique correspond à l'ère eschatologique définie par la dernière des soixante-dix "semaines" prophétiques de Daniel 9:25-27:

> *Sache-le donc, et comprends! Depuis le moment où la parole a annoncé que Jérusalem sera rebâtie jusqu'au Messie, au Conducteur, il y a sept semaines et soixante-*

deux semaines; les places et les fossés seront rétablis, mais en des temps fâcheux. Après les soixante-deux semaines, le Messie sera retranché, et il n'aura pas de successeur. Le peuple d'un chef qui viendra détruira la ville et le sanctuaire, et sa fin arrivera comme par une inondation; il est arrêté que les dévastations dureront jusqu'au terme de la guerre. Il fera une solide alliance avec plusieurs pour une semaine, et au milieu de la semaine il fera cesser le sacrifice et l'offrande; le dévastateur commettra les choses les plus abominables, jusqu'à ce que la ruine et ce qui a été résolu fondent sur le dévastateur.

Les "semaines" dont parle Daniel correspondent à des périodes de sept années. (Le mot hébreu *sabu'a* signifie littéralement "septaine".) Daniel déclare que soixante-neuf (sept plus soixante-deux) de ces périodes de sept ans (soit 483 ans) s'écouleront "depuis le moment où la parole a annoncé que Jérusalem sera rebâtie jusqu'au Messie, au Conducteur".

"Le moment où la parole a annoncé que Jérusalem sera rebâtie" désigne très vraisemblablement le décret d'Artaxerxès rapporté dans Néhémie 2:1-8. Il fut promulgué au mois de Nisan, la vingtième année du règne d'Artaxerxès (Né 2:1). L'Histoire situe ce décret approximativement 450 années avant la naissance de Jésus. Les soixante-neuf semaines (483 ans) peuvent bien indiquer exactement le jour et l'année de l'entrée triomphale de Christ dans Jérusalem. (Celle-ci eut lieu également au mois de Nisan, le premier jour de la fête de la Pâque, probablement en 30 ou en 33 de notre ère.)[2] Aussitôt après, le

2. Deux chronologies ont été proposées pour montrer comment les prophéties de Daniel correspondent à la première venue de Christ. Le plus ancien ouvrage est de Sir Robert ANDERSON, *The Coming Prince* (Grand Rapids, Mich.: Kregel, 1954 réimpr.). Harold HOENER a traité plus récemment le sujet dans *Chronological Aspects of the Life of Christ* (Grand Rapids, Mich.: Zondervan, 1977). Note de l'éditeur: en français, il est possible de consulter Roger LIEBI, *Jérusalem: le drame du Temple* (Préverenges: La Maison de la Bible, 1998 2e éd.).

Messie fut "retranché" (par la crucifixion), comme Daniel l'avait annoncé. C'est ainsi que s'est achevée la soixante-neuvième semaine prophétique de Daniel.

Souvenons-nous cependant que la prophétie de Daniel couvrait une période de *soixante-dix* semaines (9:24). Quand se déroule la soixante-dixième? Daniel ne mentionne aucun trou entre la soixante-neuvième et la soixante-dixième semaine. A la fin de la soixante-neuvième, le Messie est "retranché" (v. 26). Dans la soixante-dixième, un méchant chef viendra, fera une alliance et commettra une abomination au beau milieu de la semaine. Nous sommes là en présence d'un autre exemple où l'Ancien Testament juxtapose des événements proches et des événements lointains. A l'évidence, les soixante-neuf semaines ont débuté par le décret autorisant la reconstruction de Jérusalem et se poursuivent de façon ininterrompue jusqu'à ce que le Messie soit "retranché". Mais si nous comparons la soixante-dixième semaine de Daniel avec les paroles de Christ dans son discours du mont des Oliviers, nous constatons que les deux passages traitent en fait de la même période eschatologique finale. En d'autres mots, la soixante-dixième semaine de Daniel correspond à la période de la tribulation que mentionne Christ. Elle appartient donc aux temps de la fin.

Comment le savons-nous? Observons attentivement comment Daniel décrit les événements de la soixante-dixième semaine. "Le peuple d'un chef qui viendra... fera une solide alliance avec plusieurs pour une semaine" (Da 9:26-27). Mais quelque chose se produit au milieu de la soixante-dixième semaine: "Au milieu de la semaine, il fera cesser le sacrifice et l'offrande; le dévastateur commettra les choses les plus abominables, jusqu'à ce que la ruine et ce qui a été résolu fondent sur le dévastateur" (v. 27). Ces mots décrivent visiblement la même "abomination de la désolation" que celle dont parle Jésus dans Matthieu 24:15. Ainsi, la soixante-dixième semaine de Daniel est expressément associée aux événements décrits dans le discours du mont des Oliviers. Autrement dit, elle n'est autre que la période de sept ans que nous appelons "la tribulation".

De nombreux passages de l'Ecriture donnent à penser que cette période de sept ans se décomposera en deux demi-semaines. La première sera un temps où la plupart des incroyants se vautreront dans le péché, alors que les croyants seront soumis à toutes sortes de persécutions et de misères. Puis soudain, "au milieu de la semaine" (Da 9:27) se produira l'abomination de la désolation, et la fin de la semaine connaîtra la plus cruelle période de tribulation et d'infortune de toute l'histoire du monde (Mt 24:21). Différents passages de la Bible utilisent d'autres mesures de temps pour désigner la deuxième moitié de la semaine: "quarante-deux mois" (Ap 11:2; 13:5), "mille deux cent soixante jours" (Ap 11:3; 12:6), "un temps, des temps et la moitié d'un temps" (Da 7:25; Ap 12:14). Toutes ces expressions correspondent à une durée de trois ans et demi, la dernière demi-semaine des semaines prophétiques de Daniel.

Ceux qui sondent les Ecritures réservent habituellement l'expression "la tribulation" à toute la période de sept ans et celle de "*grande* tribulation" à la deuxième moitié de cette "semaine". Dans le discours du mont des Oliviers, Christ emploie le mot "tribulation" pour le commencement des douleurs (Mt 24:8), mais après avoir évoqué "l'abomination de la désolation" (v. 15), il se sert de l'expression "grande tribulation" (v. 21, Bible à la Colombe). L'abomination de la désolation marque donc le tournant dans la période de la tribulation. A partir de ce moment, la situation empire sans cesse et débouche enfin sur l'apparition glorieuse de Christ (Mt 24:29-30).

Où se trouve l'Eglise pendant la tribulation?

Avant d'entrer dans le vif du sujet du discours du mont des Oliviers, nous devons répondre à une question vitale: si le Seigneur souligne cette série d'événements détaillés qui précéderont et présageront son retour en gloire, si une tribulation de sept ans doit se produire *avant* qu'il ne revienne sur la terre, comment justifier l'idée que sa venue est imminente (voir le chapitre 2 de ce livre)?

L'Ecriture suggère que la seconde venue de Christ se fera en deux temps: d'abord l'enlèvement de l'Eglise au moment où le Seigneur revient *pour* les saints, lorsque ceux-ci seront appelés à sa rencontre dans les airs (1 Th 4:14-17); ensuite, son retour proprement dit sur la terre, lorsqu'il viendra *avec* les saints (Jud 14) pour exercer ses jugements contre ses ennemis. La soixante-dixième semaine de Daniel se situe *entre* ces deux événements. C'est le seul scénario qui concilie l'imminence de la venue de Christ *pour* ses saints et la présence de signes non encore apparus qui signaleront son retour final glorieux *avec* les saints.

En d'autres mots, l'Eglise dans sa totalité sera enlevée de la terre avant le début de la tribulation. L'Ecriture indique que pendant la soixante-dixième semaine de Daniel, c'est la nation d'Israël et non l'Eglise, qui sera au centre du programme terrestre de Dieu. La période de la tribulation marquera le prélude de la rédemption nationale dont parle Paul dans Romains 11:26: "Et ainsi, tout Israël sera sauvé, selon qu'il est écrit: Le libérateur viendra de Sion, et il détournera de Jacob les impiétés." L'enlèvement de l'Eglise signifiera que la totalité des païens sera entrée (Ro 11:25). L'aube de la tribulation marque le début du processus douloureux par lequel la nation d'Israël sera de nouveau greffée sur l'olivier (cf. Ro 11:24).

Jérémie 30:7 est un texte clé pour comprendre la nature de la tribulation: "Malheur! car ce jour est grand; il n'y en a point eu de semblable. *C'est un temps d'angoisse pour Jacob*; mais il en sera délivré" (italiques ajoutés). La tribulation concerne clairement la nation et le peuple d'Israël, et non l'Eglise. Dans aucune des descriptions que la Bible donne de la tribulation, l'Eglise n'est mentionnée. D'ailleurs, dans sa description du ciel, l'apôtre Jean aperçoit et décrit vingt-quatre "vieillards" ("anciens" selon d'autres traductions, Ap 4:4). Le mot grec correspondant est *presbuteros*, employé pour désigner les responsables de l'église locale. L'Apocalypse ne parle pas des événements associés à la tribulation avant le chapitre 6, autrement dit avant que Jean ait vu ces anciens dans le ciel.

Certains objecteront qu'un thème récurrent parcourt l'Ecriture à propos de la tribulation, à savoir que les croyants qui vivront à ce moment-là seront cruellement persécutés pour leur foi. Or, si l'Eglise est enlevée *avant* la tribulation, d'où viendront ces croyants? La réponse est évidente: ce sont des gens qui viennent à la foi après l'enlèvement.

L'enlèvement de l'Eglise est imminent; il peut se produire à tout instant. Les signes et les avertissements du discours du mont des Oliviers concernent la seconde phase du retour de Christ, sa venue en gloire *avec* les saints.

Certains se sont demandés pourquoi le Seigneur avertirait les chrétiens du Nouveau Testament comme il le fait dans ce discours en sachant fort bien qu'ils ne seraient jamais concernés par ces terribles événements. Pourquoi inclure ces paroles dans l'évangile où elles servent de mise en garde pour l'Eglise à chaque génération, si une seule génération est directement concernée? On pourrait se poser la même question à propos de la prophétie et des avertissements d'Esaïe relatifs à la captivité babylonienne (Es 39:6-7), qui ne survint qu'après la disparition de la génération contemporaine du prophète. Le message est donné comme un avertissement contre toutes les conséquences du péché, et un avertissement particulier pour ceux qui subiront le terrible jugement.

Revenons au discours du mont des Oliviers et examinons les signes annoncés.

Les douleurs de l'enfantement

Christ commence son discours par une longue liste de calamités qu'il compare aux contractions douloureuses qui précèdent l'accouchement (Mt 24:4-8):

> *Jésus leur répondit: Prenez garde que personne ne vous séduise. Car plusieurs viendront sous mon nom, disant: C'est moi qui suis le Christ. Et ils séduiront beaucoup de gens. Vous entendrez parler de guerres et de bruits de guerres, gardez-vous d'être troublés, car il faut que ces choses arrivent. Mais ce ne sera pas encore la fin. Une nation s'élèvera contre une nation, et un royaume contre un royaume, et il y aura, en divers lieux, des famines et des tremblements de terre. Tout cela ne sera que le commencement des douleurs.*

Le mot "douleurs" au verset 8 est la traduction du grec *ôdin* qui désigne le travail et les douleurs de l'accouchement. Jésus compare les maux qu'il énumère aux contractions de la femme en travail. Au début, elles sont légères, espacées et supportables, mais elles se rapprochent et deviennent de plus en plus fortes au fur et à mesure que l'accouchement devient imminent.

L'image des douleurs de l'enfantement est fréquente dans la littérature apocalyptique juive. Paul lui-même s'en sert lorsqu'il décrit l'arrivée du jour du Seigneur: "Quand les hommes diront: Paix et sûreté! alors une ruine soudaine les surprendra, comme les douleurs de l'enfantement surprennent la femme enceinte, et ils n'échapperont point" (1 Th 5:3).

Comme nous l'avons signalé plus haut, le contexte indique que ces signes s'appliquent d'une façon particulière à l'époque de la tribulation. Or, ces calamités (guerres et bruits de guerres, faux christs, catastrophes naturelles et persécutions) ont existé tout au long de l'ère chrétienne. Elles sont encore présentes aujourd'hui, à des degrés divers. Elles semblent même constamment prendre de l'ampleur et se rapprocher, comme les contractions d'une femme sur le point d'accoucher.

Cela ne signifie pas que les jours que nous vivons soient ceux que Christ a décrits. Mais la situation présente souligne l'imminence du retour de Christ pour son Eglise. Le monde dans lequel nous vivons est mûr pour la tribulation. Comme les premières contractions, certains signes sont déjà perceptibles. Les maux présents ne sont peut-être que des contractions prématurées, ils annoncent néanmoins les vraies souffrances et l'approche certaine de l'accouchement.

Quelles sont ces douleurs de l'enfantement? Christ indique six signes distincts.

Faux messies. "Prenez garde que personne ne vous séduise. Car plusieurs viendront sous mon nom, disant: C'est moi qui suis le Christ. Et ils séduiront beaucoup de gens" (vv. 4-5; cf. 2 Pi 2:1-3; 2 Ti 3:13). Les faux messies ne sont pas une nouveauté. Il y eut pléthore de faux christs avant la venue de Jésus, et il y en a eu des foules tout au long de l'histoire de l'Eglise. Notre génération a, elle aussi, produit de nombreux faux messies et séducteurs religieux notoires. Sun Myung Moon, David Koresh, Jim Jones, Marshall Applewhite et Charles Manson, pour ne citer que quelques-uns, ont tous prétendu être l'incarnation de Christ à notre époque. Ce sont de faux messies et ils ont séduit beaucoup de gens naïfs.

Cette forme de séduction prendra des proportions considérables lors de la tribulation. Une fois l'Eglise enlevée, les séducteurs et les fausses religions auront les coudées franches pour agir plus librement et de façon plus convaincante que jamais. D'ailleurs, le Saint-Esprit aura desserré le frein qui retient l'explosion du mal, et l'enfer s'en donnera à cœur joie (2 Th 2:7-8).

Non seulement la séduction sera plus puissante, mais les hommes manqueront tellement de discernement qu'ils seront plus vulnérables que jamais aux mensonges. "Aussi Dieu leur envoie-t-il une puissance d'égarement, pour qu'ils croient au mensonge" (2 Th 2:11). A l'exception du reste fidèle que Dieu sauvera par son intervention souveraine, tous ceux qui seront sur la terre au moment de la tribulation seront séduits par les mensonges des faux messies (cf. Mt 24:24). L'hostilité grandissante contre le véritable Evangile sera sans aucun doute l'un des facteurs qui rendra les ruses des séducteurs tellement irrésistibles. Mais, comme c'est toujours le cas, l'opinion populaire ne constitue pas un étalon valable pour mesurer la vérité. Ceux qui suivent aveuglément les foules seront d'autant plus facilement pris dans les filets mensongers des séducteurs.

C'est pourquoi Jésus avertit le reste fidèle: "Prenez garde que personne ne vous séduise" (v. 4). Il utilise un mot qui signifie "avoir les yeux ouverts", "être vigilant". Nous devons toujours être sur nos gardes pour déjouer les pièges des séducteurs religieux, mais ce devoir sera encore plus impérieux pour ceux qui vivront sous la tribulation, lorsque la tromperie et la fausse religion pourront se donner libre cours.

Non seulement les faux messies et les séducteurs proliféreront, mais le nombre des gens crédules augmentera lui aussi. Les multitudes chercheront à échapper aux calamités d'un monde en désintégration rapide. Les faux messies saisiront cette occasion rêvée et promettront toutes sortes de délivrances aux gens qui soupireront après un moyen de se soustraire à la tribulation croissante.

Tous les faux prophètes seront comme une bête qui monte de la terre (Ap 13:11-18). Elle possédera la capacité étonnante d'opérer des signes surnaturels et des prodiges (ou de les faire *apparaître* comme tels). Elle aura le pouvoir de faire descendre le feu du ciel (v. 13) et de donner vie à des objets inanimés (v. 15). En exerçant un tel pouvoir, elle séduira la plupart des habitants de la terre. Cette bête, qualifiée de "faux prophète" dans Apocalypse 19:20 (cf. 16:13; 20:10), utilisera son pouvoir séducteur pour inciter les hommes à suivre une *autre* bête (Ap 13:1-10). Cette autre bête (souvent désignée par les mots *la bête* pour la différencier de son acolyte, *le faux prophète*) devient l'objet du culte dans la religion du faux prophète (vv. 14-15). Elle se dresse aussi comme principal adversaire terrestre de Christ (19:19). Bien que le livre de l'Apocalypse ne lui applique jamais le titre d'*Antichrist*, mentionné dans 1 Jean 2:18 et 4:3, beaucoup de ceux qui étudient la Bible pensent qu'il s'agit bien de ce personnage. C'est l'ultime faux christ.

Guerres et bruits de guerres. Les douleurs de l'enfantement des temps de la fin incluront des guerres et des menaces de guerres sur une échelle sans précédent. "Vous entendrez parler de guerres et de bruits de guerres" (Mt 24:6). Le temps du verbe suggère une action continue: "Vous entendrez sans cesse parler…" Les guerres et les rumeurs de guerres feront l'objet de toutes les conversations. Elles seront le thème majeur des préoccupations officielles. Ce fut le cas tout au long du vingtième siècle. Ce siècle a été dominé par la notion de guerre: guerres mondiales, guerre froide, interventions militaires, guerres civiles, guerres frontalières, terrorisme et révolutions en tous genres. Même les expressions "mission de paix" et "opérations de maintien de la paix" ne sont que des euphémismes qui cachent la dure réalité de la guerre.

Il y en aura encore davantage lors de la tribulation. La métaphore des contractions de la femme en travail donne à penser que le thème de la guerre augmentera en fréquence et en intensité au fur et à mesure que le retour de Christ approchera. D'ailleurs, l'Ecriture déclare que Christ reviendra au beau milieu d'une bataille aux proportions gigantesques jamais atteintes auparavant. Son apparition entraînera le plus grand holocauste, la plus grande effusion de sang et le plus cruel carnage que le monde aura jamais connu (Ap 19:19-21).

Le déclenchement des guerres et des bruits de guerres est un prélude nécessaire au retour de Christ, une douleur de plus qui indique l'imminence de la délivrance. Tous les discours à propos de la guerre pourraient faire croire que la fin du monde est arrivée, mais ils ne font que signaler le commencement de la fin: "Gardez-vous d'être troublés, car il faut que ces choses arrivent. Mais ce ne sera pas encore la fin" (Mt 24:6).

Tremblements de terre, pestes et famines en divers lieux. Les premières contractions s'accompagneront d'une augmentation sans pareille de désastres naturels. Le passage parallèle de Luc ajoute quelques détails: "Il y aura de grands tremblements de terre, et, en divers lieux, des pestes et des famines; il y aura des phénomènes terribles, et de grands signes dans le ciel" (Lu 21:11). Les "signes dans le ciel" que mentionne Luc pourraient désigner des astéroïdes, des débris de comètes ou autres désastres cosmiques du même genre. Le prophète Joël a répété à plusieurs reprises que le soleil et la lune s'obscurciraient (2:10, 31; 3:15; cf. Es 13:10; Ap 6:12). Il semble que ces signes cosmiques gagneront en intensité pour atteindre finalement des proportions épiques à l'approche de "l'accouchement".

Ce troisième signe des douleurs de l'enfantement montre indubitablement que toutes ces calamités sont la manifestation du jugement divin. Etant donné que la séduction religieuse et la guerre mettent directement en cause la responsabilité humaine, certains répugnent à conclure que ces signes représentent un quelconque jugement de Dieu. Comme la peste et la famine sont souvent la conséquence immédiate du péché, d'autres pourraient aussi estimer que Dieu n'intervient pas directement dans ces fléaux. En revanche, les séismes et les catastrophes cosmiques sont indéniablement des initiatives divines. (L'Ecriture enseigne que la séduction religieuse et la guerre, de même que toutes les autres conséquences naturelles du péché de l'homme, sont souvent des jugements divins. Voir 2 Th 2:11-12; Joë 3:9-10.) Par conséquent, *toutes* les douleurs mentionnées par Jésus sont des expressions du jugement divin. Dieu exerce un contrôle souverain et providentiel sur toutes les calamités et toutes les catastrophes; l'accroissement soudain et dramatique de leur nombre et de leur intensité indiquera qu'il est sur le point de déverser ses jugements sur la terre.

L'augmentation globale des maladies, de la famine et des catastrophes naturelles tourmentera l'humanité. C'est comme si le monde lui-même était sur le point de se désintégrer. Dans un certain sens, c'est bien de cela qu'il s'agit. Dieu retirera sa providence miséricordieuse (cf. La 3:22). Il donnera libre cours à toutes les conséquences du péché et permettra que la pleine mesure des répercussions de la malédiction s'exprime dans les désastres naturels qui se produiront. Toutes les forces destructives du mal seront lâchées.

Mais répétons-le, ces fléaux ne seront que les premières contractions, le début du travail, "le commencement des douleurs" (Mt 24:8). La situation ne fera qu'empirer. Ces douleurs de l'enfantement constituent la "tribulation". La "*grande* tribulation" sera encore à venir. En ces jours-là, le monde incroyant sera dans un état de peur et d'angoisse terrifiant.

Le récit de Jean dans l'Apocalypse fait précisément écho à ce que Jésus prédit ici. Dans la vision de Jean, lorsque Christ ouvre le quatrième sceau, la mort et le séjour des morts sont déliés. "Le pouvoir leur fut donné sur le quart de la terre, pour faire périr les hommes par l'épée, par la famine, par la mortalité, et par les bêtes sauvages de la terre" (Ap 6:8). Il s'agit bien des pestes et des famines évoquées par Jésus dans Luc 21:11.

Puis, à l'ouverture du sixième sceau il se produit un gigantesque tremblement de terre – peut-être une série de séismes importants le long des plaques tectoniques de la terre – qui plonge le monde dans un chaos sans précédent. Une panique mondiale et aux dimensions jamais atteintes s'empare des habitants angoissés (Ap 6:12-15):

> *Je regardai, quand il ouvrit le sixième sceau; et il y eut un grand tremblement de terre, le soleil devint noir comme un sac de crin, la lune entière devint comme du sang, et les étoiles du ciel tombèrent sur la terre, comme les figues vertes d'un figuier secoué par un vent violent. Le ciel se retira comme un livre qu'on roule; et toutes les montagnes et les îles furent remuées de leurs places. Les rois de la terre, les grands, les chefs militaires, les riches, les puissants, tous les esclaves et les hommes libres, se cachèrent dans les cavernes et dans les rochers des montagnes.*

Ces paroles décrivent une catastrophe globale sans précédent depuis le déluge au temps de Noé. Elle inclut "des tremblements de terre en divers lieux" déjà annoncés dans Matthieu 24:7 et les redoutables phénomènes cosmiques mentionnés dans le récit parallèle de Luc 21:11.

Mais là encore, selon les paroles de Christ en Matthieu 24:8, "ce ne sera que le commencement des douleurs". Le livre de l'Apocalypse explique ce que Christ entend par là. En effet, Jean continue et décrit qu'à l'ouverture du septième sceau, sept anges se présentèrent devant Dieu. Chacun reçut une trompette, signe du jugement de Dieu. Un autre ange donna à Dieu un encensoir d'or. Jean précise que l'encens représente les prières des saints. Pour être plus précis, ce sont les prières par lesquelles les saints demandent à Dieu de se lever et de leur faire justice contre leurs ennemis (Ap 8:3-4).

L'ange saisit l'encensoir, le remplit du feu de l'autel et le jeta sur la terre. C'est le signe que les prières des saints ont été entendues et que le jugement divin est sur le point de fondre sur la terre. Les anges se préparèrent alors à sonner de la trompette (vv. 5-6). Ce qui se produit alors est terrifiant (Ap 8:7-13):

> *Le premier sonna de la trompette. Et de la grêle et du feu mêlés de sang furent jetés sur la terre; le tiers de la terre fut brûlé, le tiers des arbres fut brûlé, et toute herbe verte fut brûlée. Le second ange sonna de la trompette. Et quelque chose comme une grande montagne embrasée par le feu fut jetée dans la mer; le tiers de la mer devint du sang, le tiers des créatures qui étaient dans la mer et qui avaient souffle de vie périt, et le tiers des navires fut détruit. Le troisième ange sonna de la trompette. Et il tomba du ciel une grande étoile ardente comme un flambeau; elle tomba sur le tiers des fleuves et sur les sources des eaux. Le nom de cette étoile est Absinthe; le tiers des eaux fut changé en absinthe, et beaucoup d'hommes moururent par les eaux, parce qu'elles étaient devenues amères. Le quatrième ange sonna de la trompette. Et le tiers du soleil fut frappé, ainsi que le tiers de la lune, et le tiers des étoiles, afin que le tiers en soit obscurci; le jour perdit un tiers de sa clarté, et la nuit de même. Je regardai, et j'entendis un aigle qui volait au milieu du ciel, disant d'une voix forte: Malheur, malheur, malheur aux habitants de la terre, à cause des autres sons de la trompette des trois anges qui vont sonner!*

Ainsi, des catastrophes aussi énormes que celles annoncées par Jésus ne sont malgré tout que le prélude à un jugement beaucoup plus sévère. D'ailleurs, le tremblement de terre décrit dans Apocalypse 16 est beaucoup plus fort que celui mentionné au chapitre 6. Les contractions douloureuses continueront à s'intensifier, mais "ce ne sera pas encore la fin" (Mt 24:6).

La persécution des justes. Ceux qui se convertiront pendant la tribulation paieront un prix inouï en terme de souffrance et de persécution. Jésus dit: "Alors on vous livrera aux tourments, et l'on vous fera mourir; et vous serez haïs de toutes les nations, à cause de mon nom" (v. 9). Le verbe grec traduit par "on vous livrera" est *paradidômi* qui servait souvent à désigner l'arrestation et l'emprisonnement. C'est ce mot qui est employé à propos de l'emprisonnement de Jean-Baptiste dans Matthieu 4:12 ("Jean avait été livré"). On le retrouve encore pour parler de la trahison de Judas dans Matthieu 10:4; 17:22 et 20:18. Ce même verbe apparaît d'ailleurs un peu plus loin dans le discours du mont des Oliviers. En Matthieu 24:10, Jésus prédit que plusieurs "se trahiront les uns les autres", ce qui donne à penser que les persécutions en question seront déclenchées par des personnes qui se disaient chrétiennes.

La trahison et l'emprisonnement ne seront de loin pas les seules ni les pires persécutions auxquelles les chrétiens seront exposés. Beaucoup seront mis à mort pour leur foi. *Tous* seront haïs "de toutes les nations" à cause de Christ. Un texte parallèle dans l'évangile selon Marc suggère que les persécutions contre les fidèles seront aussi le fait des gouvernements terrestres: "Prenez garde à vous-mêmes. On vous livrera aux tribunaux, et vous serez battus de verges dans les synagogues; vous comparaîtrez devant des gouverneurs et devant des rois, à cause de moi, pour leur servir de témoignage" (Mc 13:9). Le mot "tribunaux" évoque le palais de justice des païens, tandis que le mot "synagogues" désigne évidemment les autorités juives. Les Juifs et les non-Juifs s'en prendront aux chrétiens. Les "gouverneurs" et les "rois" prêteront main forte aux persécuteurs.

La persécution mondiale des croyants est l'expression de la haine aveugle contre Dieu. D'après le récit du tremblement de terre (Ap 6:15-17), les habitants de la terre savent que ces signes avant-coureurs des douleurs ne sont que l'annonce du jugement de Dieu. Malgré cela, ils durcissent encore davantage leur cœur contre Dieu:

> *Les rois de la terre, les grands, les chefs militaires, les riches, les puissants, tous les esclaves et les hommes libres, se cachèrent dans les cavernes et dans les rochers des montagnes. Et ils disaient aux montagnes et aux rochers: Tombez sur nous, et cachez-nous devant la face de celui qui est assis sur le trône, et devant la colère de l'Agneau; car le grand jour de sa colère est venu, et qui peut subsister?*

Tout en sachant parfaitement que le jugement de Dieu est à l'origine de leurs maux, ils cherchent vainement à se cacher devant sa face et à lui vouer une haine aveugle, au lieu de se repentir de leur injustice. Comme ils ne peuvent pas s'en prendre à Dieu, ils se vengent sur ses enfants.

Etant donné que Dieu aura retiré sa main pour que la méchanceté puisse proliférer librement, Satan aura les coudées franches pour imposer ses voies diaboliques. Les gouvernements de la terre se ligueront dans leur haine commune contre Dieu, rejetteront sa loi morale et encourageront les habitants à donner libre cours à leur impiété. Au milieu de gens qui haïssent Dieu et qui poursuivent leurs pires ambitions débridées, les croyants subiront des persécutions sans précédent.

Mais rappelons-le, les tribulations prédites dans l'Apocalypse correspondent aux paroles de Jésus dans le discours du mont des Oliviers. L'apôtre Jean écrit qu'à l'ouverture du cinquième sceau, il vit les âmes des martyrs sous l'autel céleste et réclamant justice. "Ils crièrent d'une voix forte, en disant: Jusqu'à quand, Maître saint et véritable, tarderas-tu à juger, et à tirer vengeance de notre sang sur les habitants de la terre?" (Ap 6:10).

Certains pourraient penser que Dieu se montre insensible aux cris de ces martyrs. Ceux-ci lui demandent de mettre un terme à cette boucherie, de faire cesser les attaques contre son peuple et de châtier les malfaiteurs. Que leur fut-il répondu? "Il leur fut dit de se tenir en repos quelque temps encore, jusqu'à ce que soit complet le nombre de leurs compagnons de service et de leurs frères qui devaient être mis à mort comme eux" (v. 11; cf. 11:7; 13:7; 17:6).

A première vue, cette réponse paraît glaciale et dure. Mais pensons à ses implications. Elle indique que le nombre des saints qui doivent ainsi être martyrisés est limité. Au beau milieu de la souffrance, les chrétiens de cette époque pourraient être enclins à penser que le flot des martyrs sera ininterrompu. En réalité, la souffrance aura une fin, qui est déjà fixée par Dieu. Il a établi des limites que les forces du mal ne pourront jamais franchir (cf. Mt 24:22).

En permettant le martyre de tant de fidèles, Dieu poursuit manifestement un but précis. Cette pensée doit nous encourager. Elle démontre que même lorsque la situation sur la terre semble échapper à tout contrôle, lorsque nous avons l'impression que Satan et les forces du mal ont le dessus, Dieu n'en a pas moins la maîtrise de tous les événements. Il permettra à ceux qui font le mal d'aller jusqu'à un certain point, mais pas au-delà.

De plus, même si Dieu permet que des souffrances aussi cruelles soient infligées à son peuple, nous savons qu'il poursuit un *bon* dessein parce que tous ses plans sont bons, justes et parfaits. C'est pourquoi ces martyres ne sont pas inutiles. Ils participent à l'accomplissement du plan de Dieu; et même si la *nature* de ce plan reste mystérieuse pour ceux qui souffrent, ils peuvent se reposer sur la promesse qu'un Dieu d'amour se sert d'épreuves aussi pénibles que celles-ci pour le bien suprême de son peuple (Ro 8:28).

Le jour viendra où nous saurons clairement pourquoi Dieu aura permis de telles souffrances. Ce jour-là, en compagnie des martyrs eux-mêmes, nous confesserons qu'il est digne de toute louange pour ce qu'il aura accompli. C'est ce dont Jean a été le témoin dans sa vision. En effet, au chapitre suivant, il décrit "une grande foule, que personne ne pouvait compter, de toute nation, de toute tribu, de tout peuple, et de toute langue. Ils se tenaient devant le trône et devant l'Agneau, revêtus de robes blanches, et des palmes dans leurs mains. Et ils criaient d'une voix forte, en disant: Le salut est à notre Dieu qui est assis sur le trône, et à l'Agneau" (Ap 7:9-10).

Qui sont ces gens? L'un des vieillards pose cette question à Jean qui lui répond: "Mon seigneur, tu le sais. Et il me dit: Ce sont ceux qui viennent de la grande tribulation; ils ont lavé leurs robes, et ils les ont blanchies dans le sang de l'Agneau" (v. 14).

Autrement dit, les martyrs eux-mêmes, victimes des pires atrocités perpétrées par les forces du mal, rendront finalement gloire à Dieu dans le ciel pour sa bonté envers eux. Quel encouragement pour nous au milieu de nos difficultés présentes, relativement modestes comparées aux leurs! Car le jour vient où nous reconnaîtrons la sagesse et la bonté de Dieu même dans les malheurs qu'il aura permis sur notre route. Lorsque nous verrons nos difficultés dans la perspective du ciel, nous louerons Dieu pour elles.

Au plus fort de nos tribulations, il est tellement facile de nous focaliser sur nos souffrances et nos douleurs, de détourner nos regards du Dieu souverain, d'oublier qu'il a promis de faire concourir toutes choses pour notre bien, et d'être obnubilés par les malheurs eux-mêmes, que nous sombrons dans le découragement. Cette forme d'abattement sape notre foi, comme nous l'apprennent les signes suivants des douleurs de l'enfantement.

La défection des faux croyants. Les calamités de la tribulation déclencheront une persécution si violente et un mépris si répandu contre les chrétiens que beaucoup de ceux qui professaient aimer Christ, se déclaraient partisans de la vérité, succomberont sous les coups de l'hostilité. Ils abandonneront la foi, se dresseront contre les autres croyants, s'en prendront à la vérité et la déformeront, et détourneront des gens de l'Evangile salvateur de Christ, après s'être prétendus ses disciples. Le reste déjà réduit de fidèles sera entouré de renégats et de traîtres. Voici comment Jésus décrit cette douleur eschatologique: "Alors aussi plusieurs succomberont, et ils se trahiront, se haïront les uns les autres. Plusieurs faux prophètes s'élèveront, et ils séduiront beaucoup de gens. Et, parce que l'iniquité se sera accrue, l'amour du plus grand nombre se refroidira. Mais celui qui persévérera jusqu'à la fin sera sauvé" (Mt 24:10-13).

Les apostats ne sont pas de vrais croyants qui abandonneraient la foi. Ce sont des gens qui manifestent peut-être un intérêt intellectuel au christianisme et se sentent extérieurement attirés par Christ. Ils ne s'identifient à lui que de façon verbale et superficielle. Ils prétendent l'aimer. Ils présentent toutes les apparences des vrais croyants, mais leur foi n'est pas réelle. Ils s'accrochent à autre chose et nourrissent des doutes secrets concernant Christ. En fait, ils ont pour lui le même mépris caché que Judas. Ils ne s'engagent pas vraiment et complètement à le suivre. Dès que la persécution et la peur augmentent, ils ne peuvent tenir bon. En voyant la manière dont les croyants sont haïs, arrêtés et mis à mort à cause de Christ, ces soi-disant disciples désertent, prouvant ainsi qu'ils n'avaient jamais véritablement appartenu au Seigneur. "Ils sont sortis du milieu de nous, mais ils n'étaient pas des nôtres; car s'ils avaient été des nôtres, ils seraient demeurés avec nous, mais cela est arrivé afin qu'il soit manifeste que tous ne sont pas des nôtres" (1 Jn 2:19).

Pire encore, plusieurs de ces apostats deviendront les plus féroces persécuteurs des enfants de Dieu. Ils emploieront pour cela les méthodes les plus abominables et les plus infâmes. "Le frère livrera son frère à la mort, et le père son enfant; les enfants se soulèveront contre leurs parents, et les feront mourir" (Mc 13:12; cf. Lu 21:16).

Malgré la violence de la persécution déclenchée contre eux, les authentiques enfants de Dieu tiendront ferme. Dans l'Apocalypse, Jean décrit 144 000 fidèles qui portent un sceau sur leur front. Ils sont scellés avant le début des tribulations. Cette marque frontale indique d'avance que ces gens appartiennent à Dieu (Ap 7:2-8).[3] Remarquons que ces personnes ne sont pas acceptées par Dieu *à cause* de leur persévérance; c'est leur persévérance qui est garantie parce qu'elles font partie des rachetés.

Le contexte suggère trois raisons de l'apostasie de ceux qui ne sont pas authentiquement croyants:

* *Le prix à payer est trop élevé* (Mt 24:9-10). Les pseudo-croyants peuvent avoir des raisons égoïstes ou même altruistes de se mêler au peuple de Dieu. Mais le prix de la loyauté envers Christ se révélera bientôt trop élevé pour eux, car ils seront, eux aussi, la cible des persécutions. Ils préféreront alors se démarquer des vrais croyants. Ils illustrent la parabole de la semence qui tombe dans différents terrains. Ils représentent celui "qui entend la parole et la reçoit aussitôt avec joie; mais il n'a pas de racines en lui-même, il manque de persistance, et, dès que survient une tribulation ou une persécution à cause de la parole, il y trouve une occasion de chute" (Mt 13:20-21). Jésus a lui-

3. Notez que tous les hommes marqués d'un sceau sont des représentants des tribus d'Israël. Cela suggère de nouveau que durant la tribulation, Dieu s'occupe principalement de l'Israël national. Le sceau indique la propriété, l'authenticité et la protection.

même mis en garde ceux qui s'aventuraient à la légère pour le suivre, sans être prêts à tout sacrifier pour lui: "Quiconque met la main à la charrue, et regarde en arrière, n'est pas propre au royaume de Dieu" (Lu 9:62).

* *La séduction sera trop forte.* La défection des chrétiens de nom donnera naissance à une nouvelle vague de faux prophètes. Ils sortiront principalement des rangs des apostats. "Plusieurs faux prophètes s'élèveront , et ils séduiront beaucoup de gens" (Mt 24:11). Comme ils avaient autrefois professé leur loyauté à Christ, ces faux prophètes seront particulièrement à même de séduire et d'entraîner beaucoup de gens à leur suite.

* *L'attrait du péché sera trop grand.* "Et, parce que l'iniquité se sera accrue, l'amour du plus grand nombre se refroidira" (v. 12). L'impiété sera mûre. Les hommes ne chercheront plus à cacher leurs péchés. Le péché se commettra au grand jour (comme c'est déjà de plus en plus le cas aujourd'hui). Et comme l'amour est l'accomplissement de la loi de Dieu (Ro 13:8-10; Ga 5:14; Ja 2:8), le déferlement de l'immoralité aura des effets refroidissants sur l'amour authentique. Les habitants de la terre seront plus facilement que jamais sensibles aux séductions du péché, et beaucoup de gens peu enracinés dans la foi, qui s'étaient un jour comptés parmi les amis de Christ, donneront en fait la preuve qu'ils sont amis du monde (cf. Ja 4:4).

Tout véritable chrétien doit s'attendre à la persécution au sein de laquelle il devra tenir bon. "Or, tous ceux qui veulent vivre pieusement en Jésus-Christ seront persécutés" (2 Ti 3:12). "Le disciple n'est pas plus que le maître, ni le serviteur plus que son seigneur. Il suffit au disciple d'être traité comme son maître, et au serviteur comme son seigneur. S'ils ont appelé le maître de la maison Béelzébul, à combien plus forte raison appelleront-ils ainsi les gens de sa maison!" (Mt 10:24-25). Le vrai chrétien doit donc être prêt à souffrir comme Christ. "Celui qui ne prend pas sa croix, et ne me suit pas, n'est pas digne de moi" (Mt 10:38).

Mais les chrétiens authentiques *tiendront bon*, car Dieu leur promet le don de la persévérance. "Et je mettrai ma crainte dans leur cœur, afin qu'ils ne s'éloignent pas de moi" (Jé 32:40). Par la puissance de Dieu, ils sont "gardés par la foi pour le salut" (1 Pi 1:5). L'Ecriture est remplie de déclarations concernant la persévérance promise à tous les vrais croyants. Ainsi, Jésus a dit: "Mes brebis entendent ma voix; je les connais, et elles me suivent. Je leur donne la vie éternelle; et elles ne périront jamais, et personne ne les ravira de ma main" (Jn 10:27-28).

Les gens qui sont détournés de leur ancienne profession de foi par des séducteurs habiles ne constituent pas une exception à cette promesse. Leur départ est la preuve irréfutable que leur "foi" n'était jamais authentique (1 Jn 2:19).

"Mais celui qui persévérera jusqu'à la fin sera sauvé" (Mt 24:13). Malgré le prix élevé exigé du disciple, la subtilité des ruses des faux prophètes et la puissance séductrice du péché, rien ne peut amener le croyant à renoncer à Christ. C'est Christ lui-même qui le garde d'une telle défection.

L'Evangile proclamé au monde entier. Ce signe final des douleurs est notablement différent de tous les précédents: "Cette bonne nouvelle du royaume sera prêchée dans le monde entier, pour servir de témoignage à toutes les nations. Alors viendra la fin" (Mt 24:14). Au milieu de toutes les séductions – faux messies, faux christs, faux docteurs et faux prophètes – et au milieu de tant de guerres, d'épidémies, de tribulations et de catastrophes, alors que des croyants seront persécutés et mis à mort, et que les pseudo-croyants déserteront les rangs, l'Evangile continuera d'être proclamé. Même si Satan semble avoir son jour de gloire, le Seigneur Jésus ne sera pas sans témoin.

Comment l'Evangile sera-t-il prêché? Par des moyens naturels et surnaturels. Les 144 000 qui sont scellés dans

Apocalypse 7 l'annonceront. Plus tard, deux témoins seront revêtus d'une puissance étonnante pour proclamer l'Evangile et authentifier leur message par des grands signes et des prodiges (Ap 11:3-6). Ils finiront même par ressusciter des morts devant un monde médusé (v. 11). Dans Apocalypse 14, juste avant de verser les coupes de ses jugements, Dieu envoie un ange avec "un Evangile éternel, pour l'annoncer aux habitants de la terre, à toute nation, à toute tribu, à toute langue, et à tout peuple. Il disait d'une voix forte: Craignez Dieu, et donnez-lui gloire, car l'heure de son jugement est venue; et adorez celui qui a fait le ciel, la terre, la mer, et les sources d'eaux" (Ap 14:6-7).

Il peut s'agir d'un ange au sens littéral, un messager céleste surnaturel. Mais on peut aussi imaginer tout autre moyen extraordinaire dont Dieu se servira pour communiquer la bonne nouvelle au monde. Quoi qu'il en soit, le monde entier aura entendu l'Evangile avant la fin.

Hélas, comme c'est le cas pour tous les autres signes avant-coureurs, cette proclamation de l'Evangile fraiera le chemin à de nouveaux jugements sur les habitants de la terre. A part le reste fidèle, les hommes feront la sourde oreille au message. D'ailleurs, les méchants ne feront que s'endurcir dans leur révolte contre Dieu (Ap 9:20-21).

Mais avec cette dernière annonce de l'Evangile prendra fin le jour du salut pour l'humanité (cf. 2 Co 6:2). "Alors viendra la fin" (Mt 24:14). La patience de Dieu sera arrivée à son terme. La voie sera désormais libre à l'exercice de ses saints jugements. La première phase du travail de l'enfantement, "le commencement des douleurs", sera passée. A partir de cet instant, le monde entrera dans la phase finale avant le retour de Christ pour établir son royaume. Mais avant que les choses s'améliorent, elles devront encore empirer.

5

La grande tribulation

Jérusalem sera au centre des conflits pendant la tribulation. Tout ce que l'Ecriture dit au sujet des temps de la fin le confirme. Zacharie donne un bref aperçu de ce qui se passera au jour du Seigneur (Za 14:1-4):

> *Voici, le jour de l'Eternel arrive, et tes dépouilles seront partagées au milieu de toi. Je rassemblerai toutes les nations pour qu'elles attaquent Jérusalem; la ville sera prise, les maisons seront pillées, et les femmes violées; la moitié de la ville ira en captivité, mais le reste du peuple ne sera pas exterminé de la ville. L'Eternel paraîtra, et il combattra ces nations, comme il combat au jour de la bataille. Ses pieds se poseront en ce jour sur la montagne des Oliviers, qui est vis-à-vis de Jérusalem, du côté de l'orient; la montagne des Oliviers se fendra par le milieu, à l'orient et à l'occident, et il se formera une très grande vallée; une moitié de la montagne reculera vers le septentrion, et une moitié vers le midi.*

Plusieurs autres passages de l'Ecriture indiquent également que le prélude immédiat au retour de Christ sera un gigantesque rassemblement d'armées du monde entier prenant position contre Jérusalem. La vision apocalyptique de Jean atteint son apogée au moment où les forces militaires de la terre convergent dans la vallée de Meguiddo ("Harmaguédon") pour monter à l'assaut de Jérusalem. Tous les événements de la tribulation aboutissent à ce grand conflit final. En parfaite harmonie avec l'ancienne prophétie de Zacharie, l'apôtre Jean aperçoit Christ revenant au milieu de cette bataille cataclysmique (Ap 19:11-14, 19).

Jérusalem encerclée par les armées

Dans le rapport fait par Luc du discours du mont des Oliviers, Jésus déclare: "Lorsque vous verrez Jérusalem investie par des armées, sachez alors que sa désolation est proche" (Lu 21:20). Aux fidèles qui vivront en ce temps-là, le Seigneur donne le conseil suivant: "Alors, que ceux qui seront en Judée fuient dans les montagnes, que ceux qui seront au milieu de Jérusalem en sortent, et que ceux qui seront dans les champs n'entrent pas dans la ville. Car ce seront des jours de vengeance, pour l'accomplissement de tout ce qui est écrit" (vv. 21-22).

Jérusalem s'est trouvée plusieurs fois "encerclée par les armées". La ville fut mise à sac par les Romains lors du siège dévastateur de l'an 70. Des milliers de gens s'enfuirent dans les montagnes et beaucoup plus encore trouvèrent refuge dans différents pays du monde. L'historien Josèphe a décrit ces jours terribles où les armées de Titus entouraient la ville et l'attaquèrent:

> Lorsque l'armée romaine, qui ne se serait jamais lassée de tuer et de piller, ne trouva plus sur quoi continuer à exercer sa fureur, Titus commanda de ruiner toute la ville de Jérusalem jusque dans ses fondements, à la réserve du pan de mur qui regardait l'occident, où il avait résolu de faire une citadelle, et des tours d'Hyppicos, de Phasaële et de

> Mariamne, parce que, surpassant toutes les autres en hauteur et en magnificence, il les voulait conserver pour faire connaître à la postérité combien il fallait que la valeur et la science des Romains dans la guerre fussent extraordinaires pour qu'ils eussent pu se rendre maîtres de cette puissante ville qui s'était vue élevée à un tel comble de gloire. Cet ordre fut si exactement exécuté *qu'il ne parut plus aucune marque qu'il y eût eu des habitants.* (*La guerre des Juifs contre les Romains VII.1.1, italiques ajoutés.*)

Pour reprendre les termes de Luc 21:22, ce ne furent cependant pas "des jours de vengeance, pour l'accomplissement de tout ce qui est écrit". Christ ne revint pas de façon visible en 70. Les armées ennemies ne furent pas anéanties par sa présence. Tout Israël ne fut pas sauvé. Les Juifs ne furent pas greffés sur l'olivier. Beaucoup de promesses liées au Jour du Seigneur et à sa vengeance contre le péché attendent encore leur accomplissement.

Au Moyen-Age, notamment lors des Croisades, Jérusalem fut à plusieurs reprises encerclée par des armées. Entre la première Croisade en 1095 et sa prise par Soliman II le Magnifique au début des années 1500, la ville fut attaquée plusieurs fois et changea de mains à maintes reprises. (La muraille et les tours de guet qui entourent la vieille ville de Jérusalem aujourd'hui sont des fortifications construites par Soliman II au seizième siècle et qui rappellent visiblement que Jérusalem fut souvent "encerclée par des armées".)

De nos jours, Jérusalem est encore entourée de nations hostiles dont les armées sont constamment sur pied de guerre, prêtes à attaquer Israël. Après la déclaration de l'Etat moderne d'Israël en 1948, une guerre d'indépendance s'acheva par le partage de la ville de Jérusalem en deux, les Jordaniens exerçant le contrôle sur la vieille ville (comprenant la colline du temple et la plupart des sites historiques). Il fallut attendre la Guerre des Six jours en 1967 pour que les forces israéliennes reprennent la vieille ville et réunifient Jérusalem. Pour la première fois depuis des siècles, la ville se trouvait sous contrôle juif.

Plus de trente ans après, Jérusalem reste au cœur du conflit israélo-palestinien. De nombreux chefs d'Etat arabes du monde entier continuent de faire pression pour que la vieille ville et la rive occidentale du Jourdain soient restituées aux Palestiniens, comme préalable à toute négociation de paix.

Ainsi, Jérusalem reste dans un certain sens "encerclée par des armées" encore aujourd'hui. La situation politique au Moyen-Orient est si fragile et si explosive qu'un rassemblement littéral d'armées contre Jérusalem n'est pas du tout impensable à notre époque.

Si la concentration de forces militaires autour de Jérusalem doit être un signe, comme le suggère Luc 21:20, comment le différencier de tous les sièges que la ville a connus au cours de son histoire?

Le rapport que fait Matthieu du discours du mont des Oliviers répond à cette question.

L'abomination de la désolation

D'après Matthieu et Marc, Jésus décrit le grand tournant de la tribulation en ces termes: "C'est pourquoi, lorsque vous verrez l'abomination de la désolation, dont a parlé le prophète Daniel, établie en lieu saint, – que celui qui lit fasse attention! – alors, que ceux qui seront en Judée fuient dans les montagnes" (Mt 24:15-16).

Par conséquent, le signe précis indiquant que ces choses sont sur le point d'arriver sera l'accomplissement de la prophétie de Daniel relative à l'abomination de la désolation. Notons la parenthèse "que celui qui lit fasse attention!". C'est peut-être une parole que Jésus a réellement prononcée lui-même dans son discours (Marc l'inclut aussi dans son récit), ou un ajout éditorial inspiré par Dieu au moment où Matthieu et Marc ont composé leur évangile. Quoi qu'il en soit, cette glose souligne le fait que les événements annoncés par Jésus dans ce discours appartiennent au futur prophétique. Mais derrière le sens évident se cache une idée plus profonde. Cette exhortation vise des lecteurs ultérieurs, en particulier la génération de ceux qui verront se dérouler les événements prédits.

Le mot *abomination* évoque quelque chose de répugnant, de repoussant, de détestable et de totalement abject pour Dieu. Apocalypse 21:27 précise que personne "qui se livre à l'abomination" n'entrera dans le ciel. Dans toute l'Ecriture, le terme *abomination* est appliqué à des actes idolâtres, immoraux et spirituellement impurs. La religion païenne est particulièrement qualifiée d'abominable. Dans Apocalypse 17, le mot désigne le système de la fausse religion représenté dans la vision de Jean par une femme qui portait sur le front les mots: "Babylone la grande, la mère des prostituées et des abominations de la terre" (v. 5).

Jésus décrit donc une monstrueuse abomination qui provoque une grande désolation. En soi, la désolation n'est pas abominable, mais l'abomination, par exemple un acte idolâtre impensable, entraînera une dévastation et une ruine généralisées, probablement sous la forme du déclenchement d'une guerre.

Jésus évoque cette abomination comme quelque chose "dont a parlé le prophète Daniel". Effectivement, Daniel mentionne l'abomination à trois reprises. D'abord dans Daniel 9:27. Nous avons examiné ce passage et le contexte des soixante-dix semaines prophétiques de Daniel au chapitre 4. Mais le prophète revient sur cette idée d'abomination de la désolation et la développe dans Daniel 11:31 et 12:11. Ces passages projettent une lumière supplémentaire sur ce que Jésus voulait dire.

Tout le livre de Daniel se déroule dans le cadre de prophéties fascinantes et détaillées au sujet de l'apparition et de la chute d'empires mondiaux. Daniel, qui écrivit au sixième siècle avant notre ère, annonça avec justesse la formation et la succession de plusieurs empires mondiaux, en particulier les Empires babylonien, perse, grec et romain. Ce thème commence au chapitre 2, au moment où Nebucadnetsar, roi de Babylone, fait un rêve mystérieux qui laisse une profonde impression sur son esprit. Mais il ne parvient plus à se rappeler le songe. Dieu révèle à la fois le songe et son interprétation à Daniel, l'un des Juifs exilés à Babylone qui était alors conseiller à la cour du roi Nebucadnetsar.

Daniel dévoile le rêve du souverain. Celui-ci avait vu une statue gigantesque dont la tête était en or, la poitrine et les bras en argent, le ventre et les cuisses en airain, et les pieds en partie de fer et en partie d'argile (Da 2:31-33). L'interprétation du rêve résume l'histoire du monde jusqu'à l'Empire romain. La tête en or représente Nebucadnetsar (v. 38). Les autres parties de la statue représentent les royaumes successifs de la Perse, de la Grèce et de Rome. Les détails fournis par Daniel sont remarquables; certaines prophéties se sont accomplies à la lettre dans des personnages historiques comme Cyrus (premier roi de Perse), Alexandre le Grand (vainqueur des Perses et fondateur de l'Empire macédonien), Ptolémée et Séleucus (deux des généraux d'Alexandre) et leurs dynasties (les Ptolémées et les Séleucides). La précision et l'exactitude des prophéties de Danicl ont été la principale raison qui a incité les critiques à s'opposer avec une telle virulence à ce livre et à contester son authenticité. Pour eux, il était impossible que Daniel ait pu écrire ces prophéties lors de la captivité des Juifs.

Le texte de Daniel 11:31 se trouve au milieu d'une section

qui décrit un fantastique conflit entre deux rois, celui du sud et celui du nord (11:5-45). Le "roi du midi" désigne la dynastie des Ptolémées (souverains d'Egypte) et le "roi du septentrion" représente la dynastie séleucide (rois de Syrie). Bien qu'à l'origine ces deux dynasties aient été alliées, des tensions surgirent entre elles à propos du contrôle sur le territoire d'Israël. Ces tensions dégénérèrent en conflits armés.

Daniel 11:21 décrit un personnage descendant de la lignée royale séleucide: "Un homme méprisé prendra sa place, sans être revêtu de la dignité royale; il paraîtra au milieu de la paix, et s'emparera du royaume par l'intrigue." Pour la quasi totalité de ceux qui étudient la Bible, cet homme n'est autre que le dernier des grands rois séleucides, Antiochus IV.

Il monta sur le trône au moment où son frère Séleucus IV fut empoisonné par un collecteur d'impôts véreux, du nom d'Héliodore, qui espérait ainsi accéder à la royauté. Le prétendant légitime au trône était Démétrius, le fils de Séleucus IV, mais des conspirateurs à la solde d'Héliodore le gardèrent en otage à Rome. Profitant de cette situation, Antiochus IV chassa Héliodore et se proclama roi. Comme Daniel l'avait prédit, bien que n'étant pas l'héritier légitime au trône, Antiochus devint roi sans faire la guerre, simplement par l'intrigue.

Le nouveau roi s'attribua lui-même le qualificatif "Epiphane", c'est-à-dire "le magnifique" ou "le splendide". C'était une façon de se faire passer pour un dieu. Mais ses adversaires, modifiant légèrement son nom, le surnommèrent "Epimane", ce qui signifie "le fou".

Se prétendant le défenseur de Jérusalem, Antiochus déclara la guerre à l'Egypte et distribua aux hommes influents d'Israël les richesses dont il avait dépouillé l'Egypte. C'est d'ailleurs ce que Daniel avait prophétisé en 11:24: "Il entrera, au sein de la paix, dans les lieux les plus fertiles de la province; il fera ce que n'avaient pas fait ses pères, ni les pères de ses pères; il distribuera le butin, les dépouilles et les richesses; il formera des projets contre les forteresses, et cela pendant un certain temps."

L'histoire rapporte qu'au moment où Antiochus se préparait à lancer l'assaut final contre l'Egypte en 168 av. J.-C., il reçut l'ordre de Rome, via l'île de Chypre où la flotte romaine était ancrée, de ne pas attaquer le roi Ptolémée. Antiochus fut humilié, mais il ne tenait pas à déclencher les hostilités à la fois contre Rome et contre l'Egypte. A contrecœur il se retira de l'Egypte et, sur le chemin de retour vers la Syrie, décida de passer sa colère contre Jérusalem. C'est exactement ce que Daniel avait prédit trois siècles plus tôt: "Des navires de Kittim s'avanceront contre lui; découragé, il rebroussera chemin. Puis, furieux contre l'alliance sainte, il ne restera pas inactif..." (Da 11:30).

Deux livres apocryphes, 1 et 2 Maccabées, racontent la ruse d'Antiochus. Il était entré dans Jérusalem pour offrir la paix. Puis il attendit le sabbat et ordonna alors à son armée de plus de 250 000 hommes de massacrer les Juifs qui n'opposèrent qu'une faible résistance, occupés qu'ils étaient à observer les lois du sabbat (2 Maccabées 5:24-26). Antiochus installa ensuite des apostats juifs à des postes de responsabilité avec de réels pouvoirs sur la ville occupée, conformément à la prophétie de Daniel: "Il portera ses regards sur ceux qui auront abandonné l'alliance sainte" (11:30). Il décida enfin de profaner le temple en sacrifiant un porc (un animal impur d'après Lé 11:7) sur l'autel et en forçant les sacrificateurs à manger de sa chair.

Son but était d'instaurer une nouvelle religion de son cru, une religion totalement païenne qui serait véritablement une injure pour le judaïsme (1 Maccabées 1:41-50):

> Le roi [Antiochus] publia ensuite dans tout son royaume l'ordre de n'avoir à former tous qu'un seul peuple et de

> renoncer chacun à ses coutumes: toutes les nations se conformèrent aux prescriptions royales. Beaucoup d'Israélites firent bon accueil à son culte, sacrifiant aux idoles et profanant le sabbat. Le roi envoya aussi, par messagers, à Jérusalem et aux villes de Juda, des édits leur enjoignant de suivre des coutumes étrangères à leur pays, de bannir du sanctuaire holocaustes, sacrifice et libation, de profaner sabbats et fêtes, de souiller le sanctuaire et tout ce qui est saint, d'élever autels, lieux de culte et temples d'idoles, d'immoler des porcs et des animaux impurs, de laisser leurs fils incirconcis, de se rendre abominables par toute sorte d'impuretés et de profanations, oubliant ainsi la Loi et altérant toutes les observances. Quiconque n'agirait pas selon l'ordre du roi serait puni de mort.

En d'autres mots, il fut interdit à quiconque d'observer les lois alimentaires de l'Ancien Testament, les lois relatives au sabbat, la circoncision et tout ce qui était typiquement juif. Soulignons l'intention délibérée d'Antiochus: "former un seul peuple". Il voulait donc fonder une nouvelle religion mondiale, en commençant par Jérusalem. Sous le prétexte d'unité, cet insensé mégalomane chercha à instaurer une religion qui soit un amalgame de plusieurs religions, mais dans laquelle il serait, lui, l'objet suprême du culte. Il ne fait pas de doute qu'il poursuivait un but simple: conquérir le monde entier et imposer sa religion partout.

C'est à ce moment qu'Antiochus commit l'acte généralement qualifié d'abomination de la désolation: "Le quinzième jour de Kisleu en l'an cent quarante-cinq, le roi construisit l'Abomination de la désolation sur l'autel des holocaustes" (1 Maccabées 1:54). L'histoire indique qu'il s'agissait d'une statue de Zeus et d'un autel élevé à Zeus, érigé à la place de l'autel des holocaustes. Cette initiative fit cesser le sacrifice dédié à YHWH dans le temple.

Sur ce point, l'histoire confirme parfaitement la prédiction de Daniel: "Des troupes se présenteront sur son ordre; elles profaneront le sanctuaire, la forteresse, et dresseront l'abomination du dévastateur" (Da 11:31).

Daniel mentionne encore une fois l'abomination de la désolation, vers la fin de sa prophétie. Il déclare avoir entendu des paroles dont il ne saisit pas le sens: "J'entendis, mais je ne compris pas; et je dis: Mon seigneur, quelle sera l'issue de ces choses? Il répondit: Va, Daniel, car ces paroles seront tenues secrètes et scellées jusqu'au temps de la fin" (Da 12:8-9). Cela signifie que certains éléments de la prophétie de Daniel auraient des implications bien au-delà de la période des Maccabées, précisément "au temps de la fin". Daniel ajoute alors sa prophétie finale de la part du Seigneur (Da 12:10-13):

> *Plusieurs seront purifiés, blanchis et éprouvés; les méchants feront le mal et aucun des méchants ne comprendra, mais ceux qui auront de l'intelligence comprendront. Depuis le temps où cessera le sacrifice perpétuel, et où sera dressée l'abomination du dévastateur, il y aura mille deux cent quatre-vingt-dix jours. Heureux celui qui attendra, et qui arrivera jusqu'à mille trois cent trente-cinq jours! Et toi, marche vers ta fin; tu te reposeras, et tu seras debout pour ton héritage à la fin des jours.*

Les "plusieurs" qui "seront purifiés, blanchis et éprouvés" semblent désigner ceux qui feront partie de la dernière vague des rachetés lors du salut final d'Israël. A partir de l'abomination de la désolation, 1290 jours devront s'écouler. Mais Daniel ne dit pas ce qui arrivera au terme de ce délai. Ce laps de temps ressemble étrangement aux 1260 jours d'Apocalypse 11:3, c'est-à-dire exactement trois ans et demi (en comptant des années de 360 jours conformément au calendrier juif). Comme nous l'avons indiqué au chapitre précédent, plusieurs passages bibliques font allusion à une période finale de trois ans et demi. C'est le cas d'Apocalypse 11:2 ("quarante-deux mois") et de Daniel 12:7 ("un temps, des temps et la moitié d'un temps"). Ces références se correspondent et renvoient à la même période de temps, la deuxième moitié de la tribulation qui s'achèvera par le retour triomphal de Christ.

Mais les 1 290 jours de Daniel 12:11 ont trente jours de plus, et les 1 335 jours du verset 12 ont quarante-cinq jours supplémentaires. Pourquoi? Selon Apocalypse 20, Christ établira son règne terrestre de mille ans, peu après son retour en gloire. Les soixante-quinze jours en trop correspondent peut-être au temps qui s'écoule entre l'état de guerre qui laisse "la force du peuple saint entièrement brisée" (Da 12:7) et l'inauguration du royaume messianique dans Jérusalem rebâtie. Certains de ces jours seront peut-être consacrés au jugement des nations et au rétablissement final d'Israël immédiatement après le retour de Christ.

Quoi qu'il en soit, puisque Christ lui-même affirma clairement que "l'abomination de la désolation" était une réalité encore à venir, nous pouvons en déduire que la signification eschatologique définitive de la prophétie de Daniel ne s'était pas encore réalisée, et qu'elle avait simplement été préfigurée dans les événements du temps d'Antiochus IV. L'abomination de la désolation, dans son sens plein et ultime, sera commise au milieu de la soixante-dixième semaine de Daniel, sous la tribulation. L'Antichrist adoptera la même approche qu'Antiochus Epiphane et offrira la paix à Israël. Même si l'Ecriture ne précise pas la nature de "l'alliance" qu'il conclura (Da 9:27), certains ont vu dans cette prophétie un traité de paix donnant à Israël le droit de reconstruire un temple sur le mont Morija.

C'est tout à fait possible, étant donné la place importante du temple dans cette prophétie.

Au milieu de la semaine, l'Antichrist commettra un acte abominable. Peut-être profanera-t-il le temple reconstruit en y installant sa propre statue. C'est le scénario que suggère le récit de la bête qui apparaît dans Apocalypse 13. Dans cette vision, l'apôtre Jean indique que la bête reçut le pouvoir "d'animer l'image de la bête, afin que l'image de la bête parle, et qu'elle fasse que tous ceux qui n'adoreraient pas l'image de la bête soient tués" (Ap 13:15). L'apôtre Paul décrit une scène semblable: "Car il faut que l'apostasie soit arrivée auparavant, et qu'on ait vu paraître l'homme impie, le fils de la perdition, l'adversaire qui s'élève au-dessus de tout ce qu'on appelle Dieu ou de ce qu'on adore; il va jusqu'à s'asseoir dans le temple de Dieu, se proclamant lui-même Dieu" (2 Th 2:3-4). L'Antichrist se retournera ensuite contre Israël, se proclamera lui-même Dieu et mettra fin à toutes les autres formes de culte. On ne peut manquer d'être frappé par la ressemblance entre ce que fera l'Antichrist et ce qu'a fait Antiochus Epiphane, conformément à la prophétie de Daniel relative à l'abomination de la désolation.

Nous ignorons la nature exacte de cette abomination, mais le moment venu, les croyants versés dans l'Ecriture la discerneront sans peine. C'est pourquoi Matthieu 24:15 précise: "Que celui qui lit fasse attention!" Cette abomination de la désolation sera le signe le plus convaincant que la tribulation est entrée dans sa deuxième phase, celle de la *grande* tribulation durant laquelle le monde connaîtra des calamités et des malheurs indicibles.

Péril et calamité

L'abomination de la désolation qui sera commise signalera le début de plusieurs grands dangers, non seulement pour le reste des croyants qui seront exposés à des persécutions pires que celles déjà endurées, mais également pour le reste du monde placé sur le jugement de Dieu. C'est pourquoi Jésus dit (Mt 24:16-22):

> *Alors, que ceux qui seront en Judée fuient dans les montagnes; que celui qui sera sur le toit ne descende pas pour prendre ce qui est dans sa maison; et que celui qui sera dans les champs ne retourne pas en arrière pour prendre son manteau. Malheur aux femmes qui seront enceintes et à celles qui allaiteront en ces jours-là! Priez pour que votre fuite n'arrive pas en hiver, ni un jour de sabbat. Car alors, la détresse sera si grande qu'il n'y en a point eu de pareille depuis le commencement du monde jusqu'à présent, et qu'il n'y en aura jamais. Et, si ces jours n'étaient abrégés, personne ne serait sauvé; mais, à cause des élus, ces jours seront abrégés.*

Tous les signes avant-coureurs de la fin s'intensifieront et se rapprocheront de manière dramatique. La différence entre la tribulation et la grande tribulation peut se comparer à celle qui existe entre les contractions douloureuses et les douleurs de l'accouchement lui-même.

Il semble que la bête ne se contentera pas de profaner le temple juif, mais qu'elle y établira son trône d'où elle régnera sur la terre. Paul écrit aux Thessaloniciens: "Il [l'Antéchrist] va jusqu'à s'asseoir dans le temple de Dieu, se proclamant lui-même Dieu" (2 Th 2:4). N'excluons pas un accomplissement littéral de cette prophétie, surtout si elle concerne le temple reconstruit.

Un autre fait vient confirmer que cette prophétie se réalisera à Jérusalem dans le temple rebâti. Jésus indique que lorsque l'abomination de la désolation se commettra, le danger sera particulièrement grand pour les habitants de la Judée et des environs. Il leur demande de fuir dans les montagnes. Lors du siège de Jérusalem en 70, beaucoup de Juifs allèrent effectivement se cacher dans les montagnes et les déserts près de Jérusalem. Une importante communauté juive qui fuyait les armées romaines en 66 de notre ère s'établit sur la célèbre forteresse de Masada, construite par Hérode le Grand au premier siècle avant l'ère chrétienne pour servir de refuge pour lui et sa famille en cas de besoin. Après sept ans de siège infructueux et d'assauts répétés contre la forteresse, la dixième légion romaine construisit une immense rampe d'accès en pierre et gravier sur la façade ouest de Masada. Lorsque les Romains arrivèrent finalement au sommet de ce piton rocheux, ils découvrirent un spectacle de désolation. Environ mille Zélotes juifs avaient préféré se suicider plutôt que de se rendre aux Romains et d'être torturés. La tribulation se caractérisera par des horreurs semblables mais sur une échelle plus grande.

L'avertissement de Christ concernera surtout "ceux qui sont en Judée" parce que ce seront les Juifs qui seront la principale cible de ces atrocités. Zacharie 13:8-9, qui décrit les événements précédant immédiatement le retour de Christ (Za 14:4), suggère que les Juifs seront victimes d'un immense génocide:

> *Dans tout le pays, dit l'Eternel, les deux tiers seront exterminés, périront, et l'autre tiers restera. Je mettrai ce tiers dans le feu, et je le purifierai comme on purifie l'argent, je l'éprouverai comme on éprouve l'or. Il invoquera mon nom, et je l'exaucerai; je dirai: C'est mon peuple! Et il dira: L'Eternel est mon Dieu!*

Les deux tiers du peuple seront mis à mort, et le reste qui sera finalement sauvé invoquera le Seigneur. Beaucoup de ceux qui mourront seront des Juifs qui se seront convertis pendant la première partie de la tribulation. Apocalypse 7:14 décrit une foule innombrable d'êtres vêtus de robes blanches; ils "viennent de la grande tribulation". L'apôtre Jean parle également de la bête qui fait "la guerre aux saints" (Ap 13:7), et compare le système de fausse religion de la bête à une "femme ivre du sang des saints et du sang des témoins de Jésus" (Ap 17:6).

Dieu lui-même offrira un refuge dans les montagnes à ceux qui n'auront pas été mis à mort. Apocalypse 12 compare Israël à une femme ("la femme qui avait enfanté le fils" [Christ], v. 13). L'apôtre raconte sa vision: "Et les deux ailes du grand aigle furent données à la femme, afin qu'elle s'envole au désert, vers son lieu, où elle est nourrie un temps, des temps, et la moitié d'un temps, loin de la face du serpent" (Ap 12:14). Le langage est évidemment symbolique; les ailes de l'aigle font penser à une forme d'assistance angélique pour les fuyards.

Le Seigneur souligne fortement dans Matthieu 24 le caractère précipité de la fuite. Les gens ne devront même pas prendre le temps de rassembler leurs effets personnels. Au temps de Jésus, les maisons avaient un escalier extérieur qui conduisait au toit plat où la famille venait se détendre dans la fraîcheur du soir. Christ dit à ceux qui se trouveront sur le toit de descendre immédiatement lorsqu'ils entendront parler de l'abomination de la désolation et de ne pas même prendre le temps d'entrer dans la maison et d'emporter quoi que ce soit avant de s'enfuir dans les montagnes (v. 17). Et le paysan qui travaillera dans les champs ne devra pas aller à l'autre bout du champ pour récupérer son manteau (v. 18). Le moindre retard pourrait être fatal. Aucun bien matériel ne vaut la peine de courir ce risque. La survie sera une question de temps.

Ce sont là des paroles uniques dans tout l'enseignement de Christ. Partout ailleurs, il exhorte ses disciples à se charger de leur croix, à être fermes dans leur témoignage et à prendre résolument position pour lui au milieu des pires hostilités.

L'abomination de la désolation change tout. Ce fait marquera la fin du témoignage rendu à Christ dans le monde et le début des jugements contre ses ennemis. A partir de ce moment, le Seigneur ne demande plus à ses disciples d'aller dans le monde et d'y proclamer l'Evangile; il les presse de fuir dans les montagnes pour leur propre sécurité.

Pourquoi le Seigneur adresse-t-il une mise en garde toute spéciale aux femmes qui seront enceintes et à celles qui allaiteront à ce moment (v. 19)? Non seulement il leur sera plus difficile de fuir, mais si elles se font prendre, elles auront à subir des conséquences terribles. Osée 13:16 prédit un temps où Samarie (la contrée immédiatement au nord de la Judée) "sera punie, parce qu'elle s'est révoltée contre son Dieu. Ils [ses habitants] tomberont par l'épée; leurs petits enfants seront écrasés, et l'on fendra le ventre de leurs femmes enceintes".

La situation sera tellement effrayante qu'au moment où se produira l'abomination de la désolation, les enfants de Dieu devront s'enfuir sans la moindre hésitation. Le plus infime retard pourra être fatal. Chaque seconde comptera. Jésus incite à prier pour que cette fuite ne se produise pas en hiver ou un jour de sabbat (v. 20). Il ne dit pas que le fait de fuir pour sauver sa vie un jour de sabbat serait une violation de ce jour particulier (cf. Lu 6:9). Mais il se pourrait que des partisans stricts du respect du sabbat tentent d'empêcher les gens de fuir ou les lapident, les accusant de le profaner, ce dont ils avaient déjà accusé Jésus (cf. Jn 7:19-23).

Christ dépeint donc la situation sous les couleurs les plus sombres. Ce sera un temps de "détresse si grande qu'il n'y en a point eu de pareille depuis le commencement du monde jusqu'à présent, et qu'il n'y en aura jamais" (Mt 24:21). Tous les holocaustes mondiaux réunis et toutes les catastrophes naturelles ensemble ne peuvent se comparer à cette grande tribulation. Les Juifs ont déjà connu de nombreux pogroms et subi d'innombrables massacres au cours des siècles, mais aucun ne répond à la description que Jésus donne ici. Il s'agit vraiment d'un fléau à venir.

C'est pourquoi Jésus ajoute que "si ces jours n'étaient abrégés, personne ne serait sauvé; mais, à cause des élus, ces jours seront abrégés" (v. 22). Le mot grec traduit par "abrégés" signifie "couper court" et peut donc indiquer une fin soudaine. Christ promet peut-être que la grande tribulation connaîtra un arrêt brutal, et non une diminution progressive jusqu'à complète disparition. Mais le Seigneur peut aussi vouloir dire que la durée du jour sera raccourcie, si bien que l'obscurcissement du soleil et de la lune mentionné au verset 29 pourrait avoir des effets bénéfiques en réduisant la durée des tourments et en permettant aux enfants de Dieu de se réfugier plus facilement dans les montagnes à la faveur de l'obscurité. Mais en aucun cas Christ ne promet la diminution de la grande tribulation à moins de trois ans et demi. Comme cette mesure de temps revient plusieurs fois dans l'Ecriture, la fiabilité de la Parole de Dieu exige que cette durée soit pleinement respectée.

Le rassemblement des vautours

Christ revient sur la question des faux messies. "Si quelqu'un vous dit alors: Le Christ est ici, ou: Il est là, ne le croyez pas. Car il s'élèvera de faux christs et de faux prophètes; ils feront de grands prodiges et des miracles, au point de séduire, s'il était possible, même les élus. Voici, je vous l'ai annoncé d'avance" (Mt 24:23-25). Les contractions douloureuses de l'enfantement se rapprochent en vagues plus serrées et plus pénibles.

Les faux messies auront le pouvoir d'opérer de grands signes et des prodiges. Ces "miracles" seront si convaincants qu'ils pourraient séduire même les élus. Mais Dieu rendra souverainement les brebis de Jésus capables d'entendre sa voix et de la différencier de celle des mercenaires et des voleurs. "Elles ne suivront point un étranger; mais elles fuiront loin de lui, parce qu'elles ne connaissent pas la voix des étrangers" (Jn 10:5).

L'avertissement du Seigneur suggère que des faux messies s'infiltreront parmi ceux qui fuient. Les élus pourront se mettre à l'abri des persécutions de l'Antichrist, mais ils ne pourront pas se soustraire aux mensonges séducteurs du diable qui les poursuivra dans leur retraite. Même là où les réfugiés auront trouvé asile pour échapper à la menace d'anéantissement, ils entendront des menteurs s'écrier autour d'eux: "Regardez, le Christ est ici!" ou "Il est dans le désert!" ou encore "Voici, il est dans les chambres!" Ce ne seront que des mensonges destinés peut-être à tromper les réfugiés et à les faire sortir de leurs cachettes. Christ avertit les croyants de ne pas prêter attention à ces bruits.

Dans ces conditions, comment savoir qu'un jour ce sera le vrai Christ qui apparaîtra? Comment distinguer le vrai Christ de tous ces imposteurs? Sa venue sera manifeste pour tous: "Car, comme l'éclair part de l'orient et se montre jusqu'en occident, ainsi sera l'avènement du Fils de l'homme" (v. 27). "Voici, il vient avec les nuées. Et tout œil le verra" (Ap 1:7). Son retour ne sera pas secret. Christ reviendra de façon soudaine, publique, glorieuse et visible pour tous. Les croyants cachés pour échapper à la persécution ne seront pas les seuls à le reconnaître, car ses ennemis aussi le verront. Le Seigneur viendra "avec ses saintes myriades, pour exercer un jugement contre tous, et pour faire rendre compte à tous les impies parmi eux de tous les actes d'impiété qu'ils ont commis et de toutes les paroles injurieuses qu'ont proférées contre lui des pécheurs impies" (Jud 14-15).

Lorsque Christ apparaîtra, ses élus et ses ennemis courront en sens inverse. Ceux qui s'étaient tenus tapis dans les montagnes et les grottes seront délivrés de toute crainte et de tout danger, tandis que leurs bourreaux chercheront à se cacher pour échapper au juste courroux de Dieu. Ils supplieront les rochers et les montagnes de tomber sur eux et de les soustraire à l'ardente colère de l'Agneau (cf. Ap 6:16-17).

Pour souligner avec force combien son retour sera manifeste, le Seigneur se sert de ce qui était probablement un adage de son temps: "En quelque lieu que soit le cadavre, là s'assembleront les vautours" (Mt 24:28). Lorsqu'un animal gît mort dans le désert, ou qu'il est en voie de décomposition, il est possible de le localiser à des kilomètres de distance. Pour cela, il suffit d'observer le vol des rapaces au-dessus de l'endroit. Par cette comparaison, Christ signale que son retour sera visible de tous, au près comme au loin.

Vers la fin de la grande tribulation, la misère et la décomposition spirituelle du monde seront telles qu'il ressemblera à un cadavre inanimé. Christ apparaîtra alors pour exercer son jugement final contre lui. L'image des oiseaux nécrophages est une figure du jugement et confirme tout ce que l'Ecriture déclare ailleurs au sujet du retour glorieux de Christ: l'avènement du Seigneur s'accompagnera de jugements terribles contre ses ennemis. Paul déclare que Christ reviendra "au milieu d'une flamme de feu, pour punir ceux qui ne connaissent pas Dieu" (2 Th 1:8). Dans Apocalypse 19:11-16, Christ est dépeint comme descendant du ciel sur un cheval blanc, entouré des saints et des anges dans toute leur gloire céleste. Il tient une épée dans sa main, et porte un vêtement teint de sang. Il vient exécuter ses jugements contre le monde et détruire les armées rassemblées contre lui.

Le décor est prêt pour la seconde venue. Le monde aura épuisé toute la patience et la miséricorde de Dieu. Son peuple aura attendu assez longtemps. "Quand ces choses commenceront à arriver, redressez-vous et levez vos têtes, parce que votre délivrance approche" (Lu 21:28).

6

Les signes dans le ciel

Il y a quelques années, j'étais au Kazakhstan où je donnais une série de messages sur la doctrine de l'Eglise lors d'une conférence pastorale qui s'échelonnait sur une semaine avec des journées bien remplies, un véritable marathon. Le jeudi matin, notre sujet nous amenait à creuser les épîtres pastorales. Durant la pause, l'un des hommes qui avaient participé à la mise sur pied de cette conférence, vint me trouver et me dit:

– Certains des pasteurs se demandent quand vous aborderez enfin la *bonne* part.

– Qu'entendez-vous par "bonne part"?

– Eh bien, l'avenir de l'Eglise, et ce qui le touche de près, c'est-à-dire le retour de Jésus, répondit-il, très surpris que je n'aie pas compris instantanément ce qu'il sous-entendait par "la bonne part". Ils sont impatients d'entendre parler du retour de Christ, ajouta-t-il.

Je comprends fort bien le désir d'en arriver le plus rapidement possible à "la bonne part". J'éprouve le même sentiment quand j'étudie le discours du mont des Oliviers. Je suppose que les disciples, assis sur cette colline à l'écoute de Christ qui leur décrivait le sombre scénario des événements des temps de la fin ont, eux aussi, dû attendre avec avidité qu'il en arrive à "la bonne part".

Jusqu'ici, le discours du Seigneur ne comportait que des prophéties de malheurs et de jugements. Christ a commencé par annoncer une longue série de douleurs. Ces souffrances, comme les contractions d'une femme enceinte, étaient déjà assez inquiétantes, mais elles devaient encore empirer après l'abomination de la désolation. A l'approche du point culminant, la grande tribulation, le monde devra encore faire l'expérience de ténèbres plus épaisses avant que ne pointe l'aube du retour glorieux de Christ.

Les derniers grands signes cosmiques

A la fin du chapitre précédent, nous avons vu que Christ a promis un retour visible pour tous: "Car, comme l'éclair part de l'orient et se montre jusqu'en occident, ainsi sera l'avènement du Fils de l'homme" (Mt 24:27). La nature cosmique des signes finals est l'un des facteurs qui empêchera quiconque de manquer le retour de Christ: "Aussitôt après ces jours de détresse, le soleil s'obscurcira, la lune ne donnera plus sa lumière, les étoiles tomberont du ciel, et les puissances des cieux seront ébranlées" (v. 29). Le récit parallèle de Luc ajoute des détails à glacer d'effroi: "Il y aura des signes dans le soleil, dans la lune et dans les étoiles. Et sur la terre, il y aura de l'angoisse chez les nations qui ne sauront que faire, au bruit de la mer et des flots, les hommes rendant l'âme de terreur dans l'attente de ce qui surviendra pour la terre; car les puissances des cieux seront ébranlées" (Lu 21:25-26).[1]

De tels signes auront un effet sensationnel et mondial. En toute nation, chacun les remarquera. Luc indique même que le cœur de certaines personnes défaillira d'épouvante devant ces phénomènes. Toute l'attention du monde sera immédiatement

1. Apocalypse 6:12-17 et 8:6-12 décrivent les mêmes phénomènes cosmiques.

fixée vers le ciel. On a peine à imaginer ce que sera le sentiment d'effroi et de panique qui s'emparera du monde. Et, déchirant le ciel en pleine effervescence, Christ apparaîtra dans toute sa gloire.

Notons attentivement comment Christ aboutit à ce grand virage dans son discours.

La succession des événements. Le Seigneur situe ces signes dans le temps. Il précise que les phénomènes cosmiques se produiront tout à la fin de la grande tribulation: "*Aussitôt* après ces jours de détresse..." (v. 29, italiques ajoutés). Ces signes semblent être à la deuxième moitié de la tribulation ce que l'abomination de la désolation était pour la première moitié, c'est-à-dire un signal clair et immanquable indiquant que la période touche à sa fin et qu'un événement extraordinaire est sur le point de se produire.

Dans ce contexte, l'expression "ces jours de détresse" ne peut s'appliquer qu'à la période que Jésus vient de décrire, à savoir la grande tribulation déclenchée par l'abomination de la désolation. Remarquons que les signes cosmiques apparaissent aussitôt après la tribulation. C'est une raison supplémentaire de poids pour rejeter l'interprétation prétériste du discours du mont des Oliviers: aucun signe de ce genre ne s'est produit lors de la destruction de Jérusalem en 70.

Nullement ébranlés par cette constatation, de nombreux prétéristes déclarent purement et simplement que Jésus emploie un langage métaphorique. Selon eux, le Seigneur parlerait de façon imagée de la fin de l'ancienne alliance et ne prédirait pas du tout des signes affectant littéralement le soleil et la lune. Voici par exemple ce qu'écrit le prétériste Gary Demar:

> L'obscurcissement du soleil et de la lune et la chute des étoiles, associés à l'ébranlement des cieux (24:29), sont en somme des images qui décrivent de façon plus parlante la

> déclaration "le ciel et la terre passeront" (24:35). Dans d'autres contextes, lorsque les étoiles tombent, elles tombent sur la terre, ce qui traduit de façon sûre un jugement temporel (Es 14:12; Da 8:10; Ap 6:13; 9:1; 12:4). Ainsi, l'expression "le ciel et la terre passeront" signifie la fin de l'ancien système judaïque et de son alliance (1 Co 2:8).[2]

Autrement dit, pour Demar, lorsque Jésus déclare que "le ciel et la terre passeront" (v. 35), il n'envisage pas du tout un jugement eschatologique littéral final qui détruirait la terre. En évoquant la disparition du ciel et de la terre, Jésus ne ferait qu'employer un langage métaphorique pour indiquer le passage de l'ancienne alliance à la nouvelle. Demar considère de même qu'en annonçant l'obscurcissement du soleil et de la lune dans Matthieu 24:29, Christ se servait d'images pour signaler la fin de la dispensation juive.

Demar et d'autres prétéristes appliquent cette grille d'interprétation allégorique et symbolique à la majeure partie du discours du mont des Oliviers, pour trouver dans les événements de l'an 70 un accomplissement au maximum de ses prophéties. Ce faisant, ils ôtent toute réelle pertinence à ce discours et transforment de grands signes cosmiques en métaphores relatives à la transition entre les alliances.

La plupart des prétéristes refusent de donner un sens allégorique aux passages concernant le retour corporel de Christ (l'erreur de l'hyper-prétérisme).[3] Mais on voit mal comment un prétériste pourrait réfuter l'erreur de l'hyper-prétérisme à partir de l'Ecriture, puisque les deux conceptions adoptent la même

2. Gary DEMAR, "The Passing Away of Heaven and Earth" (http://www.preterist archive.com./PartialPreterism/pp-mt2425.html).

3. La plupart des leaders prétéristes ont ouvertement et avec force condamné l'hyper-prétérisme comme une hérésie grave.

approche herméneutique.[4] Les hyper-prétéristes ne font en somme qu'appliquer la méthode prétériste à toute la prophétie du Nouveau Testament. Ils commencent avec la suite du discours du mont des Oliviers, en spiritualisant non seulement les signes cosmiques mais également le retour corporel de Christ. En imposant leur grille d'interprétation à toute l'Ecriture, la plupart des hyper-prétéristes actuels rejettent en définitive *toute* référence biblique à des événements futurs.

---

4. Lors d'une convention Ligonier sur l'eschatologie à Orlando en février 1999, le point de vue prétériste a été fortement promu par toute une série d'orateurs. Kenneth Gentry a affirmé que Matthieu 24:29-31 – y compris les signes cosmiques et le retour de Jésus en gloire sur les nuées – s'était déjà accompli en 70 apr. J.-C. Prétériste dont l'opposition à l'*hyper*-prétérisme est bien connu, il s'est empressé d'ajouter qu'il ne niait pas un futur retour corporel, littéral, de Christ sur la terre. Mais il croit aussi clairement que Matthieu 24 n'est pas un passage où une seconde venue littérale est enseignée. Un critique hyper-prétériste présent a noté que Gentry ne proposait aucune *autre* référence pour montrer où cette seconde venue est enseignée. Todd D. DENNIS, "The Impact of Preterism: Victory in Orlando" (http://www.preteristarchive.com./MinistryUpdate/vr-02-99.html).
L'interprétation que fait Gentry de Matthieu 24:29-31 élimine effectivement toutes les objections bibliques majeures à l'hyper-prétérisme. Si la promesse du retour de Christ sur les nuées dans le discours du mont des Oliviers doit être rattachée à un événement spirituel déjà passé, pourquoi ne pas interpréter de la même manière *toutes* les allusions du Nouveau Testament à son retour? Si Matthieu 24:30 est tout bonnement une métaphore décrivant ce qui a eu lieu lors de la destruction de Jérusalem, n'est-il pas parfaitement raisonnable d'interpréter *chaque* mention biblique du retour de Christ comme une référence à ce même événement déjà réalisé? Le dilemme manifeste qu'entraîne la position de Gentry n'était pas perdu pour la critique hyper-prétériste, qui soulignait "que cette mention très claire d'une seconde venue dans le Nouveau Testament est appliquée (par Gentry) à 70 apr. J.-C., sans qu'aucun passage équivalent ne soit donné pour soutenir l'idée d'une venue après 70" *(ibid.)*. Manifestement, les prétéristes qui permettent une interprétation allégorique et symbolique de la prophétie la plus significative de Christ sur sa seconde venue n'ont aucune réponse crédible à fournir aux hyper-prétéristes qui clament que *toutes* les prophéties du Nouveau Testament relatives à une seconde venue sont allégoriques. L'auteur de l'article cité plus haut a tourné en dérision la conviction de Gentry que Christ reviendrait pourtant d'une manière visible un jour: "Malheureusement, [Gentry] n'a fourni aucun passage qui parle d'une troisième venue" *(ibid.)*. Ainsi, l'hyper-prétérisme fait précisément écho au sarcasme des moqueurs: "Où est la promesse de son avènement?" (2 Pi 3:4), et la méthode herméneutique du prétérisme alimente le scepticisme qui provoque un tel mépris.

Le prétériste typique déclare que le langage apocalyptique de Christ dans ce passage justifie amplement l'interprétation allégorique, symbolique et spirituelle des signes cosmiques. En effet, pour lui, appliquer un littéralisme strict à tous les passages semblables dans l'Ecriture signifierait que la lune se transformerait véritablement en sang (Joë 2:31) et que les étoiles tomberaient du ciel sur la terre (Ap 9:1).

Il est vrai que les sections apocalyptiques de l'Ecriture font un usage abondant du langage symbolique. C'est le cas d'Apocalypse 17:3 où l'apôtre Jean décrit une femme assise sur une bête à sept têtes. Plus loin, il explique: "Les sept têtes sont sept montagnes, sur lesquelles la femme est assise" (Ap 17:9), ce qui nous oblige à déduire que la "femme" n'est pas une femme au sens littéral, mais qu'elle représente soit la ville de Rome (connue pour être construite sur sept collines) soit, comme Jean va l'expliquer au verset suivant, le système mauvais qui sous-tend sept empires mondiaux successifs (v. 10). Parfois le langage symbolique est expliqué, comme dans ce cas, parfois il ne l'est pas. Mais le contexte indique toujours clairement quand il s'agit d'un langage symbolique.

La plupart sont d'accord pour admettre une certaine dose de symbolisme dans Matthieu 24:29. Presque personne ne s'attend à ce que les étoiles tombent littéralement sur la terre. Il est également possible que le soleil ne s'obscurcisse pas totalement; la clarté solaire pourrait simplement être masquée pour la terre, en partie ou en totalité (cf. Ez 32:7). J'admets donc que nous ne sommes pas forcés d'adopter un littéralisme stupide pour saisir le sens des propos de Jésus.

Mais même en adoptant un certain symbolisme évident, les paroles de Jésus ne justifient pas l'interprétation prétériste. Christ prédit des signes cosmiques qui seront tellement spectaculaires que personne sur la terre ne pourra les manquer. Ce que Jésus cherche à démontrer à ses disciples dans ce contexte, c'est que son retour sera si extraordinaire qu'il ne passera inaperçu pour personne. Il n'y aura aucun doute possible quant à la réalité de sa seconde venue.

Mais l'interprétation prétériste vide les paroles de Jésus de cette certitude. Si cette interprétation était juste, non seulement le monde entier aurait complètement manqué le retour en gloire de Christ sur les nuées, mais tous les chrétiens également. Car, à de rares exceptions près, au cours des 2000 ans de christianisme, presque tous les croyants ont admis que Matthieu 24:30 parle d'un événement à venir.

Le plus ancien document chrétien connu en dehors des écrits bibliques est la *Didache*. Il s'agit d'un exposé simple de la doctrine biblique en usage dans l'Eglise primitive. La plupart des spécialistes pensent qu'il a été rédigé vers la fin du premier siècle, probablement peu après l'an 80. Il fut abondamment cité par les Pères de l'Eglise, ainsi que par l'historien Eusèbe.[5] Son ancienneté est donc bien attestée. Le texte complet de la *Didache* ne fut cependant découvert qu'il y a un peu plus d'un siècle, en 1873 exactement, dans un codex trouvé à Constantinople. Ce document prouve que ceux qui ont été les témoins des événements tragiques de 70 considéraient Matthieu 24:29-31 – ainsi que tout le discours du mont des Oliviers – comme une prophétie non encore accomplie (*Didache* 16:3-8):

> Aux derniers jours, les faux prophètes et les corrupteurs se multiplieront, les brebis se changeront en loups, et l'amour se changera en haine. Car, à la suite du progrès de l'iniquité, les hommes se haïront les uns les autres, ils se poursuivront, ils se trahiront et alors paraîtra le séducteur du monde, se donnant pour le fils de Dieu, et il fera des signes et des prodiges, et la terre sera livrée entre ses mains et il fera des iniquités telles qu'il n'y en eut jamais depuis le

5. Eusèbe, *Histoire de l'Eglise*, 3:25.

> commencement des siècles. Alors la créature humaine entrera dans le feu de l'épreuve, et beaucoup succomberont et périront, mais ceux qui auront tenu bon dans leur foi seront sauvés par celui-là même qui aura été un objet de malédiction. Et alors paraîtront les signes de la vérité. D'abord le signe des cieux ouverts, ensuite le signe du son de la trompette, et le troisième signe, la résurrection des morts, non de tous, il est vrai, mais comme il a été dit: Le Seigneur viendra et tous ses saints avec lui. Alors le monde verra le Seigneur venant sur les nuées du ciel.

Justin Martyr naquit vraisemblablement au premier siècle et connut certainement personnellement plusieurs des chrétiens qui avaient été les témoins des événements de 70. Lui aussi envisageait le retour de Christ comme une réalité à venir. Dans son *Dialogue avec Tryphon* (ch. 110), il écrit:

> Deux venues de Christ ont été annoncées: la première sous la forme d'un serviteur souffrant, humble, déshonoré et crucifié; mais il reviendra du ciel avec gloire, lorsque l'homme d'apostasie, qui profère des paroles étranges contre le Très-Haut, ira jusqu'à perpétrer des actes ignobles contre nous, les chrétiens… Le restant de la prophétie se réalisera lors de la seconde venue de Christ.

Ainsi Justin, qui n'a sans doute pas pu écrire moins de cinquante ans après la destruction de Jérusalem, considérait que les prophéties relatives à la tribulation et au retour de Christ en gloire devaient encore s'accomplir.

Par conséquent, si l'interprétation prétériste était juste, cela signifierait que certains des savants les plus versés dans l'Ecriture et des dirigeants de l'Eglise primitive n'auraient pas vu l'accomplissement de la prophétie que pourtant personne, selon les dires même de Jésus, ne pouvait manquer![6]

Prendre ces prophéties au sens allégorique, c'est fausser le sens des paroles de Jésus. Le Seigneur décrivait un événement annoncé depuis longtemps dans l'Ecriture, un événement si grandiose qu'il servirait de signal au monde entier. De plus, la venue de Christ était liée au salut final d'Israël, et non à la fin de la nation d'Israël en tant que peuple de Dieu.

La scène dans les cieux. Quiconque étudiait sérieusement la prophétie messianique de l'Ancien Testament devait être familiarisé avec les signes cosmiques mentionnés par Jésus. En effet, les signes qui concernaient le soleil, la lune et les étoiles annonçaient la délivrance messianique que chacun guettait en Israël. Ces mêmes signes parlaient de la rétribution que l'Eternel infligerait à ses ennemis. C'étaient les signes du jour de l'Eternel (Es 13:9-15, mise en évidence ajoutée):

> *Voici, le jour de l'Eternel arrive, jour cruel, jour de colère et d'ardente fureur, qui réduira la terre en solitude, et en exterminera les pécheurs. Car* les étoiles des cieux et leurs astres ne feront plus briller leur lumière, le soleil s'obscurcira dès son lever, et la lune ne fera plus luire sa clarté. *Je punirai le monde pour sa malice, et les méchants pour leurs iniquités; je ferai cesser l'orgueil des hautains, et j'abattrai l'arrogance des tyrans. Je rendrai les hommes plus rares que l'or fin, je les rendrai plus rares que l'or d'Ophir. C'est pourquoi j'ébranlerai les cieux, et la terre*

6. Ironie de la situation, Kenneth Gentry argumente contre l'hyper-prétérisme en citant la croyance qu'avait Clément de Rome à une résurrection future: "Clément de Rome a vécu en 70 apr. J.-C. et il n'avait aucune idée qu'il était ressuscité! Il continuait de s'attendre à une résurrection physique (Clément 50:3 [*sic;* en fait, voir plutôt 24:1-2; 26:1])." Si cette espérance de Clément en une future résurrection est si significative pour Gentry, pourquoi ne juge-t-il pas significatif le fait que dès le premier siècle, en passant par l'époque des Pères de l'Eglise, par la Réforme protestante et jusqu'à aujourd'hui, l'écrasante majorité des croyants se sont attendus à un accomplissement futur de la prophétie contenue dans le discours du mont des Oliviers?

sera secouée sur sa base, par la colère de l'Eternel des armées, au jour de son ardente fureur. Alors, comme une gazelle effarouchée, comme un troupeau sans berger, chacun se tournera vers son peuple, chacun fuira vers son pays; tous ceux qu'on trouvera seront percés, et tous ceux qu'on saisira tomberont par l'épée.[7]

Un peu plus loin, Esaïe décrit ainsi la scène du jugement mondial (Es 34:1-5, mise en évidence ajoutée):

Approchez, nations, pour entendre! Peuples, soyez attentifs! Que la terre écoute, elle et ce qui la remplit, le monde et tout ce qu'il produit! Car la colère de l'Eternel va fondre sur toutes les nations, et sa fureur sur toute leur armée, il les voue à l'extermination, il les livre au carnage. Leurs morts sont jetés, leurs cadavres exhalent la puanteur, et les montagnes se fondent dans leur sang. Toute l'armée des cieux se dissout; les cieux sont roulés comme un livre, et toute leur armée tombe, comme tombe la feuille de la vigne, comme tombe celle du figuier. *Mon épée s'est enivrée dans les cieux; voici, elle va descendre sur Edom, sur le peuple que j'ai voué à l'extermination, pour le châtier.*

7. Cette prophétie semble avoir eu une application immédiate au jugement et à la destruction de Babylone (vv. 1, 17; cf. Da 5:30-31). Cependant sa pleine signification vise clairement, derrière Babylone, un accomplissement eschatologique encore futur. Deux éléments mettent ce fait en évidence: 1) les catastrophes cosmiques, universelles, prédites dans la prophétie elle-même (vv. 10-13), et 2) la référence que fait Esaïe au jour de l'Eternel (v. 6); celui-ci est encore annoncé comme une réalité à venir bien longtemps après le jugement de Babylone (cf. 2 Pi 3:10). La seule conclusion raisonnable à tirer est la suivante: comme beaucoup de passages de l'Ecriture, Esaïe 13 traite à la fois d'événements proches et d'événements lointains. Dans le cas précis, l'événement proche – le jugement de Babylone – est une sorte de miniature du jour du jugement dernier.

Le contexte immédiat d'Esaïe 34 décrit le roi d'Israël qui revient pour régner dans sa gloire, faisant de Jérusalem un "séjour serein", une "tente qui ne sera plus déplacée" (33:20). C'est une allusion évidente au royaume millénaire. La suite d'Esaïe 34 concerne le jugement systématique de toutes les nations. Puis, au chapitre 35, le prophète revient à la description du royaume terrestre dans lequel "le désert et le pays aride se réjouiront; la solitude s'égaiera, et fleurira comme un narcisse" (35:1). "Les rachetés de l'Eternel retourneront, ils iront à Sion avec chants de triomphe, et une joie éternelle couronnera leur tête" (v. 10).

Joël a prédit les même signes cosmiques. "Je ferai paraître des prodiges dans les cieux et sur la terre, du sang, du feu, et des colonnes de fumée; le soleil se changera en ténèbres, et la lune en sang, avant l'arrivée du jour de l'Eternel, de ce jour grand et terrible" (Joë 2:30-31).[8] "Le soleil et la lune s'obscurcissent, et les étoiles retirent leur éclat" (3:15). Ces paroles sont prononcées au milieu d'autres prophéties relatives au millénium et aux temps de la fin. Joël 2:32 parle ainsi du salut du reste: "Le salut sera sur la montagne de Sion et à Jérusalem, comme a dit l'Eternel, et parmi les réchappés que l'Eternel appellera." Joël 3 contient de nombreuses références du même genre: "Car voici, en ces jours, en ce temps-là, quand je ramènerai les captifs de Juda et de Jérusalem, je rassemblerai toutes les nations, et je les

---

8. Je suis conscient, bien sûr, que Pierre citait ce passage précis dans son sermon de la Pentecôte et impliquait que le verset 28 ("Je répandrai mon Esprit sur toute chair; vos fils et vos filles prophétiseront, vos vieillards auront des songes, et vos jeunes gens des visions") trouvait dans un certain sens son accomplissement dans les événements de la Pentecôte. Eu égard au contexte plus large de cette prophétie, il est clair que Joël prophétise à propos des catastrophes associées au jour de l'Eternel (Joë 2:1). Il est également clair que l'apôtre Pierre considérait ce jour comme encore à venir (2 Pi 3:10). Ainsi, il ne peut pas avoir déclaré que chaque aspect de la prophétie de Joël était accompli. En citant ce passage à la Pentecôte, il faisait évidemment allusion à la dispensation de l'Esprit en particulier, et il voulait probablement simplement dire que la Pentecôte était un avant-goût de la dispensation du jour de l'Eternel.

ferai descendre dans la vallée de Josaphat; là, j'entrerai en jugement avec elles" (vv. 1-2). Le salut d'Israël et le jugement des nations sont des thèmes récurrents associés aux signes prophétiques cosmiques de l'Ecriture.

En entendant parler des signes cosmiques, les disciples ont certainement pensé aussitôt aux prophéties de l'Ancien Testament concernant le jour de l'Eternel. Ils savaient que l'Ecriture avait annoncé d'avance que Dieu ébranlerait les cieux, conformément à ce que Jésus leur disait en ce moment (cf. Es 13:13; Joë 3:16). Ils savaient aussi que ces signes était associés au jour de l'Eternel.

Que voulait donc dire Jésus par "les puissances des cieux seront ébranlées" (Mt 24:29)? Il n'a fourni aucune explication. Mais souvenons-nous qu'il est celui qui "soutient toutes choses par sa parole puissante" (Hé 1:3). Il lui suffirait de dire un mot, et la force gravitationnelle diminuerait, les planètes changeraient d'orbite et les étoiles donneraient l'impression de tomber. Rien de tout cela n'est au-delà de son pouvoir. En fait, s'il retirait la moindre parcelle de sa puissance de soutien, l'univers tout entier cesserait de rester en équilibre. Les cieux et toutes les forces de cohésion deviendraient instables. Qui sait ce que l'ébranlement des cieux pourrait provoquer? Une chose est certaine: lorsque ce phénomène se produira, ce sera terrifiant.

Aggée a écrit: "Car ainsi parle l'Eternel des armées, encore un peu de temps, et j'ébranlerai les cieux et la terre, la mer et le sec; j'ébranlerai toutes les nations; les trésors de toutes les nations viendront, et je remplirai de gloire cette maison, dit l'Eternel des armées" (2:6-7). Là encore, un prophète de l'Ancien Testament associe les signes cosmiques, notamment l'ébranlement des cieux, avec la venue du Messie pour juger la terre et établir son royaume.

Le signe dans le ciel. A ce moment, il ne restera plus qu'un seul signe à apparaître: le glorieux avènement de Christ lui-même. Ce sera "la bonne part": "Alors le signe du Fils de l'homme paraîtra dans le ciel, toutes les tribus de la terre se lamenteront, et elles verront le Fils de l'homme venant sur les nuées du ciel avec puissance et une grande gloire" (Mt 24:30). Ce sera le moment longtemps espéré de tous les croyants (Tit 2:13).

Le discours avait commencé en réponse à la question des disciples concernant "le signe de [ton] avènement et de la fin du monde" (v. 3). Le voilà le signe demandé! La venue de Christ marquera la fin des temps. C'est le signe par excellence, la manifestation glorieuse du Fils de l'homme.

Soulignons-le: Christ répète que son apparition sera visible de tous. Toutes les tribus de la terre le verront revenir sur les nuées du ciel. Ceux qui sondent les Ecritures se sont souvent demandé comment cela sera possible. Certains des Pères de l'Eglise ont émis l'hypothèse que le monde entier apercevra une gigantesque croix étincelante dans le ciel sombre. Ils ne voyaient évidemment pas comment un seul et même événement pourrait être aperçu simultanément par tous les habitants de notre globe. Les études plus récentes menées dans le domaine de la prophétie biblique ne buttent plus contre cette question, sachant que la venue de Christ pourrait être vue de tout le monde par le biais de la télévision.

Quelle que soit l'explication, notons ceci: ce ne sera pas une croix étincelante, ni la gloire de la *Shekinah*, ni aucun autre symbole de la présence de Christ qui apparaîtra dans le ciel, mais Christ en personne. Il est le signe des signes. Lorsque le soleil et la lune s'obscurciront, lorsque l'effroi des habitants de la terre et leur haine contre Dieu atteindront des sommets jamais foulés, Christ traversera soudain les ténèbres épaisses ainsi que le péché et viendra assurer son triomphe final.

Il reviendra "sur les nuées du ciel" (v. 30). Lorsqu'il est remonté au ciel, l'Ecriture déclare: "Une nuée le déroba à leurs yeux" (Ac 1:9). Un ange apparut alors aux disciples et leur dit: "Ce Jésus, qui a été enlevé au ciel du milieu de vous, viendra de la même manière que vous l'avez vu allant au ciel" (Ac 1:11). Il est donc normal qu'il revienne sur des nuées.

Apocalypse 1:7 confirme parfaitement les propos de Jésus concernant sa seconde venue: "Voici, il vient avec les nuées. Et tout œil le verra, même ceux qui l'ont percé; et toutes les tribus de la terre se lamenteront à cause de lui. Oui. Amen!" Les tribus de la terre se lamenteront surtout parce qu'elles sauront qu'il vient pour les juger et que son jugement est juste.

De plus, il vient avec "puissance et une grande gloire" (Mt 24:30). L'expression est modeste! Car l'avènement du Seigneur sera la plus grande manifestation de puissance que la terre ait connue. Zacharie décrit ainsi cet événement (Za 14:3-4):

> *L'Eternel paraîtra, et il combattra ces nations, comme il combat au jour de la bataille. Ses pieds se poseront en ce jour sur la montagne des Oliviers, qui est vis-à-vis de Jérusalem, du côté de l'orient; la montagne des Oliviers se fendra par le milieu, à l'orient et à l'occident, et il se formera une très grande vallée; une moitié de la montagne reculera vers le septentrion, et une moitié vers le midi.*

Apocalypse 19 décrit cette scène grandiose (vv. 11-21):

> *Puis je vis le ciel ouvert, et voici, parut un cheval blanc. Celui qui le montait s'appelle Fidèle et Véritable, et il juge et combat avec justice. Ses yeux étaient comme une flamme de feu; sur sa tête étaient plusieurs diadèmes; il avait un nom écrit, que personne ne connaît, si ce n'est lui-même; et il était revêtu d'un vêtement teint de sang. Son nom est la Parole de Dieu. Les armées qui sont dans le ciel le suivaient sur des chevaux blancs, revêtues d'un fin lin,*

blanc, pur. De sa bouche sortait une épée aiguë, pour frapper les nations; il les paîtra avec une verge de fer; et il foulera la cuve du vin de l'ardente colère du Dieu Tout-Puissant. Il avait sur son vêtement et sur sa cuisse un nom écrit: Roi des rois et Seigneur des seigneurs. Et je vis un ange qui se tenait dans le soleil. Il cria d'une voix forte, disant à tous les oiseaux qui volaient au milieu du ciel: Venez, rassemblez-vous pour le grand festin de Dieu, afin de manger la chair des rois, la chair des chefs militaires, la chair des puissants, la chair des chevaux et de ceux qui les montent, la chair de tous, libres et esclaves, petits et grands. Et je vis la bête, les rois de la terre et leurs armées, rassemblés pour faire la guerre à celui qui était assis sur le cheval et à son armée. Et la bête fut prise, et avec elle le faux prophète, qui avait fait devant elle les prodiges par lesquels il avait séduit ceux qui avaient pris la marque de la bête et adoré son image. Ils furent tous les deux jetés vivants dans l'étang ardent de feu et de soufre. Et les autres furent tués par l'épée qui sortait de la bouche de celui qui était assis sur le cheval; et tous les oiseaux se rassasièrent de leur chair.

Les armées célestes qui accompagneront Christ comprendront certainement les rachetés qui étaient en vie au moment de l'enlèvement, ainsi que ceux qui auront été ressuscités à ce moment. En évoquant l'enlèvement, Paul promet que tous ceux qui seront enlevés seront "toujours avec le Seigneur" (1 Th 4:17). Plusieurs passages de l'Ecriture attestent que lorsque Christ reviendra, il nous ramènera avec lui: "Quand Christ, votre vie, paraîtra, alors vous paraîtrez aussi avec lui dans la gloire" (Col 3:4). "Et l'Eternel, mon Dieu, viendra, et tous ses saints avec lui" (Za 14:5). "Voici, le Seigneur est venu avec ses saintes myriades" (Jud 14).

Remarquons qu'il exécutera aussitôt ses jugements contre l'Antichrist et les puissances mauvaises de la terre. En ce qui concerne l'Antichrist, l'impie, "le Seigneur Jésus [le] détruira par le souffle de sa bouche, et [l'] écrasera par l'éclat de son avènement" (2 Th 2:8). Le reste des méchants sera détruit par l'épée qui sort de la bouche de Christ (Ap 19:21), ce qui donne à penser que le Seigneur les jugera et les fera mourir simplement en déclarant la Parole de Dieu. La bête et le faux prophète, eux, seront jetés vivants dans l'étang de feu (v. 20). Les autres morts resteront dans leurs tombes pendant les mille ans, puis ils ressusciteront pour être jugés et condamnés à la perdition éternelle (20:5, 14-15).

Le rassemblement des élus

A son avènement, Christ ne fera pas que juger. Sa venue n'est pas seulement un jour de jugement; c'est aussi le jour glorieux où "tout Israël sera sauvé, selon qu'il est écrit: Le libérateur viendra de Sion, et il détournera de Jacob les impiétés" (Ro 11:26). Les anges "rassembleront les élus des quatre vents, d'une extrémité des cieux à l'autre" et les amèneront à Christ (Mt 24:31). Pour les méchants de la terre, la manifestation de Christ sera synonyme de jugement final, mais pour les élus, elle marquera la consommation de leur rédemption.

Il y a bien longtemps que le prophète Zacharie a annoncé ce jour de jugement pour le monde et de salut pour Israël (Za 12:9-11):

> *En ce jour-là, je m'efforcerai de détruire toutes les nations qui viendront contre Jérusalem. Alors je répandrai sur la maison de David et sur les habitants de Jérusalem un esprit de grâce et de supplication, et ils tourneront les regards vers moi, celui qu'ils ont percé. Ils pleureront sur lui comme on pleure sur un fils unique, ils pleureront amè-*

> *rement sur lui comme on pleure sur un premier-né. En ce jour-là, le deuil sera grand à Jérusalem, comme le deuil d'Hadadrimmon dans la vallée de Meguiddo.*

Voyant enfin de ses propres yeux celui qu'Israël a rejeté et percé, et comprenant qu'il était vraiment le Messie promis, le reste fidèle se lamentera. Mais cette lamentation sera de courte durée car le Seigneur la changera en joie: "En ce jour-là, une source sera ouverte pour la maison de David et les habitants de Jérusalem, pour le péché et pour l'impureté" (13:1).

> *En ce jour là, des eaux vives sortiront de Jérusalem, et couleront moitié vers la mer orientale, moitié vers la mer occidentale; il en sera ainsi été et hiver. L'Eternel sera roi de toute la terre; en ce jour-là, l'Eternel sera le seul Eternel, et son nom sera le seul nom. Tout le pays deviendra comme la plaine, de Guéba à Rimmon, au midi de Jérusalem; et Jérusalem sera élevée et restera à sa place, depuis la porte de Benjamin jusqu'au lieu de la première porte, jusqu'à la porte des angles, et depuis la tour de Hananeel jusqu'aux pressoirs du roi. On habitera dans son sein, et il n'y aura plus d'interdit; Jérusalem sera en sécurité (Za 14:8-11).*

Ce passage décrit le royaume du millénium que Christ établira dans la foulée de sa venue. Apocalypse 20 parle d'un temps de bénédictions mondiales sans précédent, pendant que Satan sera enchaîné et que les rachetés vivront et régneront sur la terre avec Christ.

Esaïe 11:6-9 brosse un tableau encore plus frappant de ce royaume terrestre:

> *Le loup habitera avec l'agneau, et la panthère se couchera avec le chevreau; le veau, le lionceau, et le bétail qu'on engraisse, seront ensemble, et un petit enfant les conduira. La vache et l'ourse auront un même pâturage, leurs petits un même gîte; et le lion, comme le bœuf, mangera de la paille. Le nourrisson s'ébattra sur l'antre de la vipère, et l'enfant sevré mettra sa main dans la caverne du basilic. Il ne se fera ni tort ni dommage sur toute ma montagne sainte; car la terre sera remplie de la connaissance de l'Eternel, comme le fond de la mer par les eaux qui le couvrent.*

Christ supprimera toute maladie, toute sécheresse, toute inondation, toute mauvaise récolte, toute famine. Le mauvais temps et les désastres naturels appartiendront au passé. Guerres, querelles et persécutions prendront fin; la justice régnera. Quel est l'enfant de Dieu qui ne soupire pas après une telle époque?

Le règne de mille ans soulève toutes sortes de questions spéculatives. Si les méchants sont éradiqués, qui peuplera la terre? Il semblerait que les descendants du reste fidèle qui aura traversé la tribulation repeupleront la terre pendant le millénium.[9]

Pourquoi Satan sera-t-il relâché au terme de ces mille ans et aura-t-il la permission de séduire les nations (Ap 20:7-8)? L'Ecriture ne le dit pas, mais soyons certains que le dessein du Seigneur est bon. La révolte finale montrera certainement que tout en vivant dans un monde parfait, les hommes nés avec un cœur dépravé ne peuvent finalement pas résister à la séduction du péché et qu'ils ont absolument besoin de rédemption.

---

9. Cela inclura les croyants non juifs aussi bien que les Juifs. Zacharie 8:23 dit: "En ces jours-là, dix hommes de toutes les langues des nations saisiront un Juif par le pan de son vêtement, et diront: Nous irons avec vous, car nous avons appris que Dieu est avec vous."

La parabole du figuier

Dans le discours du mont des Oliviers, Christ ne consacre pas son temps à donner des détails sur son règne terrestre de mille ans. Une fois parvenu au point culminant de son message et après avoir indiqué le dernier grand signe de la fin des temps, le Seigneur raconte une brève parabole pour souligner la leçon qu'il vient de donner (Mt 24:32-35):

> *Instruisez-vous par une comparaison tirée du figuier. Dès que ses branches deviennent tendres, et que les feuilles poussent, vous savez que l'été est proche. De même, quand vous verrez toutes ces choses, sachez que le Fils de l'homme est proche, à la porte. Je vous le dis en vérité, cette génération ne passera point, que tout cela n'arrive. Le ciel et la terre passeront, mais mes paroles ne passeront point.*

Plusieurs interprétations ont été avancées pour tenter d'expliquer le sens des paroles de Jésus. Après la fondation de l'Etat d'Israël moderne, l'opinion répandue voulait que le figuier se réfère à l'Etat hébreu actuel. Pour beaucoup de chrétiens, l'année 1948 marquait donc l'apparition des bourgeons du figuier. Ces chrétiens s'attendaient à ce que toutes les prophéties du discours du mont des Oliviers se réalisent au cours des quarante années suivantes. Comme rien ne semblait s'être produit au bout de cette génération de quatre décennies, à partir de 1988 cette interprétation est un peu tombée dans l'oubli.

Certains pensent qu'il faut conférer à l'expression "cette génération" le sens de race juive plutôt que celui d'un *laps de temps*. Ils emploient le mot *génération* (un peu comme Jésus l'a fait dans Luc 9:41 et 16:8) pour désigner une classe de gens et non une période. C'est une interprétation possible, mais elle semble s'opposer au contexte, car Jésus indique bien la rapidité avec lesquelles les choses annoncées se produiront.

Les prétéristes accordent évidemment beaucoup d'importance à ce verset. Pour eux, Jésus indique clairement que sa génération verrait s'accomplir tous les signes annoncés. Ils font de ce verset la clé d'interprétation de tout le discours de Jésus. Mais il suffit de faire preuve d'un peu de bon sens pour s'apercevoir que vouloir conférer un sens allégorique à de si nombreux passages de l'Ecriture pour pouvoir interpréter ce verset 34 dans un sens littéral si rigide est pure folie. Rien n'oblige à penser que pour Christ tous les signes du discours du mont des Oliviers devaient s'accomplir au cours de sa génération.

Comme nous l'avons souligné tout au long de notre étude, le texte lui-même donne de nombreux indices – notamment les signes cosmiques et l'abomination de la désolation – qu'il s'agit bien de prophéties concernant la tribulation de la fin des temps, et non d'avertissements historiques relatifs à l'an 70. De plus Christ déclare: "Quand vous verrez *toutes* ces choses, sachez que le Fils de l'homme est proche" (v. 33). Tous les signes sont rassemblés en un seul lot. Lorsqu'ils s'accompliront, ils s'accompliront tous. Tel est le message central de cette parabole et du commentaire qui la suit. L'interprétation la plus plausible du verset 34 est donc celle-ci: Christ déclare que la génération vivante au moment où débuteront les vraies douleurs sera aussi celle qui assistera à la délivrance. Lorsque ces signes commenceront à s'accomplir, leur accomplissement ne s'étendra pas sur plusieurs générations.

C'est le sens de la parabole du figuier. Lorsque les premières feuilles apparaissent, nous pouvons pratiquement compter les jours qui nous séparent de l'été. De même, à l'apparition des premières douleurs, il s'écoulera un temps limité avant la délivrance finale, sept ans pour être plus précis. Le discours du mont des Oliviers couvre donc une période relativement brève et non une ère eschatologique qui se prolonge. C'est une période de sept ans, la soixante-dixième semaine de la prophétie de Daniel. Et la génération qui verra s'accomplir les premiers signes sera aussi celle qui sera témoin de la réalisation de tous les autres signes prédits par Christ. Par conséquent, quand les premières contractions de l'enfantement se feront sentir, quand se commettra l'abomination de la désolation suivie des calamités de la grande tribulation, "quand vous verrez toutes ces choses", vous saurez que le retour de Christ est proche.

La leçon qui se dégage de la parabole est d'une extrême simplicité; même un enfant qui observe les premières feuilles sur un figuier peut en déduire que l'été est proche. De même, la génération qui verra *tous* ces signes s'accomplir saura avec certitude que Christ est sur le point de paraître.

Cette exhortation n'est pas sans rappeler le reproche que Jésus a adressé aux pharisiens dans Matthieu 16:2-3: "Le soir, vous dites: Il fera beau, car le ciel est rouge; et le matin: Il y aura de l'orage aujourd'hui, car le ciel est d'un rouge sombre. Vous savez discerner l'aspect du ciel, et vous ne pouvez discerner les signes des temps."

Ceux qui discerneront les signes sauront que Christ est à la porte. Ceux qui vivront pendant la tribulation pourront avoir la certitude absolue que le Seigneur reviendra bientôt, malgré la sauvagerie des persécutions, malgré la subtilité des mensonges séducteurs, malgré leur impression que c'est Satan, et non Dieu, qui maîtrise la situation. Selon les propres paroles de Christ: "Voici, je vous l'ai annoncé d'avance" (Mt 24:25).

L'autorité immuable de la Parole de Dieu confirme les promesses prophétiques du Seigneur. "Le ciel et la terre passeront, mais mes paroles ne passeront point" (Mt 24:35). "L'Ecriture ne peut être anéantie" (Jn 10:35). "L'herbe sèche, la fleur tombe; mais la parole de notre Dieu subsiste éternellement" (Es 40:8). C'est pourquoi ceux qui seront en vie lorsque ces événements commenceront à se produire pourront avoir la certitude inébranlable que les promesses de Christ sont vraies. La situation pourra paraître des plus sinistres durant la tribulation, peu importe, Christ apparaîtra finalement comme le vainqueur de ses ennemis.

7

Quelqu'un sait-il vraiment quelle heure il est ?

Chaque fois que le sujet du retour de Christ est abordé, quelqu'un pose inévitablement la question: "*Quand* ces choses se produiront-elles?" C'est d'ailleurs la question qui brûlait les lèvres des disciples juste avant que Jésus ne remonte au ciel. Ses dernières paroles terrestres aux disciples semblent clairement indiquer qu'il y a des limites que les hommes ne doivent pas tenter de franchir: "Ce n'est pas à vous de connaître les moments que le Père a fixés de sa propre autorité" (Ac 1:7). Il ne nous appartient donc pas de connaître le moment précis. C'est la prérogative du Père seul. C'est l'une de ces choses cachées que l'Ecriture nous exhorte à laisser à la sage initiative de Dieu (De 29:29). N'essayons pas de percer ce mystère.

Pourtant, invariablement, après quarante ans de prédication, chaque fois que j'aborde ce thème, un auditeur me supplie de dire ma pensée sur le temps qui nous sépare encore du retour de Christ. Presque tous les chrétiens, animés d'un désir brûlant, cherchent à savoir de façon précise quand les choses annoncées commenceront à se produire.

Mais Jésus a qualifié de la façon la plus claire cette spéculation de pure folie: "Pour ce qui est du jour et de l'heure, personne ne le sait, ni les anges des cieux, ni le Fils, mais le Père seul" (Mt 24:36). Dieu connaît le moment parce que c'est lui qui l'a fixé dans son plan souverain. Dans sa sagesse, Dieu a prédéterminé l'instant et la forme du retour de Christ. Les anges dans le ciel ignorent le moment choisi, et même Jésus dans son humanité n'avait pas la connaissance claire de la date précise de son retour (Mc 13:32).[1] Ceux qui pensent que Dieu leur a fourni suffisamment d'indices pour fixer une époque précise témoignent d'un manque total de respect envers la Parole de Dieu. De toute évidence, il ne nous appartient pas de le savoir.

Certains chrétiens mettent en avant le fait que Christ a déjà révélé plusieurs signes annonciateurs de son retour. L'un des principaux signes, l'abomination de la désolation, déclenchera le compte à rebours des trois ans et demi catastrophiques qui préluderont à la venue finale de Christ. Souvenons-nous des paroles de Daniel: "Depuis le temps où cessera le sacrifice perpétuel, et où sera dressée l'abomination du dévastateur, il y aura mille deux cent quatre-vingt-dix jours" (Da 12:11). Ne peut-on pas en déduire que Christ reviendra exactement trois ans et demi après l'abomination? N'est-ce pas justement pour cela que Jésus a parlé de l'abomination de la désolation? Comment concilier cette annonce avec sa déclaration que personne ne connaît le jour de son retour?

Premièrement, malgré tous ces signes, le jour exact et l'heure précise de la venue de Christ restent inconnus. Certes,

1. L'omniscience de Christ était un des aspects de la divinité – comme sa gloire éternelle et son omniprésence – temporairement voilés par l'humanité qu'il a revêtue. Comme nous le notions dans l'Introduction de ce livre, notre Seigneur ne s'est pas dépossédé de ses divins attributs divins, mais il a revêtu pleinement notre humanité. En d'autres termes, son incarnation impliquait l'addition de notre nature humaine, pas la soustraction d'un attribut divin. Mais il était pleinement humain, à tout point de vue. Hébreux 2:17 dit: "Il a dû être rendu semblable en toutes choses à ses frères." Cela signifie que la connaissance consciente dans l'esprit humain de Christ était telle qu'il pouvait en toute sincérité et vérité dire qu'il ne connaissait pas le temps de son propre retour. D'un point de vue différent, dans son esprit divin omniscient, il le connaissait certainement, parce qu'il sait tout (Jn 16:30).

les signes annoncés doivent servir à rendre les chrétiens plus vigilants au fur et à mesure que le temps du retour approche, mais ils ne permettent pas de fixer l'instant précis. Malgré tous les signes annonciateurs du retour de Christ, la plupart des gens ne s'attendront pas à sa venue. "Le Fils de l'homme viendra à l'heure où vous n'y penserez pas" (Lu 12:40).

Mais un autre grand principe sous-tend les paroles de Jésus. Le "jour et l'heure" désignent en fait toute la chronologie de la seconde venue. Jésus emploie ainsi une figure de rhétorique qu'on appelle une métonymie, dans laquelle une partie désigne le tout. La question de savoir quand tous les événements s'accompliront reste enveloppée de mystère. Par sa déclaration, Christ interdisait d'une façon générale tout calcul relatif à la fin des temps. Il décourageait les disciples de son temps et nous-mêmes, qui vivons plus près de la tribulation, de nous lancer dans des spéculations et dans des hypothèses concernant la chronologie des événements des temps de la fin. Il répéta ce qu'il disait invariablement chaque fois que se posait la question du jour de son retour: "Ce n'est pas à vous de connaître les temps ou les moments" (Ac 1:7).

Entre Matthieu 24:36 et la fin du discours du mont des Oliviers, Jésus adresse plusieurs fois la même mise en garde: "Veillez donc, puisque vous ne savez pas quel jour votre Seigneur viendra" (24:42). "Tenez-vous prêts, car le Fils de l'homme viendra à l'heure où vous n'y penserez pas" (v. 44). "Le maître de ce serviteur viendra le jour où il ne s'y attend pas et à l'heure qu'il ne connaît pas" (v. 50). "Veillez donc, puisque vous ne savez ni le jour, ni l'heure" (25:13).

Dans ces versets, les mots "jour" et "heure" ne désignent pas seulement le moment précis de son avènement glorieux final, mais plus largement aussi toute la période eschatologique dans laquelle se dérouleront les événements annoncés. Les avertissements du Seigneur invitent les chrétiens de tous les temps à être prêts. En somme, Christ a enseigné ce que nous avons souligné au chapitre 2: son retour est imminent.

En disant que son retour est imminent, nous le faisons dans un sens large. Sa venue en gloire est évidemment moins imminente que l'enlèvement. Plusieurs signes annonceront son retour *avec* les saints dans la gloire. Mais ce que nous attendons aujourd'hui est l'enlèvement, autrement dit son retour *pour* les saints (1 Th 4:16-17; Jn 14:3; 1 Co 15:51-54). L'enlèvement de l'Eglise hors du monde donnera le coup d'envoi aux signes annonciateurs des douleurs et à tous les événements que Christ a indiqués dans le discours du mont des Oliviers. Son affirmation: "Vous ne savez pas quel jour votre Seigneur viendra" (v. 42) concerne donc ceux qui attendent l'enlèvement comme ceux qui, lors de la tribulation, attendront la consommation de toutes choses avec le retour final de Christ. Dans un certain sens, l'exhortation à être prêts est plus urgente pour nous, car l'enlèvement ne sera précédé d'aucun signe.

Autrement dit, quand le Seigneur dit: "Pour ce qui est du jour et de l'heure, personne ne le sait" (v. 36), il énonce un principe qui s'applique non seulement à l'instant de son retour final dans la gloire, mais également à toutes les prophéties bibliques liées à sa seconde venue. L'avertissement est encore plus solennel pour l'enlèvement, puisque cet événement préludera à l'accomplissement de tous les autres événements des temps de la fin, qui culmineront rapidement et finalement avec le retour glorieux de Christ sur la terre.

L'appel de Christ à être prêt et à veiller constitue le point central de la fin du discours du mont des Oliviers. Jusqu'à présent, Jésus a décrit de façon saisissante les événements qui doivent se produire durant la tribulation. Il en arrive maintenant à *l'application* de la première partie de son exposé. Certains sont tentés de limiter l'application immédiate de cette deuxième partie du discours à la génération à venir qui sera prise dans la tourmente de la grande tribulation. C'est une erreur, car l'avertissement de Christ s'adresse évidemment aux chrétiens de tous les temps, comme le confirment l'esprit et les paroles du Seigneur. Le principe qu'il énonce s'applique certainement à nous tous. S'il encourage les chrétiens à être prêts et à l'attendre, qu'il vienne subitement ou qu'il tarde, son enseignement est donc tout aussi valable et actuel pour ceux qui l'attendent alors qu'il tarde, que pour ceux qui seront les témoins de sa venue soudaine.

La dernière partie du discours du mont des Oliviers est un appel solennel à une chose essentielle: être prêt. Toutes les affirmations et toutes les paraboles qui occupent la fin du discours ne visent qu'un but: soyez prêts. Car Christ vient au moment où vous l'attendrez le moins. Dans tout ce qui suit, Christ met en relief quatre vertus essentielles que les chrétiens doivent cultiver en l'attendant.

L'humilité

Christ dénonce d'abord l'orgueil de ceux qui prophétisent le retour à une date précise. "Pour ce qui est du jour et de l'heure, personne ne le sait." Il faut une certaine dose d'humilité pour admettre son ignorance sur un sujet d'intérêt aussi vital. C'est ce qui explique pourquoi tant de prétendus spécialistes de la prophétie biblique spéculent et conjecturent avec tant d'insistance sur les dates et les moments. Leur détermination obstinée à vouloir à tout prix deviner dans un domaine où l'Ecriture est volontairement silencieuse traduit l'ampleur de leur orgueil. Leur tendance à monter en épingle leurs propres présomptions est préjudiciable à la cause de Christ.

Pourquoi depuis près de 2 000 ans Dieu tient-il secrète la date du retour de Christ? Je pense à plusieurs bonnes raisons.

Premièrement, si chacun connaissait le moment précis de l'avènement du Seigneur, plusieurs seraient certainement tentés de se relâcher. Par exemple, si les gens savaient que l'enlèvement ne se produirait que dans dix ans, beaucoup se diraient qu'ils peuvent s'adonner au péché pendant neuf ans et demi et envisager une repentance peu avant la venue de Christ pour les siens. (De toute façon, beaucoup trop de gens vivent selon ce calcul.) D'autres s'appuieraient sur la fin proche de toutes choses pour justifier leur paresse ou leur refus de vivre de façon responsable. Des multitudes de croyants décideraient sans aucun doute de passer les derniers jours d'attente assis mollement sur des transats au sommet des collines. C'est ce qui se passe régulièrement dès qu'un "prophète" moderne annonce qu'il a percé le mystère de la date du retour de Christ. Je connais une famille qui a vendu sa maison et tous ses biens, et qui a pris de longues vacances pour voyager parce qu'elle était convaincue que Christ reviendrait à la date fixée par l'un de ces prétendus prophètes. Comme Christ n'était pas revenu à la date prévue, cet homme et sa femme, qui avaient dilapidé toute leur fortune, durent repartir à zéro dans la vie. Au chapitre 8, nous examinerons une parabole qui a pour but de nous mettre en garde contre cette sorte d'imprudence.

C'est en partie à cause de sa compassion envers nous que Dieu conserve secrète la date du retour de Jésus. Si l'heure de son apparition était connue, personne, croyant ou incroyant, ne serait capable de conserver une vision juste de l'avenir. Nous ne pourrions plus raisonner lucidement. Nous perdrions le juste équilibre que Dieu nous demande de maintenir entre l'attente vive et la patience.

De plus, il n'est pas nécessaire que nous connaissions le moment de l'avènement de Christ. Rien de ce que Dieu nous demande n'exige que nous connaissions cette date. Nous devrions être animés du désir d'être trouvés fidèles et prêts quel que soit l'instant de son apparition. Si nous connaissions cette date d'avance, nous pourrions nous interroger sur la qualité de notre motivation et laisserions passer l'occasion de prouver à Dieu que notre attachement à lui est pur.

Le fait que les anges eux-mêmes ignorent la date du retour de Christ montre à quel point cette connaissance ne nous est pas indispensable. "Pour ce qui est du jour ou de l'heure, personne ne le sait, ni les anges dans le ciel, ni le Fils, mais le Père seul" (Mc 13:32). Dans sa soumission à la volonté du Père, le Fils omniscient a refusé que la connaissance du moment de son retour parvienne à sa conscience d'homme.

Quelqu'un peut-il imaginer que la date de la seconde venue de Christ n'intéresse pas le Fils de Dieu ou les anges? L'Ecriture déclare que les anges éprouvent une curiosité bien compréhensible en ce qui concerne les grandes vérités que Dieu ne leur a pas pleinement révélées (1 Pi 1:12). Ils aimeraient à coup sûr connaître *cette* vérité. Après tout, ils sont directement et activement concernés par les événements du temps de la fin (cf. Mt 24:31). Avec toute la création, ils attendent ardemment l'accomplissement de ces choses, en soupirant et en souffrant les douleurs de l'enfantement (Ro 8:22-23). Christ lui-même a dû ressentir le désir humain normal de connaître le moment de son retour. Mais dans ce domaine comme dans tous les autres, il s'est humblement soumis à la volonté du Père (Jn 5:30; 6:38; 8:29).

Il nous demande de faire preuve de la même humilité. Celle-ci est le point de départ d'une attitude correcte pour attendre sa seconde venue.

La vigilance

Christ nous appelle à veiller et à être sur le qui-vive. Il compare l'imminence de son retour à la soudaineté du déluge (Mt 24: 36-42):

Pour ce qui est du jour et de l'heure, personne ne le sait, ni les anges des cieux, ni le Fils, mais le Père seul. Ce qui arriva du temps de Noé arrivera de même à l'avènement du Fils de l'homme. Car, dans les jours qui précédèrent le déluge, les hommes mangeaient et buvaient, se mariaient et mariaient leurs enfants, jusqu'au jour où Noé entra dans l'arche; et ils ne se doutèrent de rien, jusqu'à ce que le déluge vienne et les emporte tous, il en sera de même à l'avènement du Fils de l'homme. Alors, de deux hommes qui seront dans un champ, l'un sera pris et l'autre laissé; de deux femmes qui moudront à la meule, l'une sera prise et l'autre laissée. Veillez donc, puisque vous ne savez pas quel jour votre Seigneur viendra.

Le déluge illustre parfaitement la pensée de Christ. La plupart des contemporains de Noé furent pris à l'improviste. Ils ne s'attendaient pas à ce cataclysme et ne s'y étaient donc pas préparés. Lorsque le déluge survint et qu'ils en prirent conscience, il était déjà trop tard. Il en sera de même pour le retour de Christ.

L'Ancien Testament nous apprend que les jours de Noé, antérieurement au déluge, se caractérisaient par une méchanceté débridée. Voici comment Genèse 6:5 décrit cette époque: "L'Eternel vit que la méchanceté des hommes était grande sur la terre, et que toutes les pensées de leur cœur se portaient chaque jour uniquement vers le mal."

Mais Jésus ne souligne pas particulièrement l'impiété qui régnait à cette époque. En disant: "Les hommes mangeaient et buvaient, se mariaient et mariaient leurs enfants", il ne décrit pas des activités mauvaises en soi. Cela fait normalement partie de la vie de tous les jours. Les hommes d'alors honoraient leurs engagements habituels. Le jour où la pluie se mit à tomber, les habitants de la terre prenaient leur petit déjeuner comme d'habitude. Il n'y eut pas d'avertissement préliminaire, pas d'amoncellement prolongé de sombres nuages dans le ciel pour les avertir de l'arrivée du jugement. Le déluge se produisit sans avoir été annoncé par des signes du ciel, et il emporta tous les humains. Ceux-ci furent complètement surpris.

Mais les paroles "les hommes mangeaient et buvaient, se mariaient et mariaient leurs enfants" décrivent l'aspect *sensuel* de la vie quotidienne. La vie s'était tellement dégradée que les hommes ne recherchaient plus que la satisfaction des besoins sensuels. Leur philosophie existentielle était exactement celle que souligne Paul à propos de ceux qui n'ont aucune espérance de résurrection: "Mangeons et buvons, car demain nous mourrons" (1 Co 15:32). Ils négligeaient tous les devoirs spirituels. Ils étaient tellement occupés à satisfaire leurs appétits sensuels que ceux-ci avaient fini par devenir le dieu qu'ils adoraient.

Les flots engloutirent des gens complètement apathiques sur le plan spirituel. Au milieu d'eux vivait pourtant Noé que Pierre, inspiré par le Saint-Esprit, qualifie de "prédicateur de la justice" (2 Pi 2:5). L'apôtre a également parlé de "la patience de Dieu [qui] se prolongeait, aux jours de Noé, pendant la construction de l'arche" (1 Pi 3:20). Noé construisait alors une arche au vu et au su de ses contemporains. Ce n'était un secret pour personne. Il avait trouvé grâce aux yeux du Seigneur et savait que le déluge allait submerger la terre. Sa façon pieuse de vivre constituait un avertissement permanent pour ses voisins. Ce "prédicateur de la justice" n'a certainement manqué aucune occasion de les avertir de vive voix, jusqu'au jour où l'Eternel ferma la porte de l'arche. Si les gens l'avaient écouté, s'ils avaient eu des oreilles spirituelles pour entendre, ils auraient capté de nombreux messages d'avertissement sur l'imminence du déluge.

Mais les hommes d'alors, imprudents et insouciants, ne tinrent aucun compte de Noé. Ils continuèrent sur leur lancée. Beaucoup avaient adopté comme philosophie existentielle celle des moqueurs du temps de Pierre: "Depuis que les pères sont morts, tout demeure comme dès le commencement de la création" (2 Pi 3:4). La vie se poursuit. Mais seuls des insensés peuvent croire qu'elle se poursuivra éternellement ainsi. L'auditeur avisé sera prêt, même s'il ne connaît pas le jour et l'heure.

L'homme d'aujourd'hui non plus ne pense absolument pas au retour imprévisible et soudain de Christ. Malheureusement, beaucoup de chrétiens vivent sans même penser qu'à tout moment ils pourraient se trouver en présence de Christ. Cette sorte d'apathie nous rend amorphes et spirituellement somnolents. Dans la deuxième partie du discours du mont des Oliviers, Christ cherche à sensibiliser notre cœur et à lui communiquer le désir d'être prêt et vigilant pour son retour.

Pendant la tribulation, l'humanité sera plus que jamais endurcie par le péché et insensible spirituellement. Au fur et à mesure que les crises de la tribulation s'intensifieront et que les difficultés terrestres toucheront les moindres aspects de la vie quotidienne, les gens deviendront de plus en plus hostiles à Dieu et plus décidés que jamais à mener leur vie comme par le passé. Aussi incroyable que cela puisse paraître, alors que tout s'écroulera autour d'eux, ils continueront de manger et de boire, de se marier et de donner en mariage. Plus ils auraient besoin de se tourner vers le Seigneur, plus ils seront rebelles à sa vérité. Ils souffriront des pires conséquences imaginables du péché, mais ils refuseront fièrement de se repentir (Ap 9:20-21).

Les grandes douleurs de l'enfantement, l'abomination de la désolation et les signes dans le ciel n'auront aucun effet sur la majorité des gens qui vivront pendant la tribulation. Leurs cœurs seront fermés à la vérité. Ils verront les signes, mais ils les interpréteront comme des phénomènes naturels. Ils entendront l'Evangile, mais ils ne lui prêteront pas attention. Ils auront toutes les occasions de se repentir, mais ils refuseront, préférant continuer à manger et à boire, à se marier et à donner en mariage. Comme aux jours de Noé.

Toutefois, comme nous l'avons vu, une multitude sera sauvée pendant la tribulation (Ap 6:9-11; 7:9-14). Cette période aura beau se caractériser par son péché et son incrédulité, Israël et un reste païen seront rachetés. Christ laisse entendre que son retour signifiera la séparation des croyants et des incroyants: "Alors, de deux hommes qui seront dans un champ, l'un sera pris et l'autre laissé; de deux femmes qui moudront à la meule, l'une sera prise et l'autre laissée" (vv. 40-41).

Cette image nous ramène à ce qui s'est passé du temps de Noé. La plupart des habitants de la terre furent emportés par les eaux, mais huit personnes furent "laissées" sur la terre, ayant eu la vie sauve pour avoir trouvé refuge dans l'arche (1 Pi 3:20). Lorsque Christ reviendra, il en sera de même: certains seront jugés et d'autres sauvés.

La question de savoir qui sera "laissé" et qui sera "pris" fait l'objet de discussions. Certains pensent que Jésus fait ici allusion à l'enlèvement; ceux qui seront "pris" sont ceux qui seront sauvés. Mais comme Christ n'a absolument rien dit de l'enlèvement dans son discours, le contexte semble exclure cette explication.

Le commentateur puritain Matthew Henry a proposé une interprétation semblable:

> Il venait de dire (v. 31) que les élus seraient rassemblés. Ici, il nous déclare que pour ce faire, ils doivent être distingués de tous ceux qui sont près d'eux dans ce monde; ceux qui sont élus sont pris dans la gloire, les autres livrés à la mort éternelle... Christ viendra à l'improviste, et trouvera les gens occupés à leurs tâches habituelles, *dans les champs, à la meule*; alors, selon qu'ils étaient des vases de miséricorde destinés à la gloire ou des vases de colère pré-

> parés pour la ruine, les premiers seront enlevés *à la rencontre du Seigneur et de ses anges dans les airs pour être toujours avec lui et avec eux*; les autres seront livrés au diable et à ses anges qui, après que Christ aura rassemblé les siens, balaieront le reste.[2]

Dans cette interprétation, celui qui est "pris" échappe à la destruction, et celui qui est "laissé" est livré au jugement.

Personnellement, je suis plus enclin à penser que pour Christ seront "pris" ceux qui seront jugés lors de son avènement et "laissés" ceux qui resteront sur la terre pour entrer dans son royaume. Les premiers seront rassemblés pour le jugement. Ils seront comme l'herbe amassée pour être brûlée. Les seconds seront comme le blé amassé dans les greniers (Mt 13:30).

Jésus enseignera peu après la même leçon en parlant de la séparation entre les brebis et les boucs (cf. 25:32-46). La seconde venue de Christ signifiera la séparation soudaine et définitive entre les méchants et les rachetés. Le Seigneur insiste sur l'urgence de se décider maintenant, au jour du salut, car bientôt il sera trop tard, l'occasion sera définitivement passée. La porte de l'arche sera pour ainsi dire fermée à double tour. Cette fermeture se fera sans avertissement préalable, et ses conséquences seront instantanées et irréversibles. Ne vous laissez pas surprendre. Soyez sur vos gardes.

Christ tire la leçon immanquable: "Veillez donc, puisque vous ne savez pas quel jour votre Seigneur viendra" (Mt 24:42). Le temps du verbe en grec indique un état de vigilance permanent, une habitude d'attendre activement. Il n'y a pas de place pour l'apathie ou l'indifférence. La seule attitude juste pour le chrétien est celle d'une attente remplie d'espérance et d'une vigilance de tous les instants.

---

2. Matthew HENRY, *Matthew Henry's Commentary on the Bible* (Old Tappan, N.J.: Revell, s.d.), s.p.

Etre prêts

Pour illustrer sa déclaration "vous ne savez pas quel jour votre Seigneur viendra", Christ compare sa venue à l'intrusion d'un voleur: "Sachez-le bien, si le maître de la maison savait à quelle veille de la nuit le voleur doit venir, il veillerait et ne laisserait pas percer sa maison. C'est pourquoi, vous aussi, tenez-vous prêts, car le Fils de l'homme viendra à l'heure où vous n'y penserez pas" (Mt 24:43-44).

Si Christ n'avait pas lui-même employé l'image du voleur, il nous semblerait injurieux de comparer sa venue à l'effraction d'un brigand. Il n'y a évidemment aucune commune mesure entre la nature d'un malfaiteur et celle du Fils de Dieu. Mais la venue soudaine et imprévue de Christ ressemble à l'entrée secrète du voleur. Cette métaphore enseigne une autre leçon concernant la prudence du maître de la maison. Jésus donne deux enseignements: aucun voleur sensé n'annonce sa venue, et aucun maître de maison sensé ne laisse sa demeure ouverte et sans surveillance s'il sait qu'un voleur rôde dans les parages.

Prolongeons la métaphore. Si le propriétaire de la maison sait avec certitude qu'un voleur va venir, même s'il ne sait pas à quel moment il arrivera, il se tiendra sur ses gardes, prêt à faire fuir le malfaiteur. Nous savons que Christ va revenir. Nous ignorons l'heure. Il nous incombe donc d'être prêts à tout instant.

Le Nouveau Testament emploie plusieurs fois l'image du voleur dans la nuit à propos de la seconde venue de Christ: "Car vous savez bien vous-mêmes que le jour du Seigneur viendra comme un voleur dans la nuit" (1 Th 5:2). "Le jour du Seigneur viendra comme un voleur; en ce jour, les cieux passeront avec fracas, les éléments embrasés se dissoudront, et la terre avec les œuvres qu'elle renferme sera consumée" (2 Pi 3:10). "Si tu ne veilles pas, je viendrai comme un voleur, et tu ne sauras pas à quelle heure je viendrai te surprendre" (Ap 3:3). "Voici, je viens comme un voleur. Heureux celui qui veille, et qui garde ses vêtements, afin qu'il ne marche pas nu et qu'on ne voie pas sa honte!" (Ap 16:15).

Remarquez combien de fois l'image du voleur est associée au jugement du jour du Seigneur. Le caractère soudain, inattendu et définitif du retour de Christ fait du jour de l'Eternel un événement terrifiant. Pour les incroyants, la venue de Christ ressemblera tout à fait à celle d'un voleur. Il les dépouillera de tout.

Comment se préparer au retour du Seigneur? D'abord en étant en règle avec Dieu. Christ exhorte vivement les hommes à se réconcilier avec Dieu. Il évoque la séparation instantanée entre les rachetés et les damnés; être prêt, c'est donc avant tout être sauvé. "Tenez-vous prêts" (v. 44) est un appel lancé aux perdus.

Ensuite, Jésus souligne la nécessité de la fidélité pour ceux qui sont sauvés. C'est le but de sa parabole suivante.

La fidélité

Cette parabole illustre l'affirmation du v. 44: "Le Fils de l'homme viendra à l'heure où vous n'y penserez pas."

> *Quel est donc le serviteur fidèle et prudent, que son maître a établi sur ses gens, pour leur donner la nourriture au temps convenable? Heureux ce serviteur, que son maître, à son arrivée, trouvera faisant ainsi! Je vous le dis en vérité, il l'établira sur tous ses biens. Mais, si c'est un méchant serviteur, qui dise en lui-même: Mon maître tarde à venir, s'il se met à battre ses compagnons, s'il mange et boit avec les ivrognes, le maître de ce serviteur viendra le jour où il ne s'y attend pas et à l'heure qu'il ne connaît pas, il le mettra en pièces, et lui donnera sa part avec les hypo-*

crites: c'est là qu'il y aura des pleurs et des grincements de dents (Mt 24:45-51).

Le sens de la parabole saute aux yeux. Le maître représente Christ, les serviteurs heureux les croyants fidèles, et le méchant serviteur les incroyants. La vie est décrite comme l'administration des biens que le maître confie à la surveillance et à la responsabilité de serviteurs. Les "biens" du Maître désignent le temps, les dons, les moyens et les occasions que Dieu nous accorde. Tout ce que nous avons vient de Dieu (1 Co 4:7). Nous sommes responsables de la manière dont nous gérons ce qu'il nous confie; le temps viendra où chacun rendra compte (Ro 14:12). Dans la parabole, le retour du maître indique aux serviteurs qu'il est temps pour eux de rendre compte.

Le serviteur déclaré heureux est celui que le Seigneur trouve occupé à faire ce qu'il lui avait commandé (Mt 24:46). Pour le récompenser, il lui confie la responsabilité de tous ses biens (v. 47). Il reçoit l'autorité de gérer toutes les possessions du maître. En somme, il est élevé au rang suprême, nanti d'une grande autorité et de privilèges considérables. Seul le maître est au-dessus de lui.

Voilà ce qui attend les croyants qui seront restés fidèles au Seigneur. Ils gouverneront et régneront avec Christ dans le royaume (2 Ti 2:12; Ap 20:6). Ils seront cohéritiers avec lui (Ro 8:17), et hériteront tous les privilèges du royaume. Ils auront même le droit de s'asseoir avec lui sur son trône (Ap 3:21)!

Le méchant serviteur représente un incroyant. Remarquons qu'il n'entretient dans son cœur aucune attente ardente du retour de son maître. Il dit *en lui-même: "Mon maître tarde à venir"* (v. 48). Cette absence d'espérance active lui procure un faux sentiment de sécurité dans son mauvais comportement.

Le méchant serviteur illustre une vérité importante: *tout le monde* devra rendre compte de ses actes à Dieu, même les gens qui refusent de reconnaître son existence. Il leur a donné la vie, leurs biens et leurs aptitudes. Ils ne possèdent rien qui ne leur ait été confié par Dieu. Eux aussi sont ses serviteurs, mais des serviteurs infidèles. Le Maître a tout à fait le droit de leur demander des comptes.

Dans la parabole, le maître revient de façon soudaine et inattendue, et prend le mauvais serviteur à l'improviste. La nature de la sanction infligée à ce serviteur prouve qu'il s'agit bien d'un incroyant. Il est mis en pièces, autrement dit exécuté et jeté parmi les hypocrites, là où, selon Jésus lui-même, "il y aura des pleurs et des grincements de dents" (v. 51). C'est incontestablement une allusion à l'enfer (cf. 13:42, 50). Jésus est ainsi passé du langage parabolique relatif aux réalités temporelles terrestres au langage de l'éternité. Il explicitait ainsi le sens de la parabole et insistait sur le bien-fondé du caractère urgent de son avertissement.

L'expression "pleurs et grincements de dents" est éloquente et forte. Elle évoque la tristesse et le tourment éternel dans l'enfer. Les "pleurs" font référence à la peine que provoquent le remords personnel d'avoir laissé passer les occasions, les accusations de la conscience qui reconnaît que la condamnation est juste, l'angoisse devant le fait que le jugement est irrévocable et définitif et que le jour du salut est passé. Les "grincements de dents" parlent d'un tourment éternel, d'une souffrance sans fin, de perdition et d'un malheur sans espoir. Christ a souvent insisté sur l'horreur absolue de l'enfer; il a exhorté les gens à fuir la colère à venir en se réconciliant avec Dieu. Aucune joie perverse ne se devine dans le tableau que Jésus brosse des tourments éternels, mais seulement une profonde tristesse. D'ailleurs il ne dépeint pas l'enfer de façon si pathétique pour frapper l'intelligence. La grâce est sous-jacente à sa description: il incite ses auditeurs à croire pendant qu'il est encore temps. Dans cette parabole, il montre en particulier la folie de prétendre qu'il va retarder son apparition, ce qui ôterait du même coup la note d'urgence à la prédication de l'Evangile.

Mais cette parabole enseigne une leçon qui va au-delà du simple appel à la conversion. C'est aussi un appel à la *fidélité*. Le serviteur déclaré heureux (vv. 45-47) avait une attitude dont devraient s'inspirer tous les croyants qui attendent sérieusement le retour du Seigneur. Ce serviteur était actif. Il s'adonnait à la tâche qui lui avait été confiée. Il était loyal et obéissant. Quand le maître arriva inopinément, le serviteur était prêt, parce qu'il avait été prêt tout le temps qu'avait duré l'absence du maître. Celui-ci aurait pu revenir n'importe quand, il aurait trouvé son serviteur fidèlement occupé aux tâches qu'il lui avait confiées. L'ouvrier n'a pas considéré l'absence de son seigneur comme une occasion de s'accorder un repos immérité. Au contraire, il a assumé sérieusement ses responsabilités et s'est fidèlement acquitté de ses devoirs. Pour lui, l'absence du maître était une raison supplémentaire de rester fidèle.

C'est dans cet esprit que doit vivre le chrétien vigilant. Le temps d'attente que nous impose le Seigneur ne signifie pas qu'il n'y ait aucune urgence à guetter son retour. Ne nous permettons ni négligence ni paresse. Par-dessus tout, ne laissons pas s'affaiblir notre sentiment d'attente pleine d'espérance. Il revient. Il se peut qu'il tarde encore, mais il pourrait aussi revenir aujourd'hui. Dans les deux cas, qu'il nous trouve éveillés, prêts et fidèles.

8

Le danger des folles attentes

La parabole qui clôt Matthieu 24 et celle qui ouvre Matthieu 25 présentent un contraste intéressant. Elles enseignent des leçons opposées et complémentaires. Celle des serviteurs (24:45-51) nous exhorte à être toujours prêts au cas où Christ reviendrait plus tôt que prévu. La parabole des vierges (25:1-13) nous recommande d'être prêts au cas où il reviendrait plus tard que prévu. Les deux attitudes sont indispensables pour une espérance biblique équilibrée.

Comme nous l'avons établi au chapitre précédent, les gens qui ne vivent pas dans l'attente du retour de Christ sont enclins à la négligence spirituelle. Ils se préoccupent de plus en plus des questions mondaines et de moins en moins des questions spirituelles.

Mais l'erreur opposée est tout aussi néfaste. De nombreuses personnes se fixent un temps au-delà duquel Christ ne saurait tarder, selon elles. Elles tracent donc des limites artificielles à leurs projets, à leurs préparatifs et à leurs aspirations. Elles ne regardent jamais au-delà de l'horizon arbitraire qu'elles se sont fixé. Elles ont par conséquent une vision faussée et irréfléchie de l'avenir. En fait, elles imposent une limite de temps erronée à leur espérance; c'est pourquoi beaucoup de ceux qui sont tombés dans cette erreur ont perdu courage en constatant que leurs attentes n'avaient pas été comblées. L'épidémie de faux prophètes qui déferlent dans le monde depuis des décennies en indiquant des dates précises pour le retour de Christ a plongé des milliers de personnes dans la désillusion à cause de leurs espoirs brisés.

Ces espoirs étaient complètement insensés. Rien dans l'Ecriture ne promet que Christ respectera la chronologie fixée par les hommes. Au contraire, la Parole de Dieu insiste à plusieurs reprises sur le fait que nous ne savons ni le jour ni l'heure de l'avènement du Seigneur. Cette vérité est rappelée au moins cinq fois dans le discours du mont des Oliviers (24:36, 42, 44, 50; 25:13). Fixer une date et vivre dans la pensée que Christ ne peut la dépasser est de l'orgueil démesuré.

Les personnes qui se croient bien informées de la date du retour de Christ ne sont pas les seules à commettre cette erreur. Je connais quantité de gens qui arrivent à l'âge de la retraite sans avoir mis un sou de côté pour leurs vieux jours, parce que dans les années 1960 et 1970, ils avaient lu toutes sortes de livres annonçant que l'enlèvement se produirait dans les vingt ans à venir, si pas plus tôt. Ils avaient été témoins de la formation de l'Etat d'Israël, de la montée des tensions et de l'hostilité entre les superpuissances qui se focalisaient principalement dans le Moyen-Orient. Ils entendaient sans cesse parler de tel événement qui accomplissait tel signe eschatologique. Ils en avaient conclu qu'ils n'arriveraient même pas à la retraite avant l'enlèvement; aussi ne prirent-ils aucune mesure de prévoyance. Il ne leur était jamais venu à l'esprit que Christ pourrait venir plus tard que ce qu'ils avaient prévu.

De leur propre aveu, de nombreux chrétiens qui affichent aujourd'hui leur hyper-prétérisme et nient tout retour futur de Christ dévoraient autrefois tous les best-sellers en matière de prophétie biblique et étaient certains que Christ reviendrait avant la fin du millénaire. Devant l'évidence que leurs attentes étaient fausses, ils se sont retrouvés complètement dépités.

C'est justement contre cette folle attente que la parabole met en garde.

En soi, l'attente du retour de Christ n'est évidemment pas stupide. Comme nous l'avons vu tout au long de notre étude sur la seconde venue du Seigneur, l'Ecriture nous commande justement d'adopter une attitude constante d'attente et d'espérance en face de son retour imminent. Mais prétendre que nous savons *quand* il reviendra, ou faire dépendre nos projets d'avenir d'un calendrier approximatif auquel nous pensons que Christ va se soumettre, c'est entretenir une espérance insensée.

Bien qu'ayant insisté sur l'imminence de son retour et sur la nécessité d'être toujours prêts, Jésus ne néglige pas l'autre face de la vérité: les chrétiens fidèles doivent rester patients, même s'il leur semble qu'il tarde plus que prévu. Nous devons toujours être prêts, mais aussi préparer notre avenir tout en l'attendant. Etre prêt, ce n'est pas s'installer oisivement sur une colline pour attendre son apparition. Nous devons l'attendre tout en travaillant à l'œuvre qu'il nous a confiée et en répandant l'Evangile dans le monde, avec persévérance, patience et consécration, et ne pas perdre la moindre parcelle de notre espérance s'il tarde à venir.

Jésus illustre cette leçon par une parabole relative à une cérémonie nuptiale (Mt 25:1-13):

> *Alors le royaume des cieux sera semblable à dix vierges qui, ayant pris leurs lampes, allèrent à la rencontre de l'époux. Cinq d'entre elles étaient folles, et cinq sages. Les folles, en prenant leurs lampes, ne prirent point d'huile avec elles; mais les sages prirent, avec leurs lampes, de l'huile dans des vases. Comme l'époux tardait, toutes s'assoupirent et s'endormirent. Au milieu de la nuit, on cria:*

> *Voici l'époux, allez à sa rencontre! Alors toutes ces vierges se réveillèrent, et préparèrent leurs lampes. Les folles dirent aux sages: Donnez-nous de votre huile, car nos lampes s'éteignent. Les sages répondirent: Non; il n'y en aurait pas assez pour nous et pour vous; allez plutôt chez ceux qui en vendent, et achetez-en pour vous. Pendant qu'elles allaient en acheter, l'époux arriva; celles qui étaient prêtes entrèrent avec lui dans la salle des noces, et la porte fut fermée. Plus tard, les autres vierges vinrent, et dirent: Seigneur, Seigneur, ouvre-nous. Mais il répondit: Je vous le dis en vérité, je ne vous connais pas. Veillez donc, puisque vous ne savez ni le jour, ni l'heure.*

Nous voici en présence d'une cérémonie de mariage où tout semble aller de travers. L'époux tarde à venir. Les compagnes de la mariée s'assoupissent, les lampes s'éteignent faute d'huile. La moitié des invitées à la noce ratent le début de la cérémonie et finissent par être chassées par l'époux. Imaginez-vous une situation plus désastreuse?

En réalité, chaque phase de ce fiasco apparent contient une leçon importante concernant la venue de l'époux céleste.

L'époux tarde

La première chose à remarquer est l'arrivée tardive de l'époux. Le texte ne donne pas les raisons de ce retard. Apparemment, il vient de très loin. Il a pu être retardé par le mauvais temps ou d'autres circonstances. Toujours est-il qu'il arrive au moment où plus personne ne l'attend. Les gens commençaient sans doute à se demander s'il finirait par arriver. Même les invités à la noce se sont assoupis. Il n'apparaît que vers le milieu de la nuit, plusieurs heures après le début programmé de la cérémonie.

Ce n'est pas un manque d'égards délibéré. Il a été retardé. Il semble que son retard ait été inévitable. D'après son empressement à célébrer le mariage dès son arrivée, nous pouvons conclure qu'il n'a pas été motivé par une indécision ou une hésitation concernant le mariage. Le temps mis pour venir n'est pas synonyme d'un manque d'enthousiasme à l'approche de la cérémonie nuptiale, ni d'un manque d'amour pour l'épouse. L'époux avait certainement de solides raisons de surseoir à sa venue, même s'il ne les révèle pas dans la parabole.

Tout époux qui, dans notre culture, serait arrivé aussi tard lors d'un mariage moderne aurait certainement constaté que tout le monde était rentré chez soi et que la cérémonie était reportée, voire annulée. Mais les noces de cette parabole sont différentes de celles auxquelles nous sommes habitués en Occident.

Souvenez-vous de ce que nous avons dit au premier chapitre à propos du mariage à l'époque biblique. Le mariage juif comportait trois phases qui s'étalaient sur plusieurs mois. La première phase était l'engagement officiel pris habituellement par les parents et scellé par le paiement de la dot. La deuxième phase était marquée par les fiançailles au cours d'une cérémonie publique avec l'échange des vœux et des cadeaux. Les fiançailles pouvaient durer un an. Pendant cette période, le futur époux devait prouver qu'il était capable de subvenir aux besoins de sa femme. En particulier, il construisait un toit sous lequel les conjoints entameraient leur vie ensemble. Pendant la période des fiançailles, les futurs époux étaient liés par un engagement solide qui ne pouvait être rompu que par un divorce, bien que l'union physique n'ait pas été consommée. La troisième phase comportait un festin de noce à la fin des fiançailles; ce banquet se tenait généralement dans la famille de la mariée. Après le festin, l'épouse accompagnait son mari chez lui où leur union était consommée.

La parabole décrit la cérémonie du banquet nuptial, la dernière étape des festivités du mariage. Les fêtes étaient des occasions qui rassemblaient parents et amis, et qui duraient souvent toute une semaine. Le coup d'envoi était donné par le marié qui, accompagné de ses garçons d'honneur, se rendait à la maison de son épouse. Son arrivée était saluée par les demoiselles d'honneur de la mariée. Elles sortaient à la rencontre de l'époux et l'escortaient jusqu'à la maison de l'épouse. Mais en cours de route, le cortège se dispersait dans les rues du village et annonçait que le festin de noce allait commencer. La cérémonie avait généralement lieu le soir; c'est pourquoi les demoiselles d'honneur de la mariée portaient des torches qui éclairaient leurs pas et accentuaient le faste de la cérémonie.

Il arrivait souvent, surtout lorsque l'époux venait de loin, que l'heure exacte de sa venue ne soit pas connue d'avance. Tout le village savait que le festin de noce était imminent; il savait que l'arrivée de l'époux marquerait le début officiel de la cérémonie. Mais l'attente risquait parfois de se prolonger. C'est pourquoi, les gens vaquaient à leurs obligations habituelles jusqu'au moment où ils entendaient les joyeuses clameurs du cortège. C'était en quelque sorte l'annonce officielle aux habitants que l'époux était arrivé et que le banquet allait s'ouvrir.

Dans n'importe quelle culture, on considère que le milieu de la nuit est trop tard pour commencer la fête. Même au temps de Jésus, la cérémonie aurait été reportée au lendemain si l'époux était arrivé au milieu de la nuit. D'ailleurs, pour ne pas arriver si tard, il aurait passé la nuit en dehors du village, retardant ainsi de quelques heures la fin de son voyage pour reprendre la route au lever du jour et arriver au moment où tout le monde était réveillé et prêt à participer à la fête.

Mais dans cette parabole, l'époux est impatient de revoir sa fiancée. Ayant déjà été retardé contre son gré pour venir à la fête, il est hors de question pour lui de repousser encore le début du festin pour quelque raison que ce soit. Il a probablement dépêché des messagers pour informer les invités qu'il a été retenu, mais qu'il arrivera bientôt et que, quelle que soit l'heure de son arrivée, le mariage sera célébré. Et tant pis s'il y a moins d'hôtes du fait que beaucoup seront au lit! L'époux est cependant en droit d'espérer que les garçons d'honneur et les demoiselles d'honneur resteront réveillés en l'attendant.

La parabole délivre un message central évident: Christ vient. Mais il peut arriver plus tard que nous l'espérions; aussi devons-nous prendre les dispositions pour être prêts s'il en était ainsi. Restons éveillés, même si l'heure est déjà très avancée, car lorsqu'il arrivera, il n'accordera pas de sursis ni de nouvelles chances.

En d'autres mots, être prêts pour le retour de Christ, ce n'est pas seulement espérer son retour prochain, mais également avoir la patience d'attendre fidèlement sans perdre espoir afin que, quel que soit son retard, nous demeurions fidèles, vigilants et attentifs.

Les demoiselles d'honneur s'assoupissent

Pour bien comprendre la substance de cette parabole, nous devons à nouveau la replacer dans le contexte de la culture juive du premier siècle. L'Occidental qui entend ce récit pour la première fois se dit certainement que l'époux a gâché la fête en arrivant si tard. Or, dans le contexte culturel de l'époque, il ne fait aucun doute que l'époux est impatient de célébrer le mariage. Retenu involontairement, il tient malgré tout à ce que la cérémonie se déroule comme prévu, en dépit de l'heure tardive de son arrivée. Ce sont les demoiselles d'honneur qui compromettent la fête.

Le récit les qualifie de "vierges" car la coutume voulait effectivement que les demoiselles d'honneur soient des jeunes filles chastes non encore mariées. Dans la parabole, elles sont au nombre de dix. Dans notre culture actuelle, ce nombre correspondrait à un grand mariage, mais à l'époque il fallait probablement au minimum dix demoiselles d'honneur. On peut rapprocher ce chiffre des dix hommes nécessaires pour créer une synagogue, des dix témoins qui devaient être présents lors de l'établissement d'un contrat important (cf. Ru 4:2), et des dix personnes indispensables pour authentifier la circoncision.

Ici, les demoiselles d'honneur représentent les chrétiens dans leur ensemble. Remarquons que toutes sont surprises par l'arrivée soudaine de l'époux après une si longue attente, mais cinq seulement sont prêtes pour sa venue, tandis que les cinq autres ne se sont pas préparées à cette rencontre. L'époux les exclut des festivités de la noce.

Les cinq demoiselles d'honneur prêtes pour le retour de l'époux représentent les vrais croyants. Les cinq vierges folles sont le type même des chrétiens de nom; leur espérance du retour de Christ est aussi superficielle, temporelle et artificielle que la foi qu'ils professent. Autrement dit, les cinq vierges folles représentent ceux qui ne connaissent pas vraiment le Seigneur (cf. v. 12). Leur attente de Christ ne s'enracine pas dans les Ecritures; c'est pourquoi elle n'est pas comblée. A partir du moment où leurs espoirs ne sont pas réalisés, ils font naufrage spirituellement; aussi ne seront-ils pas prêts au moment où Christ apparaîtra.

Nous pouvons dire que la lampe que chaque vierge porte illustre sa relation avec Christ et le témoignage qu'elle lui rend. Celles dont les lampes se sont éteintes et n'ont pu être rallumées faute d'huile correspondent aux gens qui manquent de persévérance dans la foi et démontrent ainsi qu'ils n'ont jamais réellement fait partie des rachetés (cf. 1 Jn 2:19).

Certains voient dans l'huile le symbole de l'Esprit Saint ou de la grâce salvatrice de Dieu. (D'autres identifient l'huile à la

Parole de Dieu, et la clarté de la lampe à la lumière de l'Evangile.) Mais il n'est pas nécessaire de trouver une signification à chaque détail de la parabole. Il n'est d'ailleurs jamais sage de forcer les détails secondaires pour leur trouver un sens. Les paraboles ne sont pas des allégories dans lesquelles chaque donnée a un sens symbolique ou mystique. Elles sont de simples illustrations et, dans la plupart des cas, une seule leçon essentielle s'en dégage. Celle-ci se trouve dans le précepte enseigné par la parabole et non dans les détails secondaires. Beaucoup de gens s'efforcent tellement de trouver une signification dans les détails qu'ils perdent de vue la leçon fondamentale.

Dans cette parabole, la leçon est limpide: puisque nous ne connaissons pas le moment, Christ peut revenir plus tard que nous le pensons. Soyons prêts au cas où il tarderait.

Les lampes dont il est question dans la parabole sont des torches. Le mot grec est *lampas* qui a donné "lampe" en français. Dans le Nouveau Testament, il correspond au mot "torche". (Cf. Jn 18:3 où le mot "lanterne" correspond au grec *phanos*, et le mot "flambeaux" à *lampas*. Dans le Nouveau Testament, "lampe" est la traduction du grec *luchnos*.) Il s'agissait de torches utilisées lors des cérémonies; elles servaient à la fois à éclairer et à décorer. Elles se présentaient sous la forme d'une longue mèche placée dans un fourreau aux couleurs vives; la mèche était fortement imbibée d'huile et dégageait une lumière éblouissante. Lorsque l'huile était entièrement absorbée, la flamme diminuait et finissait par s'éteindre en dégageant une fumée âcre. Il était donc important de maintenir la mèche saturée d'huile.

Dans cette parabole, la moitié des vierges sont "sages". Elles ont avec elles des flacons remplis d'huile au cas où leurs torches auraient besoin d'huile supplémentaire. Les cinq autres sont "folles" et n'ont pas un instant pensé que leurs lampes pourraient devoir brûler plus longtemps que prévu. Aussi n'ont-elles pas emporté de réserve d'huile.

Les torches étaient vraisemblablement suffisamment imbibées d'huile pour le temps que durait habituellement la procession dans les rues du village. Si la cérémonie avait débuté à l'heure normale, les vierges folles n'auraient pas eu besoin d'autre huile. Mais comme la soirée se prolonge dans l'attente de l'époux, que la nuit est tombée et qu'il a fallu s'éclairer, les vierges ont dû laisser brûler leurs torches. On imagine facilement une maison remplie de jeunes filles étourdies qui attendent le début de la cérémonie nuptiale de leur amie, laissant leurs torches se consumer pendant qu'elles bavardent.

Puis leurs yeux s'appesantissent et elles finissent par s'assoupir. Il est tard, et leur fatigue est bien compréhensible. Nous aurions tort de l'interpréter comme un signe de paresse. Sachant cependant que l'époux allait immanquablement arriver mais ignorant *quand*, quelqu'un aurait dû rester éveillé pour l'attendre. Les demoiselles d'honneur n'ont aucune excuse de s'être ainsi montrées si négligentes. "Toutes s'assoupirent et s'endormirent" (v. 5), même les vierges sages.

Les torches s'éteignent

Les demoiselles d'honneur sont toutes réveillées au milieu de la nuit par un cri: "L'époux arrive, allez à sa rencontre!" Elles savaient que ce cri allait retentir. C'est d'ailleurs pour cela qu'elles étaient rassemblées dans la maison. Elles auraient dû veiller et attendre l'époux. Aussi inexplicable que cela puisse paraître, lorsque le moment attendu arrive, il les surprend. Ainsi en sera-t-il du retour de Christ.

Il faut alors se dépêcher de former le cortège. Toutes savaient que l'époux arriverait; elles auraient donc dû être prêtes, mais aucune des demoiselles d'honneur ne l'est réellement. "Alors toutes ces vierges se réveillèrent et préparèrent leurs lampes" (v. 7). Les lampes auraient dû être préparées d'avance et en état de donner de la lumière immédiatement pour la cérémonie. Mais elles ont brûlé pendant que les vierges dormaient et ont épuisé leur réserve d'huile. Pour les rallumer, il faut d'abord moucher la mèche et l'imbiber à nouveau d'huile.

Jusqu'à ce moment précis, les vierges folles ne se sont pas rendu compte de leur situation. Elles n'ont pas d'huile en réserve, et donc aucune possibilité de rallumer leurs lampes. Elles n'ont pas du tout imaginé ce qui pourrait arriver au cas où l'époux serait retardé. Leurs lampes se sont éteintes et maintenant, il est trop tard pour remédier à cette situation.

Les vierges folles supplient les sages de leur en donner. La moitié des vierges n'a pas d'huile du tout. Si elles avaient partagé entre elles toutes l'huile disponible, il n'y en aurait pas eu assez pour toutes les torches. Les vierges sages conseillent à leurs compagnes d'aller "plutôt chez ceux qui en vendent" et d'en acheter pour leurs besoins (v. 9). Les magasins qui vendaient l'huile étaient généralement des petites boutiques avec une devanture. A cette heure de la nuit, il aurait fallu que les vierges folles aillent trouver un marchand, le réveillent et le supplient de leur vendre de l'huile, malgré l'heure tardive.

Elles se trouvent dans une situation désespérée et irrémédiable. Sans huile, elles ne peuvent pas prendre part à la procession, mais si elles s'en vont pour acheter de l'huile, elles risquent de ne pas être présentes lors de l'arrivée de l'époux. Elles choisissent la deuxième solution, en espérant que l'époux attendra leur retour avant de prendre la tête du cortège.

La moitié des invitées ratent la cérémonie

A son arrivée, l'époux refuse apparemment de retarder encore la cérémonie simplement pour faire plaisir aux vierges folles.

"Celles qui étaient prêtes entrèrent avec lui dans la salle de noces, et la porte fut fermée" (v. 10). Par conséquent, quand les vierges folles reviennent après avoir acheté de l'huile en pleine nuit, elles constatent qu'elles ont raté la procession à laquelle elles auraient normalement dû prendre part, et de plus elles sont exclues du festin! Le repas est certainement entamé et une porte barricadée leur interdit l'accès à la salle de noces. Elles supplient l'époux de leur ouvrir et de les laisser entrer.

Elles ont déjà compromis le cortège; il ne leur permettra certainement pas de gâcher en plus le banquet. "Il répondit: Je vous le dis en vérité, je ne vous connais pas" (v. 12). Ainsi, pour avoir stupidement négligé de se préparer, les vierges folles sont complètement exclues de la célébration à laquelle elles auraient normalement dû participer.

Elles étaient sûres que l'époux arriverait plus tôt. Son retard les a prises au dépourvu. Elles ont perdu leur point de mire et se sont endormies alors qu'elles auraient dû veiller; lorsqu'elles se sont réveillées, il était trop tard.

Tout cela illustre combien il est insensé de ne pas être prêt lorsque l'époux céleste retarde sa venue. Les vierges folles représentent les gens qui professent croire en Christ, mais qui ne sont cependant pas à veiller et à l'attendre si cela nécessite de leur part un engagement à long terme. Ils sont tout feu tout flamme en ce qui concerne le retour du Seigneur, à condition que ce retour ne mette pas leur patience à rude épreuve et qu'il intervienne dans un avenir proche. Ils ne sont pas préparés pour attendre patiemment au cas où le Seigneur viendrait plus tard que ce qu'ils avaient prévu. Ils se lassent d'attendre dès que l'époux tarde un peu. Ils ne vivent plus dans l'attente et sombrent dans le découragement ou dans l'engourdissement spirituel et finissent par abandonner tout espoir.

La parabole est un avertissement contre la foi à court terme ou superficielle (cf. Mt 13:18-22) et un rappel solennel que beaucoup de ceux qui se déclarent disciples de Christ et professent le connaître seront en fait bannis du ciel. Les cinq vierges restées dehors lors de la cérémonie nuptiale représentent ceux qui, lors du jugement, clameront haut et fort qu'ils ont droit au ciel, mais Christ leur fermera la porte au nez avec ces paroles: "Je ne vous connais pas." Le Seigneur a décrit une scène semblable avec des mots identiques dans Luc 13:24-28:

> *Efforcez-vous d'entrer par la porte étroite. Car, je vous le dis, beaucoup chercheront à entrer, et ne le pourront pas. Quand le maître de la maison se sera levé et aura fermé la porte, et que vous, étant dehors, vous commencerez à frapper à la porte, en disant: Seigneur, Seigneur, ouvre-nous! il vous répondra: Je ne sais d'où vous êtes. Alors vous vous mettrez à dire: Nous avons mangé et bu devant toi, et tu as enseigné dans nos rues. Et il répondra: Je vous le dis, je ne sais d'où vous êtes; retirez-vous de moi, vous tous, ouvriers d'iniquité. C'est là qu'il y aura des pleurs et des grincements de dents, quand vous verrez Abraham, Isaac et Jacob, et tous les prophètes, dans le royaume de Dieu, et que vous serez jetés dehors.*

Imaginez l'effroi qui s'emparera de ceux qui croyaient être assurés d'un salut éternel parce qu'ils *professaient* croire en Christ, qu'ils accomplissaient des œuvres bonnes en son nom, qu'ils entretenaient des rapports amicaux avec d'autres chrétiens de l'église dont ils étaient membres ou faisaient preuve d'un attachement superficiel au Seigneur! Leur situation sera désespérée, irrémédiable et irréversible. Vers la fin du sermon sur la Montagne, Christ dépeint cette scène de façon saisissante (Mt 7:21-23):

> *Ceux qui me disent: Seigneur, Seigneur! n'entreront pas tous dans le royaume des cieux, mais seulement celui qui*

> *fait la volonté de mon Père qui est dans les cieux. Plusieurs me diront en ce jour-là: Seigneur, Seigneur, n'avons-nous pas prophétisé par ton nom? n'avons-nous pas chassé des démons par ton nom? et n'avons-nous pas fait beaucoup de miracles par ton nom? Alors je leur dirai ouvertement: Je ne vous ai jamais connus, retirez-vous de moi, vous qui commettez l'iniquité.*

Les cinq vierges folles de la parabole incarnent les gens qui seront pris à l'improviste par le jugement qui les détruira. Incapables d'entretenir l'espérance dès que leur attente insensée a été déçue, ils s'écartent du bon chemin, s'endorment spirituellement ou reportent toute leur attention sur les choses terrestres immédiates plutôt que sur les valeurs éternelles. Leur défaut de patience et de préparation tandis que l'époux tarde les privera finalement de tout. Jésus a mis en garde contre cette tendance (Lu 21:34-36):

> *Prenez garde à vous-mêmes, de crainte que vos cœurs ne s'appesantissent par les excès du manger et du boire, et par les soucis de la vie, et que ce jour ne vienne sur vous à l'improviste; car il viendra comme un filet sur tous ceux qui habitent sur la surface de toute la terre. Veillez donc et priez en tout temps, afin que vous ayez la force d'échapper à toutes ces choses qui arriveront, et de paraître debout devant le Fils de l'homme.*

Il est possible que la parabole des dix vierges ait permis aux disciples de comprendre que Christ ne reviendrait peut-être pas aussi tôt qu'ils le croyaient (cf. Lu 19:11). Mais il est tout à fait improbable que n'importe lequel d'entre eux ait pu concevoir qu'il tarderait de 2 000 ans. De même aujourd'hui, tout nous porte à croire que le retour de Christ est pour très bientôt, que le Seigneur est à la porte. Mais en dépit de tout le tapage et de tout le côté "sensationnel" autour du retour de Christ, souvenons-nous qu'en fait nous ne connaissons pas le jour ni l'heure de son avènement. Christ pourrait encore tarder davantage que nous l'estimons possible. Et dans ce cas, restons vigilants et dans l'attente, occupés avec zèle à l'œuvre qu'il nous a confiée.

Le Seigneur raconte encore une parabole dans son discours du mont des Oliviers, et elle aborde justement la question de l'attente active et fidèle jusqu'à son apparition.

9

Le drame des occasions gaspillées

En guettant le retour du Seigneur, nous ne pouvons évidemment pas avoir les yeux constamment fixés sur le ciel et vivre dans l'attente fiévreuse de cette apparition. La vie continue. C'est la leçon qui se dégage de la parabole des dix vierges: Christ peut tarder. Mais si c'était le cas, nous devons conserver l'espoir dynamique, veiller activement tout en nous acquittant fidèlement des tâches que le Seigneur nous confie. Ceux qui oublient que Christ peut mettre plus de temps que nous l'imaginons pour revenir seront finalement pris au dépourvu. N'étant pas prêts au moment crucial, ils seront couverts de confusion (cf. 1 Jn 2:28).

La seule façon d'être prêts lorsque le Seigneur apparaîtra consiste à l'être journellement. Le bon sens nous dit que c'est la seule perspective correcte vis-à-vis de l'avenir. En effet, nous ne savons pas quand la mort nous surprendra. Cela peut arriver à tout instant, surtout si le Seigneur repousse son retour d'une génération. Nous devons donc être prêts à tout instant à faire face à la mort ou au retour du Seigneur, car dans les deux cas, nous serons confrontés au jugement. "Il est réservé aux hommes de mourir une seule fois, après quoi vient le jugement"

(Hé 9:27). Ainsi, en nous préparant au retour de Christ, nous serons également prêts à quitter cette vie.

Mais entre-temps, vivons, travaillons et élaborons nos projets d'avenir avec sagesse et un saint discernement. Ceux qui pensent que le retour imminent du Seigneur nous dispense de calculer sagement ne comprennent pas ce que l'Ecriture attend de nous.

Le besoin d'une sage prévision est un thème récurrent de l'Ecriture. "Dès le matin sème ta semence, et le soir ne laisse pas reposer ta main; car tu ne sais point ce qui réussira, ceci ou cela, ou si l'un et l'autre sont également bons" (Ec 11:6).

Nous entendons souvent des membres d'église dénigrer de façon hautaine l'idée de faire des projets d'avenir comme contraire à la "marche par la foi". En réalité, ce que ces gens appellent "foi", l'Ecriture le qualifie de folie. Jésus a dit: "Car, lequel de vous, s'il veut bâtir une tour, ne s'assied d'abord pour calculer la dépense et voir s'il a de quoi la terminer, de peur qu'après avoir posé les fondements, il ne puisse l'achever, et que tous ceux qui le verront ne se mettent à le railler, en disant: Cet homme a commencé à bâtir, et il n'a pu achever?" (Lu 14:28-30). Il est juste de planifier, de préparer et d'élaborer des plans d'avenir. Salomon a écrit: "Celui qui amasse pendant l'été est un fils prudent, celui qui dort pendant la moisson est un fils qui fait honte" (Pr 10:5).

Il est donc particulièrement important que nous demeurions diligents, actifs et ingénieux en attendant le Seigneur. Le fait qu'il peut revenir à tout moment n'est pas une excuse pour renoncer à ce que Dieu nous demande d'être et de faire. Le jour est peut-être très proche, mais ce n'est cependant pas le moment de nous mettre en pyjama et d'attendre sur le toit! Ce n'est pas le moment de ranger nos affaires et de nous retirer de toute activité chrétienne en attendant l'avènement du Seigneur. Au contraire. La pensée que Christ peut venir à tout instant est plutôt un puissant encouragement à travailler d'arrache-pied, à faire preuve de plus de zèle et à rester fidèles au poste. L'occasion peut ne pas se prolonger. La fin approche à grands pas. Ne laissons pas passer l'occasion. Prêtons attention aux paroles de Jésus: "La lumière est encore pour un peu de temps au milieu de vous. Marchez, pendant que vous avez la lumière, afin que les ténèbres ne vous surprennent point: celui qui marche dans les ténèbres ne sait où il va. Pendant que vous avez la lumière, croyez en la lumière, afin que vous soyez des enfants de lumière" (Jn 12:35-36).

L'apôtre Paul nous invite à attendre le retour du Seigneur, lorsqu'il écrit (1 Co 15:51-54):

> *Voici, je vous dis un mystère, nous ne mourrons pas tous, mais tous nous serons changés, en un instant, en un clin d'œil, à la dernière trompette. La trompette sonnera, et les morts ressusciteront incorruptibles, et nous, nous serons changés. Car il faut que ce corps corruptible revête l'incorruptibilité, et que ce corps mortel revête l'immortalité. Lorsque ce corps corruptible aura revêtu l'incorruptibilité, et que ce corps mortel aura revêtu l'immortalité, alors s'accomplira la parole qui est écrite: La mort a été engloutie dans la victoire.*

Mais il ajoute aussitôt: "Ainsi, mes frères bien-aimés, soyez fermes, inébranlables, travaillant de mieux en mieux à l'œuvre du Seigneur, sachant que votre travail ne sera pas vain dans le Seigneur" (v. 58).

Les deux paraboles que nous avons examinées précédemment (celle des deux serviteurs de Matthieu 24:45-51 et celle des dix vierges dans 25:1-13) abordent la tragédie des occasions ratées. Dans la troisième parabole du discours du mont des Oliviers, le Seigneur approfondit la question. Il s'agit de la parabole des talents (25:14-30). Avant de partir pour un long voyage, un homme riche confie à ses serviteurs des talents à faire fructifier en attendant son retour. Deux des serviteurs investissent la somme reçue et doublent ainsi le capital. Le troisième enfouit son talent dans la terre où il ne rapporte évidemment aucun intérêt. Cette parabole ressemble d'assez près à celle des deux serviteurs à la fin du chapitre 24.[1]

D'ailleurs cette parabole et les deux précédentes brossent ensemble un tableau complet de ce que signifie être prêt pour le retour de Christ. La parabole des deux serviteurs montre que la bonne façon d'être prêt, c'est d'être *sur le pied de guerre*; celle des dix vierges enseigne que la bonne façon d'être prêt consiste à *attendre avec patience*; celle que nous abordons maintenant précise qu'être prêt, c'est aussi *travailler avec zèle*.

Malheureusement, la plus grande partie de l'enseignement populaire concernant le retour du Seigneur malmène l'équilibre entre ces trois attitudes. Ceux qui insistent sur le caractère sensationnel de la prophétie biblique n'hésitent pas à user de ruse et d'exagération pour inciter les gens à rester vigilants, mais ce faisant, ils passent souvent sous silence les aspects d'attente patiente et active. Chaque fois que l'attente est montée en épingle, c'est au détriment de la patience. Reconnaissons sincèrement qu'il nous est difficile à tous de conserver un juste équilibre. C'est pourquoi Jésus a pris tant de soin pour illustrer chacune des perspectives qui se complètent les unes les autres.

L'Eglise primitive avait, elle aussi, du mal à maintenir une position équilibrée. L'apôtre dut corriger un excès dans l'église de Thessalonique. Les croyants avaient entendu dire que le Seigneur était sur le point de revenir, et plusieurs l'attendaient

---

1. Elle ressemble plus encore à la parabole des mines en Luc 19:11-27. Les leçons et bien des détails principaux sont identiques, mais la parabole des mines et celle des talents divergent dans quelques détails secondaires, et elles ont clairement été données lors d'occasions différentes.

d'un instant à l'autre, ce qui les avait conduits à faire preuve de négligence et d'indiscipline dans leur vie quotidienne. Certains avaient même cessé de travailler. Ils étaient devenus des parasites et constituaient un lourd fardeau pour l'église. Dans 2 Thessaloniciens 3:10-15, Paul les reprend sévèrement et exhorte l'assemblée à exercer la discipline à leur encontre s'ils refusent de changer leur façon de vivre.

> *Car, lorsque nous étions chez vous, nous vous disions expressément: Si quelqu'un ne veut pas travailler, qu'il ne mange pas non plus. Nous apprenons, cependant, qu'il y en a parmi vous quelques-uns qui vivent dans le désordre, qui ne travaillent pas, mais qui s'occupent de futilités. Nous invitons ces gens-là, et nous les exhortons par le Seigneur Jésus-Christ, à manger leur propre pain, en travaillant paisiblement. Pour vous, frères, ne vous lassez pas de faire le bien. Et si quelqu'un n'obéit pas à ce que nous disons par cette lettre, notez-le, et n'ayez point de relations avec lui, afin qu'il éprouve de la honte. Ne le regardez pas comme un ennemi, mais avertissez-le comme un frère.*

Les moqueurs évoqués dans 2 Pierre 3:3-4 adoptaient une attitude opposée. Ils estimaient que le retard du Seigneur signifiait qu'il ne reviendrait pas.

Le vrai croyant doit conserver un juste équilibre entre les trois vérités: veiller, attendre et travailler. La parabole des talents insiste sur la nécessité de l'action et illustre quatre points essentiels de notre fonction d'administrateur dans l'attente du retour de Christ: la responsabilité qui nous est confiée, notre réaction, l'heure des comptes et la récompense que nous aurons.

La responsabilité qui nous est confiée

La parabole présente un homme (riche, à l'évidence) qui fait ses préparatifs pour un long voyage: "Il en sera comme d'un homme qui, partant pour un voyage, appela ses serviteurs, et leur remit ses biens. Il donna cinq talents à l'un, deux à l'autre, et un au troisième, à chacun selon sa capacité, et il partit" (Mt 25:14-15).

La leçon est limpide. L'homme qui s'apprête à partir est Christ. Le temps de son absence est celui qui sépare son ascension de son retour corporel. Les serviteurs représentent les hommes qui professent croire en lui. Les talents recouvrent une gamme étendue d'occasions, de ressources et de privilèges spirituels, y compris les facultés naturelles[2], les dons spirituels, les biens matériels, les responsabilités dans l'œuvre du Seigneur, et d'autres bénédictions que Dieu nous demande de gérer. En fin de compte, il nous demandera de rendre des comptes sur la manière dont nous nous serons acquittés de notre gestion.

Le fait que l'homme possède trois serviteurs qui administrent ses biens prouve qu'il est immensément riche. Ces serviteurs ne sont pas de simples ouvriers manuels, mais des gens instruits qui ont démontré des compétences dans la gestion des affaires. Aujourd'hui, on parlerait de cadres supérieurs. Ils ont vraisemblablement été bien formés et ont déjà donné des preuves de leur savoir et de leur savoir-faire pour gérer les affaires de leur maître. Celui-ci leur donne carte blanche pour agir en son nom pour tout ce qui touche l'administration de ses biens. Leur devoir est de *gérer* les affaires du maître, et non seulement de les conserver en l'état jusqu'à son retour.

Le talent était un poids et non une pièce de monnaie ou une somme d'argent. Nous ignorons si ces talents sont en or ou en argent (car dans la pensée de Jésus leur valeur n'est pas maté-

---

2. Notre mot *talent*, utilisé pour parler de capacités naturelles, dérive des images de cette parabole.

rielle). Quoi qu'il en soit, un talent représentait beaucoup. Par conséquent, les serviteurs se voient chargés d'une lourde responsabilité et reçoivent l'équivalent d'une grosse somme d'argent. Les talents sont pesés et placés dans des sacs. Le sac du premier en contient cinq, celui du second deux et celui du troisième un.

Notons que le maître confie à chacun une responsabilité en accord avec ses capacités. Celui qui a les plus grandes facilités reçoit une responsabilité plus étendue. Le maître connaît ses serviteurs et veille à ce que chacun reçoive une responsabilité dont il est en mesure de s'acquitter. Ne cherchons pas de signification particulière au fait que Jésus ne mentionne ici que trois niveaux de responsabilités. Dans la parabole très semblable des mines dans Luc 19, l'homme de haute naissance appelle dix serviteurs et donne à chacun dix mines. Mais dans la parabole que nous étudions maintenant, le texte affirme clairement que Christ donne à chacun selon sa capacité. Comme les trois serviteurs reçoivent chacun une somme différente à gérer, nous pouvons en déduire qu'ils n'ont pas les mêmes compétences ni les mêmes dons. Dans une église de 600 membres, il peut y avoir 600 niveaux différents d'aptitudes spirituelles. A chaque membre, Dieu assigne une tâche qui dépend de ses capacités. Dieu les connaît parfaitement puisque c'est lui qui nous donne la capacité de le servir (cf. 1 Co 4:7). C'est en fonction de cela qu'il fixe notre responsabilité.

Notre réaction

La réaction des trois serviteurs met en lumière la vraie nature de chacun. "Aussitôt celui qui avait reçu les cinq talents s'en alla, les fit valoir, et il gagna cinq autres talents. De même, celui qui avait reçu les deux talents en gagna deux autres. Celui qui n'en avait reçu qu'un alla faire un creux dans la terre, et cacha l'argent de son maître" (Mt 25:16-18).

Deux serviteurs sont loyaux, assument la responsabilité que le maître leur a confiée et se mettent au travail. Le troisième est à la fois paresseux et sans scrupules. Il ne fait rien avec l'argent de son maître. Il l'enfouit dans la terre, puis se repose sur son oreiller de paresse ou profite de l'absence du maître pour vaquer à ses affaires personnelles.

Les deux fidèles serviteurs représentent les croyants authentiques qui sont animés du désir suprême de servir Dieu. Le troisième est l'image de celui qui prétend être loyal à Christ, alors qu'en réalité il dilapide les possibilités spirituelles, refuse de servir le Seigneur, préférant s'occuper de ses propres affaires.

La manière dont les deux bons serviteurs gèrent les ressources du maître implique des investissements qui ne sont pas sans rappeler les opérations boursières de notre temps. Le temps du verbe suggère qu'ils cherchent constamment à gagner de l'argent pendant l'absence du maître; ils ne se contentent pas d'un seul placement rentable pour pouvoir tranquillement s'installer dans l'oisiveté le reste du temps. Ils investissent et réinvestissent sans relâche pendant tout le temps où le maître est absent.

Leurs placements connaissent un franc succès. Les deux serviteurs réussissent à doubler la mise de départ. Celui qui a reçu cinq talents en gagne cinq autres, et celui qui en a reçu deux en rapporte deux autres. Même si l'un de ces deux serviteurs s'est vu confier moins de biens que l'autre et par conséquent moins de travail à faire, il se révèle tout aussi diligent, et ses efforts sont couronnés d'une même réussite relative.

Le troisième serviteur, lui, se contente d'enterrer son talent. Peut-être a-t-il l'intention au début de le déterrer et de se lancer dans un investissement de dernière minute, juste avant le retour du maître, mais il ne le fera pas. Peut-être aussi espère-t-il que ses deux autres compagnons perdront de l'argent dans leurs placements et qu'il sera jugé meilleur qu'eux. Peu importe, il est évident qu'il s'intéresse davantage à mener sa propre barque qu'à accomplir ses devoirs au service du maître.

Mais en cachant le talent de son maître dans la terre, il est certain qu'il ne rapportera rien. Le serviteur sera jugé "méchant" (v. 26). Il a témoigné un grand mépris pour les biens du maître. Celui-ci ne lui avait pas confié l'argent en simple dépôt à conserver ou à cacher, mais comme un capital à faire fructifier. Le serviteur néglige son devoir et agit comme s'il n'avait pas de compte à rendre à son seigneur. Pourtant, au retour du maître, il sait qu'il sera jugé sur sa gestion.

L'heure des comptes

Le maître est absent "longtemps" (v. 19). Peut-être le serviteur qui a enfoui le talent dans la terre s'est-il dit que le maître ne reviendrait pas. Plus le maître tarde, plus le serviteur déloyal se sent conforté dans sa désobéissance. Mais le seigneur revient bien, de façon soudaine et inattendue. A son arrivée, il convoque ses serviteurs pour qu'ils lui rendent compte de leur gestion (Mt 25:19-23):

> *Longtemps après, le maître de ces serviteurs revint, et leur fit rendre compte. Celui qui avait reçu les cinq talents s'approcha, en apportant cinq autres talents, et il dit: Seigneur, tu m'as remis cinq talents; voici, j'en ai gagné cinq autres. Son maître lui dit: C'est bien, bon et fidèle serviteur; tu as été fidèle en peu de chose, je te confierai beaucoup; entre dans la joie de ton maître. Celui qui avait reçu les deux talents s'approcha aussi, et il dit: Seigneur, tu m'as remis deux talents; voici, j'en ai gagné deux*

autres. Son maître lui dit: C'est bien, bon et fidèle serviteur; tu as été fidèle en peu de chose, je te confierai beaucoup; entre dans la joie de ton maître.

Remarquons qu'en convoquant ses serviteurs pour dresser le bilan de leur administration, le maître ne cherche pas à savoir qui a gagné le plus. Celui qui a gagné cinq autres talents et celui qui en a gagné deux ont fait fructifier leur avoir-au même taux. En valeur absolue, leurs gains sont très différents, mais l'intérêt est le même. Bien qu'en possession de montants inégaux, ils ont fait preuve de la même loyauté dans leur façon de gérer les biens du maître. Et tous deux reçoivent le même compliment et la même récompense; le serviteur qui a gagné deux talents n'est pas défavorisé par rapport à celui qui en a rapporté cinq.

Il en sera de même lors du bilan éternel. De nombreux croyants qui auront connu des positions humbles sur la terre et exploité de maigres ressources seront loués et récompensés pour leur fidélité dans la gestion de ce qu'ils avaient. Ils seront élevés au même rang que les chrétiens qui avaient des dons remarquables et ont ainsi pu accomplir des choses plus spectaculaires. A niveau de fidélité égal, récompense égale. Le manœuvre peu doué qui vit de façon fidèle et gagne ses voisins et sa famille à Christ entendra les mêmes paroles que le prédicateur particulièrement comblé de dons par le moyen duquel Dieu aura attiré des milliers d'âmes au salut: "C'est bien!" "Chacun recevra sa propre récompense selon son propre travail" (1 Co 3:8), et non selon ses résultats.

Notons également que le maître prononce des paroles pleines de grâce, de bonté et de générosité à l'encontre des deux serviteurs fidèles. Remarquons encore que les deux serviteurs reçoivent comme récompense le privilège d'exercer leurs compétences dans un domaine plus vaste. Comme ils ont fait tout leur possible pour le servir, le maître leur offre une possibilité accrue de le servir dans le cadre d'une joie indicible: "Entre dans la joie de ton maître" (Mt 25:21, 23).

C'est une image du ciel qui nous offrira des possibilités de service dépassant de loin tout ce que nous pouvons imaginer sur la terre. Mais ce service n'aura absolument rien de fastidieux ou de pénible, comme c'est souvent le cas de nos labeurs terrestres. Il s'accomplira dans une joie pure, la joie du Seigneur.

La réponse du maître: "Je te confierai beaucoup" (vv. 21, 23) évoque la promesse faite par Jésus à l'église de Laodicée: "Celui qui vaincra, je le ferai asseoir avec moi sur mon trône" (Ap 3:21). Cette parole donne à penser que nous gouvernerons avec Christ, non seulement pendant le millénium terrestre, mais également d'une certaine manière dans le royaume éternel du Roi. Juste avant son arrestation, Jésus déclara à ses disciples: "Vous, vous êtes ceux qui avez persévéré avec moi dans mes épreuves; c'est pourquoi je dispose du royaume en votre faveur, comme mon Père en a disposé en ma faveur" (Lu 22:28-29). Ainsi la fidélité terrestre débouche sur une récompense céleste qui implique une possibilité plus étendue de service avec le partage de l'autorité de Christ et dans la joie parfaite du ciel. Plusieurs autres paraboles de Jésus soulignent ces mêmes vérités (cf. Mt 24:47; Lu 12:44; 19:17-19).

Au ciel, nous ne nous ennuierons pas. Notre service pour Christ sera rempli de délices insoupçonnées. Car enfin affranchis de la tyrannie du péché, nous découvrirons que c'est le privilège le plus plaisant, le plus agréable et le plus joyeux que nous puissions imaginer. C'est Christ lui-même qui le suggère par les paroles qu'il met dans la bouche du maître: "Entre dans la joie de ton maître." La joie fait tout autant partie de la récompense des serviteurs fidèles que l'extension de leur sphère de service.

Pour l'administrateur infidèle, l'histoire a une fin tragiquement différente. La parabole ne cache pas les dispositions intérieures de ce serviteur, telles que les révèle sa réponse au maître: "Celui qui n'avait reçu qu'un talent s'approcha ensuite, et il dit: Seigneur, je savais que tu es un homme dur, qui moissonnes où tu n'as pas semé, et qui amasses où tu n'as pas vanné; j'ai eu peur, et je suis allé cacher ton talent dans la terre; voici, prends ce qui est à toi" (Mt 25:24-25). Quelle réponse incroyablement effrontée et arrogante! Le serviteur essaie de détourner le mécontentement du maître en prenant les devants et en lui faisant l'affront de critiquer sa façon de faire. Il le décrit comme un opportuniste sans scrupules et dénonce un trait de caractère cruel en lui en le présentant comme un homme qui moissonne et amasse ce qui ne lui appartient pas. Il justifie ensuite sa propre inactivité causée par la peur de la dureté du maître. Ainsi, d'après les paroles du serviteur, le fautif, c'est le maître. Au lieu de rendre compte de sa gestion, le mauvais serviteur accuse le maître.

L'accusation est perverse et non fondée, car le maître apparaît comme un homme bon et généreux. Il n'exige de ses serviteurs que ce qu'il est en droit d'attendre d'eux, à savoir qu'ils soient fidèles dans l'exercice des responsabilités qu'il leur a confiées. Les propos accusateurs du méchant serviteur prouvent qu'il ne connaît pas vraiment son seigneur.

De plus, son excuse est totalement mensongère. Il n'a pas enterré le talent par crainte du maître, mais pour mieux pouvoir vaquer à ses propres affaires. Il ne cherchait pas du tout à accroître le volume des biens de son seigneur. Il ne se souciait nullement de son honneur et de sa gloire en étendant son domaine. Par ailleurs, il y avait des choses qu'il aimait faire, et aussi longtemps que le maître n'était pas derrière son dos pour lui rappeler ses devoirs, il était très heureux de poursuivre ses intérêts égoïstes et de négliger ses responsabilités vis-à-vis du maître. Son grand tort est d'avoir fait preuve de paresse, d'égoïsme et de négligence.

Le serviteur s'est en fait condamné lui-même par ses paroles en révélant son mensonge. Il vient de déclarer qu'il craignait le maître en raison de sa sévérité, de sa dureté et de ses exigences. Or qu'a-t-il fait, sinon enfouir le talent dans la terre où il était certain qu'il ne rapportait strictement aucun intérêt? Il a délibérément et consciemment négligé toutes les occasions de faire valoir le bien qu'il avait en gérance. S'il l'avait vraiment craint à ce point, il aurait au moins déposé le talent dans une banque où il aurait rapporté des intérêts avec le temps. Il serait resté coupable de n'avoir pas honoré la confiance du maître, mais au moins le talent aurait rapporté quelque chose. En négligeant ses devoirs, il lui a fait perdre de l'argent. En enfouissant le talent dans la terre, c'est comme s'il avait volé son seigneur en le privant d'un bien sur lequel il aurait pu compter. Bien qu'il n'ait pas détourné son argent (comme l'économe infidèle de Luc 16:1-12) ni dilapidé son avoir dans une vie de débauche (comme le fils prodigue de Luc 15:13), son manque de zèle a nui économiquement à son maître. Moralement, c'est comme s'il avait détourné son argent ou s'il l'avait gaspillé dans des orgies.

Tout en professant craindre le maître, il a vécu de la manière la plus cynique et la plus impudente, non seulement en gaspillant son bien, mais aussi en se servant du jour où il procède au bilan et à l'évaluation de sa gestion pour le diffamer si ignominieusement.

Cette scène se reproduit constamment. Les gens savent bien qu'ils agissent mal, mais au lieu d'admettre humblement leurs torts, ils trouvent moyen de faire retomber la faute sur la personne à qui ils ont des comptes à rendre. Comme le suggère le symbolisme de cette parabole, plusieurs s'appuient sur cette même tactique vaine pour tenter de se justifier devant Dieu. Ils l'accusent d'être trop dur ou trop exigeant. Je suis sûr que beaucoup s'imaginent pouvoir user de ce stratagème lorsqu'ils comparaîtront devant le trône du jugement. Mais le piège ne fonctionnera pas. "Toute bouche [sera] fermée, et ... tout le monde [sera] reconnu coupable devant Dieu" (Ro 3:19). Tout comme le méchant serviteur, le pécheur sera condamné par ses propres paroles (Mt 12:37).

L'incohérence dont fait preuve le serviteur dans son autodéfense n'échappe pas au maître. "Son maître lui répondit: Serviteur méchant et paresseux, tu savais que je moissonne où je n'ai pas semé, et que j'amasse où je n'ai pas vanné; il te fallait donc remettre mon argent aux banquiers, et, à mon retour, j'aurais retiré ce qui est à moi avec un intérêt" (Mt 25:26-27). La Rome antique avait un système de banque assez comparable au nôtre. Les sommes déposées rapportaient des intérêts à un taux moitié moindre que celui des emprunts. Ce n'était pas beaucoup, mais toujours mieux que d'enfouir l'argent dans le sol.

Il est important de savoir que le maître n'accorde aucun crédit aux accusations du mauvais serviteur. Il souligne simplement le fait que même si la plainte avait été tant soit peu fondée, elle n'aurait pas justifié son attitude. Il a délibérément gaspillé l'avoir du maître; et si celui-ci était vraiment ainsi que l'esclave paresseux le décrivait, la crainte aurait dû être une raison supplémentaire de ne pas cacher le talent dans la terre. L'esclave est pris au piège de son mensonge pervers et calomniateur.

En réalité, il ne craignait pas davantage son maître qu'il ne l'aimait. Il était totalement indifférent. Il ne se souciait pas le moins du monde de son intérêt, comme le confirme son attitude. Soulignons le contraste entre les serviteurs loyaux et le serviteur déloyal. Les premiers ont exploité toutes les occasions pour servir leur maître en son absence; l'autre a profité de son éloignement pour arriver à ses fins égoïstes. Lorsque le maître revient, les deux gérants fidèles sont heureux de le revoir et de lui rendre compte de leur gestion; le troisième, confus et se sentant coupable, réagit en l'abreuvant d'accusations fausses. Les caractères de ces deux types de serviteurs n'auraient pu être plus différents.

Le péché du troisième serviteur ne réside pas dans l'absence de profit. Il aurait pu travailler dur, investir et malgré tout moins bien réussir que les deux autres. De toute façon, sa tâche n'était pas aussi prenante que celle de ses deux compagnons. Ce qui rend son comportement inexcusable, c'est son mépris total pour son devoir. Il a tout gaspillé. Jamais il n'a levé le petit doigt pour son maître. S'il avait honnêtement essayé de placer le talent et malgré tout perdu de l'argent, son péché aurait été moins grave que l'indifférence et la négligence dont il a fait preuve.

La récompense et la sanction

Le troisième serviteur n'est pas simplement infidèle, il manque de foi. Il est dépourvu d'amour et de respect pour son maître. Son comportement traduit un manque total d'intérêt pour les affaires de celui-ci. Ses propos agressifs démontrent une absence de connaissance vraie ou intime du maître. Le serviteur infidèle est le type même des chrétiens de nom qui ne sont en fait que des incroyants.

> *Otez-lui donc le talent, et donnez-le à celui qui a les dix talents. Car on donnera à celui qui a, et il sera dans l'abondance, mais à celui qui n'a pas on ôtera même ce qu'il a. Et le serviteur inutile, jetez-le dans les ténèbres du dehors, où il y aura des pleurs et des grincements de dents (Mt 25:28-30).*

Quel contraste frappant et tragique entre la récompense accordée aux deux serviteurs fidèles et la punition infligée à l'homme déloyal! Les premiers entendent les paroles inouïes: "C'est bien." Quant à l'infidèle, il reçoit un reproche sévère ("Serviteur méchant et paresseux", v. 26). Eux voient leur responsabilité étendue; lui est dépouillé de tous ses biens. Eux entrent dans la joie de leur maître; lui est jeté dans "les ténèbres du dehors [synonyme d'enfer] où il y aura des pleurs et des grincements de dents" (cf. Mt 13:42, 50; 22:13; 24:51). Le Seigneur sort de nouveau du cadre strictement temporel de la parabole pour faire allusion à l'enfer, afin de bien faire comprendre la leçon de cette histoire: le serviteur méchant et paresseux symbolise ceux qui seront jetés en enfer tout simplement parce qu'ils auront laissé passer l'occasion de servir le maître.

Christ, le Maître, revient bientôt. Chaque minute qui passe emporte avec elle une occasion de le servir fidèlement. Lorsqu'il reviendra, il sera trop tard pour rappeler les occasions perdues. Son jugement sera immédiat et fixera de façon définitive et irréversible le sort de tous ceux qui vivront lors de son avènement, aussi bien celui des croyants que celui des incroyants. C'est maintenant le seul moment dont nous disposions pour nous y préparer. Aujourd'hui est la seule occasion garantie qui nous soit offerte. Tout ce que nous possédons appartient au Seigneur. Notre temps pour l'annonce de l'Evangile, nos dons spirituels et toutes les bénédictions matérielles nous viennent de sa main miséricordieuse. Si tous ces biens étaient nôtres, nous pourrions en disposer à notre guise. Mais ils sont à lui, ils sont confiés à nos soins de gérants; à son retour, nous devrons rendre compte de l'emploi que nous en aurons fait.

10

Le jugement des brebis et des boucs

Tout dans le discours du mont des Oliviers converge vers l'apogée du jugement. Christ donne de multiples raisons de séparer les croyants des incroyants. Nous avons vu que les trois paraboles évoquent le jugement à venir en images frappantes. Le thème qui domine tout le discours, à savoir l'apparition soudaine de Jésus-Christ, est systématiquement présenté comme l'événement ultime qui précipitera et signalera la tenue d'un jugement imposant et catastrophique. Christ en donne une description éloquente dans les paroles suivantes (Mt 25:31-33):

> *Lorsque le Fils de l'homme viendra dans sa gloire, avec tous les anges, il s'assiéra sur le trône de sa gloire. Toutes les nations seront assemblées devant lui. Il séparera les uns d'avec les autres, comme le berger sépare les brebis d'avec les boucs; et il mettra les brebis à sa droite, et les boucs à sa gauche.*

Dans l'Ecriture, personne n'a parlé davantage du jugement que Jésus. Il a constamment averti les incroyants du jugement qui planait sur leurs têtes (Lu 13:3, 5). Il a plus souvent évoqué l'enfer que le ciel, et toujours dans des termes puissants et troublants. L'essentiel de ce que nous savons concernant la damnation éternelle des pécheurs nous vient des lèvres du Sauveur. Aucune des descriptions bibliques du jugement n'est plus solennelle et plus saisissante que celles fournies par Jésus.

Pourtant, il a toujours abordé ce sujet dans un esprit d'infinie douceur et sur un ton de grande compassion. Il a supplié les pécheurs de se détourner de leurs péchés, de se réconcilier avec Dieu et de chercher en lui leur refuge contre le jugement à venir. Il savait mieux que quiconque la gravité énorme du péché et l'extrême ardeur de la colère divine contre le pécheur, car il allait subir de plein fouet le courroux de Dieu à la place des rachetés. C'est pourquoi, chaque fois qu'il a abordé ce thème, il l'a fait avec la plus grande compassion et sans la moindre hostilité. Il a même pleuré sur Jérusalem à la pensée que la ville et toute la nation le rejetteraient comme Messie et connaîtraient une destruction totale (Lu 19:41-44):

> *Comme il approchait de la ville, Jésus, en la voyant, pleura sur elle, et dit: Si toi aussi, au moins en ce jour qui t'est donné, tu connaissais les choses qui appartiennent à ta paix! Mais maintenant elles sont cachées à tes yeux. Il viendra sur toi des jours où tes ennemis t'environneront de tranchées, t'enfermeront, et te serreront de toutes parts; ils te détruiront, toi et tes enfants au milieu de toi, et ils ne laisseront pas en toi pierre sur pierre, parce que tu n'as pas connu le temps où tu as été visitée.*

A vrai dire, tout le discours du mont des Oliviers n'est qu'un prolongement de cette ardente supplication. Partant du même point, à savoir une lamentation sur la destruction imminente de Jérusalem, Christ ne fait qu'élargir sa perspective et donner aux disciples un aperçu qui englobe tout l'avenir eschatologique jusqu'à son retour et au jugement qui s'ensuit. Le même esprit qui avait poussé Christ à pleurer sur Jérusalem imprègne et colore tout le discours du mont des Oliviers. Et Matthieu, qui en fut l'un des auditeurs privilégiés, l'a rapporté dans son évangile où il fait fonction de signal d'alarme pour les pécheurs de tous les temps. C'est le dernier appel passionné à la repentance que le Seigneur lance avant qu'il ne soit trop tard.

En regardant en arrière sur le discours, nous constatons que ses différentes invitations pressantes à rester fidèles et ses avertissements à être prêts se résument à un appel pathétique à la repentance et à la foi en lui. Christ nous encourage instamment à nous préparer à son retour, parce que son avènement s'accompagnera du jugement final. Il consacre donc la fin de son discours à décrire ce jugement.

Cette dernière partie du discours du mont des Oliviers constitue l'un des avertissement les plus solennels et les plus directs de toute l'Ecriture à propos du jugement. Christ le bon berger est aussi le juge; c'est lui qui sépare les brebis des boucs. Ces paroles de Christ ne figurent dans aucun autre évangile. Matthieu, soucieux de présenter Christ comme roi, le montre assis sur son trône terrestre. En fait, ce jugement est la première décision prise par Christ après son retour sur la terre, ce qui suggère que cette mesure est son premier acte officiel en tant que chef *terrestre* (cf. Ps 2:8-12). Cet événement inaugure donc le règne de mille ans; il faut le distinguer du jugement devant le grand trône blanc décrit dans Apocalypse 20, qui intervient à la fin du millénium. Dans le texte de Matthieu, Christ juge ceux qui sont vivants à son retour; il sépare les brebis (les vrais croyants) des boucs (les incroyants). Ces derniers comprennent ceux qui ont été présentés comme méchant serviteur, vierges folles et serviteur paresseux dans les paraboles précédentes.

Le juge

Dans la scène décrite par Matthieu, Christ est le juge, ce qui est conforme à une parole prononcée à une autre occasion: "Le Père ne juge personne, mais il a remis tout jugement au Fils, afin que tous honorent le Fils comme ils honorent le Père" (Jn 5:22-23). Ainsi, celui qui a versé des larmes de compassion et supplié les pécheurs de se réconcilier avec Dieu sera le juge souverain un jour.

Il jugera avec "une verge de fer" (Ap 19:15); il brisera les rebelles comme "le vase d'un potier" (Ps 2:9; Ap 2:27). Le jugement sera terrifiant, ainsi que Jean le décrit dans Apocalypse 19:15 où il présente Christ qui "foulera la cuve du vin de l'ardente colère du Dieu tout-puissant".

Il reviendra accompagné d'une immense cohorte d'anges: "Le Fils de l'homme viendra dans sa gloire, avec tous les anges" (Mt 25:31). Plusieurs passages de l'Ecriture enseignent que les anges assisteront le Seigneur dans son jugement. D'après 2 Thessaloniciens 1:7-8, "le Seigneur Jésus apparaîtra du ciel *avec les anges de sa puissance*, au milieu d'une flamme de feu, pour punir ceux qui ne connaissent pas Dieu et ceux qui n'obéissent pas à l'Evangile de notre Seigneur Jésus" (italiques ajoutés). Matthieu 24:31 déclare que "les anges rassembleront les élus des quatre vents". Les croyants qui seront morts avant ou qui auront été enlevés feront partie du cortège qui accompagnera Christ à son retour définitif: "Voici, le Seigneur est venu avec ses saintes myriades, pour exercer un jugement contre tous" (Jud 14-15; cf. Za 14:5). "Quand Christ, votre vie, paraîtra, alors vous paraîtrez aussi avec lui dans la gloire" (Col 3:4).

Notons un détail intéressant: dans Matthieu 25:31-46, c'est la toute première fois que Christ se désigne lui-même comme roi. Tout au long de son ministère terrestre il a beaucoup parlé du royaume de Dieu, mais il ne s'était jamais présenté comme le roi avant ce passage où il le déclare de façon claire à ses disciples en privé. (Plus tard, il déclarera publiquement qu'il est roi, Jn 18:37.)

Le titre que Christ préférait s'attribuer était celui de "Fils de l'homme". Dans ce passage, il utilise encore ce titre, mais c'est simplement pour rappeler que le Fils de l'homme viendra dans sa gloire afin de s'asseoir sur son *trône* (v. 31). Au v. 34, pour la première fois, il se désigne "roi". De plus, il déclare que sa première décision officielle en tant que roi légitime sera d'exercer un jugement équitable et de dire qui aura le droit d'entrer dans son royaume.

Le moment

L'Ecriture indique le moment précis de ce jugement. Il se fera "lorsque le Fils de l'homme viendra dans sa gloire" (v. 31). Dans ce récit, tout porte à croire que le jugement commencera dès l'apparition de Christ (cf. 24:30-41). Ceci s'accorde parfaitement avec la prophétie concernant sa venue, dans Apocalypse 19:11-21:

> *Puis je vis le ciel ouvert, et voici, parut un cheval blanc. Celui qui le montait s'appelle Fidèle et Véritable, et il juge et combat avec justice. Ses yeux étaient comme une flamme de feu; sur sa tête étaient plusieurs diadèmes; il avait un nom écrit, que personne ne connaît, si ce n'est lui-même; et il était revêtu d'un vêtement teint de sang. Son nom est la Parole de Dieu. Les armées qui sont dans le ciel le suivaient sur des chevaux blancs, revêtues d'un fin lin, blanc, pur. De sa bouche sortait une épée aiguë, pour frapper les nations; il les paîtra avec une verge de fer; et il foulera la cuve du vin de l'ardente colère du Dieu Tout-Puissant. Il avait sur son vêtement et sur sa cuisse un nom écrit: Roi des rois et Seigneur des seigneurs. Et je vis un*

> *ange qui se tenait dans le soleil. Il cria d'une voix forte, disant à tous les oiseaux qui volaient au milieu du ciel: Venez, rassemblez-vous pour le grand festin de Dieu, afin de manger la chair des rois, la chair des chefs militaires, la chair des puissants, la chair des chevaux et de ceux qui les montent, la chair de tous, libres et esclaves, petits et grands. Et je vis la bête, les rois de la terre et leurs armées, rassemblés pour faire la guerre à celui qui était assis sur le cheval et à son armée. Et la bête fut prise, et avec elle le faux prophète, qui avait fait devant elle les prodiges par lesquels il avait séduit ceux qui avaient pris la marque de la bête et adoré son image. Ils furent tous les deux jetés vivants dans l'étang ardent de feu et de soufre. Et les autres furent tués par l'épée qui sortait de la bouche de celui qui était assis sur le cheval; et tous les oiseaux se rassasièrent de leur chair.*

Par conséquent, lorsque Christ apparaîtra, le jour du salut sera révolu. Le temps de la patience sera épuisé. Christ retranchera les méchants sans appel. Comme le méchant serviteur de la parabole, ils seront pris au dépourvu par le retour du Seigneur. Comme les cinq vierges folles, ils trouveront porte close et seront bannis au-dehors. Comme le gérant méchant et paresseux, ils n'auront aucune excuse valable à présenter. Pour eux, l'occasion du salut sera passée.

Christ revient pour établir son règne terrestre, et hormis les brebis, personne ne sera admis à entrer dans son royaume.

Le lieu

Qu'est-ce qui nous permet de savoir que Christ s'assiéra sur un trône *terrestre*? Dans le contexte, tout l'indique. Il revient d'abord en gloire sur la terre: "*Lorsque* le Fils de l'homme viendra... il s'assiéra sur le trône de sa gloire" (Mt 25:31, italiques ajoutés). Cette décision marque l'inauguration du royaume terrestre, dont le siège sera établi à Jérusalem, conformément à de nombreuses prophéties messianiques de l'Ancien Testament. Ce sera l'accomplissement de l'alliance faite avec David, dont les clauses sont indiquées dans 2 Samuel 7:12-16, 2 Chroniques 7:11-22, Psaume 89:4-5 et Zacharie 14:9. Il s'assiéra sur le trône afin de "donner à l'empire de l'accroissement, et une paix sans fin au trône de David et à son royaume, l'affermir et le soutenir par le droit et par la justice, dès maintenant et à toujours" (Es 9:6). "Il pratiquera la justice et l'équité dans le pays. En ces jours-là, Juda sera sauvé, Jérusalem aura la sécurité dans sa demeure" (Jé 33:15-16). Ce sera la réalisation de la promesse de l'ange à Marie: "Et voici, tu deviendras enceinte, et tu enfanteras un fils, et tu lui donneras le nom de Jésus. Il sera grand et sera appelé Fils du Très-Haut, et *le Seigneur Dieu lui donnera le trône de David, son père*. Il régnera sur la maison de Jacob éternellement, et son règne n'aura point de fin" (Lu 1:31-33, italiques ajoutés).

David avait occupé un trône terrestre, à Jérusalem, et l'Ecriture identifie à Jérusalem le lieu où Christ reviendra et où il établira son trône (Za 14:4, 8-11):

> *Ses pieds se poseront en ce jour sur la montagne des Oliviers, qui est vis-à-vis de Jérusalem, du côté de l'orient; la montagne des Oliviers se fendra par le milieu, à l'orient et à l'occident, et il se formera une très grande vallée; une moitié de la montagne reculera vers le septentrion, et une moitié vers le midi...*
>
> *En ce jour-là, des eaux vives sortiront de Jérusalem, et couleront moitié vers la mer orientale, moitié vers la mer occidentale; il en sera ainsi été et hiver. L'Eternel sera roi de toute la terre; en ce jour-là, l'Eternel sera le seul*

Eternel, et son nom sera le seul nom. Tout le pays deviendra comme la plaine, de Guéba à Rimmon, au midi de Jérusalem; et Jérusalem sera élevée et restera à sa place, depuis la porte de Benjamin jusqu'au lieu de la première porte, jusqu'à la porte des angles, et depuis la tour de Hananeel jusqu'aux pressoirs du roi. On habitera dans son sein, et il n'y aura plus d'interdit; Jérusalem sera en sécurité.

Nous n'avons aucune raison d'interpréter ces promesses autrement que de façon littérale. Tout comme l'ascension de Christ fut littérale et corporelle, ainsi sera son retour. Et dans ce cas, rien ne s'oppose à ce que son trône marque le rétablissement du royaume terrestre de David. Ce trône sera établi à Jérusalem, d'où Christ régnera sur toute la terre, accomplissant ainsi littéralement les prophéties de l'Ancien Testament relatives à un règne de mille ans, toutes les promesses de Dieu à Abraham concernant le pays d'Israël et toutes les promesses faites à David à propos de son trône.

Mais l'inauguration du royaume doit être précédée d'un jugement terrifiant. Voici ce que Joël a écrit des siècles avant la naissance de Christ (Joë 3:12-17):

Que les nations se réveillent, et qu'elles montent vers la vallée de Josaphat! Car là je siégerai pour juger toutes les nations d'alentour. Saisissez la faucille, car la moisson est mûre! Venez, foulez, car le pressoir est plein, les cuves regorgent! Car grande est leur méchanceté, c'est une multitude, une multitude, dans la vallée du jugement; car le jour de l'Eternel est proche, dans la vallée du jugement. Le soleil et la lune s'obscurcissent, et les étoiles retirent leur éclat. De Sion l'Eternel rugit, de Jérusalem il fait entendre sa voix; les cieux et la terre sont ébranlés. Mais l'Eternel

> *est un refuge pour son peuple, un abri pour les enfants d'Israël. Et vous saurez que je suis l'Eternel, votre Dieu, résidant à Sion, ma sainte montagne. Jérusalem sera sainte, et les étrangers n'y passeront plus.*

Dieu garantit donc que les brebis seront séparées des boucs. A part ceux qui aiment Christ, personne n'entrera dans le royaume ou ne le traversera.

Les sujets

Certains suggèrent que ce sont les nations en tant qu'entités politiques qui seront jugées. Car après tout, n'est-il pas écrit dans Matthieu 25:32 "Toutes les nations seront assemblées devant lui. Il séparera les uns d'avec les autres." (Indiquons en passant que le texte de Joël cité plus haut fait, lui aussi, mention de "nations".)

Mais le mot grec traduit par "nations" dans Matthieu 25:32 est le pluriel *ethnê* (d'où dérive notre mot français *ethnique*); il désigne des *gens*, et non des ensembles politiques ou nationaux. D'ailleurs, le contexte milite très nettement en faveur du jugement d'individus (Mt 25:34-46):

> *Alors le roi dira à ceux qui seront à sa droite: Venez, vous qui êtes bénis de mon Père; prenez possession du royaume qui vous a été préparé dès la fondation du monde. Car j'ai eu faim, et vous m'avez donné à manger; j'ai eu soif, et vous m'avez donné à boire; j'étais étranger, et vous m'avez recueilli; j'étais nu, et vous m'avez vêtu; j'étais malade, et vous m'avez rendu visite; j'étais en prison, et vous êtes venus vers moi. Les justes lui répondront: Seigneur, quand t'avons-nous vu avoir faim, et t'avons-nous donné à manger; ou avoir soif, et t'avons-nous donné à boire? Quand*

> *t'avons-nous vu étranger, et t'avons-nous recueilli; ou nu, et t'avons-nous vêtu? Quand t'avons-nous vu malade, ou en prison, et sommes-nous allés vers toi? Et le roi leur répondra: Je vous le dis en vérité, toutes les fois que vous avez fait ces choses à l'un de ces plus petits de mes frères, c'est à moi que vous les avez faites. Ensuite il dira à ceux qui seront à sa gauche: Retirez-vous de moi, maudits; allez dans le feu éternel qui a été préparé pour le diable et pour ses anges. Car j'ai eu faim, et vous ne m'avez pas donné à manger; j'ai eu soif, et vous ne m'avez pas donné à boire; j'étais étranger, et vous ne m'avez pas recueilli; j'étais nu, et vous ne m'avez pas vêtu; j'étais malade et en prison, et vous ne m'avez pas rendu visite. Ils répondront aussi: Seigneur, quand t'avons-nous vu ayant faim, ou ayant soif, ou étranger, ou nu, ou malade, ou en prison, et ne t'avons-nous pas assisté? Et il leur répondra: Je vous le dis en vérité, toutes les fois que vous n'avez pas fait ces choses à l'un de ces plus petits, c'est à moi que vous ne les avez pas faites. Et ceux-ci iront au châtiment éternel, mais les justes à la vie éternelle.*

Le jugement se fonde sur des actions pour lesquelles les êtres humains sont responsables. La sanction frappe des individus et non des groupes de façon collective. L'idée que des ensembles politiques pourraient être les sujets de ce jugement est complètement étrangère au texte.

Le procès

Ce jugement a pour raison d'être et pour objectif la séparation des justes et des injustes. Il accomplit ce que Christ avait annoncé plus tôt dans son discours: "Alors, de deux hommes qui seront dans un champ, l'un sera pris et l'autre laissé; de deux femmes qui moudront à la meule, l'une sera prise et l'autre laissée" (24:40-41). Il confirme l'image de la porte de la salle des noces fermée pour les vierges folles.

Remarquons que ce jugement n'a pas pour but de permettre à Christ de découvrir qui sont les brebis et qui sont les boucs. Il le sait d'emblée, puisqu'il place les unes à sa droite (la place d'honneur) et les autres à sa gauche (la place de la disgrâce) (25:33). "Le Seigneur connaît ceux qui lui appartiennent" (2 Ti 2:19). "Il appelle par leur nom les brebis qui lui appartiennent, et il les conduit dehors" (Jn 10:3). Le jugement sert à prononcer le verdict officiel entre les brebis et les boucs.

L'image des brebis et des boucs devait être familière aux disciples. Ils avaient l'habitude de voir côte à côte dans un même troupeau les brebis et les boucs. D'ailleurs cette pratique se perpétue encore aujourd'hui dans les pays du Moyen-Orient. Le même berger pouvait facilement faire paître les deux sortes d'animaux ensemble, mais leur tempérament est très différent. Les brebis sont des bêtes dociles et affectueuses; les boucs sont souvent indisciplinés et bougent constamment. Il est donc difficile de garder ces deux espèces animales ensemble pendant la nuit. Le berger séparait donc habituellement les brebis des boucs à la tombée de la nuit et les enfermait dans des enclos différents.

Le bon berger procédera de la même façon à l'aube de son règne de mille ans. Les brebis (les croyants) seront chaleureusement accueillies dans leur domaine, un royaume qui regorge de bénédictions sans fin. Et les boucs (les incroyants) iront dans un lieu de châtiment sans fin.

Les preuves

En tant que juge, Jésus avance les preuves qui indiquent que les uns sont aptes à entrer dans le royaume et les autres non. Il s'appuie sur ce qu'ils ont sincèrement pensé de lui, et dont ils ont donné des preuves par l'attitude qu'ils ont adoptée vis-à-vis de ses frères.

Beaucoup voient dans les paroles de Jésus aux croyants la doctrine du salut par les œuvres. Mais le contexte exclut cette interprétation, car le Seigneur indique que leur sort est scellé et le royaume préparé pour eux par un décret de la grâce du Dieu souverain "dès la fondation du monde" (Mt 25:34). En d'autres mots, leur héritage est fixé de toute éternité bien longtemps avant qu'ils aient pu faire le bien ou le mal "afin que le dessein d'élection de Dieu subsiste, sans dépendre des œuvres, et par la seule volonté de celui qui appelle" (Ro 9:11).

Les paroles de Christ confirment clairement la vérité biblique de l'élection divine. Les brebis sont des brebis par la seule grâce de Dieu, et non en vertu de ce qu'elles auraient pu faire d'elles-mêmes pour mériter cette nature.

Mais leurs œuvres *prouvent* leur élection. Elles sont le fruit de la foi. C'est pourquoi elles sont des indices sûrs qui peuvent être produits pour ou contre la condamnation de quelqu'un (cf. Ro 2:5-10). En somme, Christ déclare: "Vous êtes les enfants que mon Père a choisis; votre foi est mise en évidence par les services que vous m'avez rendus. Soyez les bienvenus dans mon royaume" (v. 40).

Les œuvres que Christ met en avant démontrent la compassion dont ils ont fait preuve envers les chrétiens en les entourant de soins lorsqu'ils étaient affamés, assoiffés, étrangers, nus, malades ou emprisonnés. De telles œuvres bonnes correspondent à "la religion pure et sans tache" et sont la manifestation d'une foi vivante et agissante (Ja 1:27). Celui qui ne peut produire des œuvres pareilles montre que sa foi est morte, et non vivante (cf. Ja 2:15-17). L'apôtre Jean dit à peu près la même chose: "Si quelqu'un possède les biens du monde, et que, voyant son frère dans le besoin, il lui ferme ses entrailles, comment l'amour de Dieu demeure-t-il en lui? Petits enfants, n'aimons pas en paroles et avec la langue, mais en actions et avec vérité" (1 Jn 3:17-18).

Christ ne suggère donc pas que ces œuvres seraient *méritoires* en vue du salut. En revanche, elles sont la démonstration vitale que la personne qui les accomplit possède déjà la vie éternelle.

Notons que ceux qui reçoivent les félicitations du roi sont surpris (Mt 25:37-39). Ils semblent ne pas se rendre compte que leurs œuvres étaient en fait un service rendu à Christ. Ils pensent certainement encore moins qu'ils ont mérité sa faveur par leurs bonnes actions. Celles-ci découlaient naturellement d'un cœur habité par la foi.

La condamnation

Les boucs sont condamnés au châtiment éternel en fonction des mêmes critères. Leurs œuvres ont fourni la preuve qu'ils étaient "maudits" (v. 41). Christ ne condamne pas ces gens parce qu'ils ont négligé les bonnes œuvres, pas plus qu'il n'a sauvé les autres pour les avoir pratiquées. Les boucs sont damnés parce qu'ils sont des incroyants méchants. Leur inadéquation pour le royaume résulte d'une constitution pécheresse, et non d'une simple carence en œuvres philanthropiques. Ils ont méprisé le roi, ce dont ils ont donné des preuves visibles par la manière dont ils ont traité les membres de son peuple. Ce sont des incroyants qui ont rejeté Christ, et non des gens qui n'ont pas réussi à être suffisamment altruistes.

Ils sont aussi surpris que les justes par son verdict. Ils protestent en disant ne pas l'avoir méprisé de façon consciente ou délibérée, mais le Seigneur met en lumière leur culpabilité en leur rappelant comment ils ont traité les membres de son peuple, ou plutôt leur indifférence à leur égard (vv. 44-45). Ses paroles de condamnation sont l'écho inverse des paroles de louange adressées aux justes.

Les boucs sont définitivement séparés de tout ce qui est bon et juste, et jetés à jamais "dans le feu éternel qui a été préparé pour le diable et pour ses anges" (v. 41). Christ décrit l'enfer comme un lieu de "châtiment éternel" (v. 46) sans soulagement ni répit. L'adjectif "éternel", appliqué aussi bien à la vie qu'au châtiment, est la traduction du grec *aiônios* qui exprime la perpétuité, l'absence de fin. Le Seigneur établit volontairement ce parallèle pour indiquer que le châtiment des damnés est aussi éternel que le bonheur des rachetés. Ces paroles balaient donc l'argument de ceux qui prétendent que les méchants seront anéantis, c'est-à-dire privés d'existence. Ici comme en maints endroits, l'Ecriture enseigne que les tourments de l'enfer sont aussi éternels et ininterrompus que la félicité du ciel (cf. Da 12:2; Mc 9:43-48; Lu 16:22-26; 2 Th 1:9; Ap 14:11; 20:10).

Le règne de mille ans de Christ s'étendra sur toute la terre; c'est pourquoi ceux qui en seront exclus ne pourront y vivre. "Ils *iront* au châtiment éternel" (italiques ajoutés).

Quant aux justes, ils seront admis à la "vie éternelle". Ils entreront dans le royaume sans avoir été glorifiés, mais ils le seront à la fin du millénium.[1] Leur entrée dans le millénium est pour eux le seuil de la vie éternelle. Bien qu'ils y soient admis dans un état non glorifié, rien ne nous permet de penser qu'ils mourront par la suite. Avec un gouvernement de justice, la durée de la vie humaine retrouvera ses caractéristiques d'avant le déluge avec une longévité même plus grande (cf. Es 65:20).

---

1. Cela expliquerait comment la terre est peuplée dans le royaume. Les enfants nés de ces gens pendant les mille ans auront pourtant besoin de la rédemption. C'est peut-être pour cela qu'à la fin du millénium, quand Satan sera relâché pour peu de temps, il y aura encore des gens susceptibles d'être victimes de sa tromperie (Ap 20:3). Après avoir été relâché, il sera encore capable d'engranger des disciples pour une dernière et vaine rébellion. (vv. 7-9).

Tous ceux qui entreront dans le règne de mille ans pourront donc vivre pendant toute cette durée, après quoi ils seront glorifiés et entreront dans leur état éternel. C'est pourquoi Jésus identifie leur entrée dans son royaume à la vie éternelle.

L'avenir des injustes et celui des justes pourraient difficilement être plus contrastés. Tirons-en une leçon: c'est maintenant qu'il faut penser à notre destinée, qu'il faut se préparer au jugement. C'est aujourd'hui le jour du salut. Ceux qui attendent le retour de Christ pour se décider constateront qu'il sera alors trop tard. Nous ignorons le jour et l'heure de son retour. Mais le moment approche vite.

Il est temps de s'y préparer.

Veillez donc, car vous ne savez quand viendra le maître de la maison, ou le soir, ou au milieu de la nuit, ou au chant du coq, ou le matin; craignez qu'il ne vous trouve endormis, à son arrivée soudaine. Ce que je vous dis, je le dis à tous: Veillez (Mc 13:35-37).

Epilogue

Comment nous préparer au retour de Christ

Cher lecteur, si vous ne savez pas comment préparer votre cœur et votre vie au retour de Christ, ce bref épilogue vous est destiné. Comme nous l'avons souligné tout au long du livre, la seule préparation convenable à la seconde venue de Jésus est de nature *spirituelle*. Aucune cérémonie religieuse ni aucune amélioration de la conduite ne peuvent vous préparer à rencontrer le Seigneur. Même si à partir d'aujourd'hui vous meniez une vie parfaite, vous devriez passer en jugement pour vos fautes passées. Afin d'être vraiment prêt pour le retour de Christ, vous devez avoir l'assurance que vos péchés sont pardonnés et que vous êtes présentement en règle avec Dieu. Heureusement, l'Ecriture indique clairement comment posséder une telle assurance.

Comment savoir que nos péchés sont pardonnés

La Parole de Dieu enseigne qu'un seul manquement à la Loi parfaite de Dieu suffit pour vous condamner éternellement. "Car quiconque observe toute la loi, mais pèche contre un seul commandement, devient coupable de tous" (Ja 2:10). En réalité, nous sommes tous coupables de nombreux manquements.

"Il n'y a point de juste, pas même un seul" (Ro 3:10). "Car tous ont péché et sont privés de la gloire de Dieu" (v. 23).

Nous avons donc besoin d'une expiation pour nos péchés. Or, nous ne pouvons pas les expier nous-mêmes. Le prix en est trop élevé. "Car le salaire du péché, c'est la mort" (Ro 6:23). Les œuvres bonnes ne peuvent compenser les mauvaises. "L'âme qui pèche, c'est celle qui mourra" (Ez 18:20). A part subir un châtiment éternel, nous ne pouvons absolument rien faire pour satisfaire la justice divine que nos péchés ont bafouée. La dette de notre péché est excessivement élevée, elle atteint des sommes que nous ne pourrions jamais offrir en échange. "Sans effusion de sang il n'y a pas de pardon" (Hé 9:22).

Mais Christ a fait l'expiation de nos péchés en versant son sang, en mourant à notre place. Il a porté le châtiment de tous ceux qui placent leur confiance en lui et il a souffert pour payer le prix de leurs péchés. Ce qu'ils ne pouvaient porter eux-mêmes, il l'a porté pour eux en subissant la mort la plus humiliante et la plus cruelle que l'on puisse imaginer.

> *Cependant, ce sont nos souffrances qu'il a portées, c'est de nos douleurs qu'il s'est chargé; et nous l'avons considéré comme puni, frappé de Dieu, et humilié. Mais il était blessé pour nos péchés, brisé pour nos iniquités; le châtiment qui nous donne la paix est tombé sur lui, et c'est par ses meurtrissures que nous sommes guéris. Nous étions tous errants comme des brebis, chacun suivait sa propre voie; et l'Eternel a fait retomber sur lui l'iniquité de nous tous (Es 53:4-6).*
>
> *Celui qui n'a point connu le péché, [Dieu] l'a fait devenir péché pour nous, afin que nous devenions en lui justice de Dieu (2 Co 5:21).*

Il a versé son sang innocent pour expier les péchés des autres. Aucun sacrifice moindre n'aurait pu satisfaire les exigences de justice divine "car c'est par la vie que le sang fait l'expiation" (Lé 17:11). Dieu a agréé le sacrifice de son Fils (Es 53:10). Christ est ressuscité d'entre les morts en signe de triomphe (Ro 1:4).

Dieu offre maintenant un pardon gratuit à tous ceux qui placent leur confiance en Christ. Nous n'avons pas besoin de présenter des mérites pour obtenir le plein pardon. Le Seigneur l'a acquis pour ceux qui l'acceptent par la foi. Il a déjà accompli l'expiation pour les siens et leur rédemption (Ep 1:7; Col 1:14). "Car nous pensons que l'homme est justifié par la foi, sans les œuvres de la loi" (Ro 3:28).

C'est pourquoi l'Evangile est une "bonne nouvelle". C'est Dieu lui-même qui opère l'œuvre de notre salut; nous n'avons qu'à nous approprier la rédemption par la foi.

Comment obtenir un statut juste devant Dieu

La rédemption que Christ nous a acquise ne se limite pas au pardon de nos péchés passés. Le Seigneur nous a aussi obtenu un statut de justes devant Dieu. Si nous n'avions que le pardon de nos péchés et l'effacement de notre dette, nous nous retrouverions avec une ardoise vierge. Mais ceux qui croient en Christ ont davantage qu'une ardoise vierge: la justice de Christ leur est imputée. Il s'agit d'une justice qu'ils n'ont pas acquise par leurs propres efforts, elle est portée à leur crédit par un simple acte de foi.

> *A celui qui ne fait point d'œuvre, mais qui croit en celui qui justifie l'impie, sa foi lui est imputée à justice. De même David exprime le bonheur de l'homme à qui Dieu impute la justice sans les œuvres: Heureux ceux dont les iniquités sont pardonnées, et dont les péchés sont couverts! Heureux l'homme à qui le Seigneur n'impute pas son péché! (Ro 4:5-8)*

Saul de Tarse avait espéré que ses bonnes œuvres religieuses lui vaudraient assez de justice pour être accepté par Dieu. Mais Christ le rencontra sur le chemin de Damas et métamorphosa le fier pharisien en Paul l'apôtre. Celui-ci renonça désormais à ses œuvres qu'il qualifiait de "boue" (Ph 3:4-8) et plaça toute son espérance dans une justice qui n'était pas la sienne. Au lieu de chercher à *gagner* une position juste devant Dieu, son seul désir fut désormais "de gagner Christ, et d'être trouvé en lui, non avec ma justice, celle qui vient de la loi, mais avec celle qui s'obtient par la foi en Christ, la justice qui vient de Dieu par la foi" (Ph 3:8-9).

Il parle de la justice qui est imputée à quiconque fait confiance à Christ seul pour son salut. C'est la justice parfaite de Christ lui-même qui est portée au compte de celui qui croit (cf. Ge 15:6). Seule cette justice nous permet de nous tenir avec confiance devant Dieu. Si vous n'avez pas encore reçu Christ comme seul espoir de salut, je vous presse de le faire à l'instant même.

> *... comme si Dieu exhortait par nous; nous vous en supplions au nom de Christ, Soyez réconciliés avec Dieu! (2 Co 5:20)*

Ce que nous devons faire en attendant Christ

Si vous avez la certitude d'être réconcilié avec Dieu, vous possédez une merveilleuse assurance. Il vous reste cependant à accomplir certaines choses en attendant le retour de Christ. Résumons d'une façon lapidaire: soyez occupé à *le servir* en l'attendant. Telle est la grande leçon qui se dégage de la parabole des talents. C'est également un point fondamental de toutes les instructions que Jésus a données sur la façon d'être prêt. A quoi devons-nous être occupés en l'attendant? L'Ecriture suggère plusieurs activités.

L'adoration. "Mais l'heure vient, et elle est déjà venue, où les vrais adorateurs adoreront le Père en esprit et en vérité; car ce sont là les adorateurs que le Père demande" (Jn 4:23). L'adoration devrait imprégner toute notre vie, au point que nous devrions chercher à tout faire pour la gloire de Dieu, y compris notre façon de manger et de boire (1 Co 10:31). Mais le culte communautaire occupe également une place nécessaire et distincte dans la vie du chrétien. En attendant le retour de Christ, ne négligeons pas le rassemblement des enfants de Dieu.

La communion fraternelle et l'encouragement. "Veillons les uns sur les autres, pour nous exciter à l'amour et aux bonnes œuvres. N'abandonnons pas notre assemblée, comme c'est la coutume de quelques-uns; mais exhortons-nous réciproquement, et cela d'autant plus que vous voyez s'approcher le jour" (Hé 10:24-25). La communion fraternelle est vitale pour les chrétiens, à cause de son influence bienfaisante par l'exhortation et l'encouragement mutuels. C'est pourquoi tout chrétien devrait prendre l'habitude de s'impliquer de façon régulière et active dans une église locale en en devenant membre. Si vous êtes devenu chrétien par la lecture de ce livre, je vous incite à rechercher la communion avec d'autres chrétiens qui partagent la même foi dans le contexte d'une église qui croit fermement à l'Ecriture et qui l'enseigne.

L'évangélisation et la vie de disciple. "Allez, faites de toutes les nations des disciples, les baptisant au nom du Père, du Fils et du Saint-Esprit, et enseignez-leur à observer tout ce que je vous ai prescrit. Et voici, je suis avec vous tous les jours, jusqu'à la fin du monde" (Mt 28:19-20). Tel est l'ordre missionnaire suprême du Seigneur à ses disciples avant de remonter au ciel. Ces ultimes instructions constituent notre ordre de marche. C'est à cette noble tâche que nous devons être principalement occupés en attendant son retour.

La prière. "Faites en tout temps par l'Esprit toutes sortes de prières et de supplications. Veillez à cela avec une entière persévérance, et priez pour tous les saints" (Ep 6:18). Pour le chrétien, la prière est comme la respiration. Elle est absolument nécessaire à votre vie spirituelle. C'est le lien spirituel par excellence qui nous rattache à Christ en attendant son avènement. C'est pourquoi une vie de prière intense constitue le plus sûr moyen de ne pas sombrer dans la torpeur et l'indifférence si le Seigneur tarde.

L'étude de la Bible. "Efforce-toi de te présenter devant Dieu comme un homme éprouvé, un ouvrier qui n'a point à rougir, qui dispense droitement la parole de la vérité" (2 Ti 2:15). Si la prière est la respiration de l'âme, l'Ecriture est sa nourriture spirituelle. "Désirez, comme des enfants nouveau-nés, le lait spirituel et pur, afin que par lui vous croissiez pour le salut" (1 Pi 2:2). Si nous ne voulons pas avoir à rougir lors de son arrivée, nous devons étudier afin d'être ses ouvriers approuvés qui cherchent à comprendre correctement sa Parole.

Le ministère envers autrui. "Si quelqu'un possède les biens du monde, et que, voyant son frère dans le besoin, il lui ferme ses entrailles, comment l'amour de Dieu demeure-t-il en lui? Petits enfants, n'aimons pas en paroles et avec la langue, mais en actions et avec vérité" (1 Jn 3:17-18). En nous appuyant sur les leçons qui se dégagent des paroles du Seigneur à propos du jugement des brebis et des boucs, nous nous rendons compte qu'il y a beaucoup d'œuvres pratiques à accomplir en attendant l'apparition de Christ. De nombreuses personnes vivent dans le besoin et la désolation. Nous avons les moyens de répondre à leurs besoins matériels et spirituels. Nous sommes appelés à le faire dans toute la mesure de nos possibilités.

Ce n'est qu'en demeurant actifs dans ces différents domaines en attendant le retour de Christ que nous pouvons espérer l'entendre nous dire: "C'est bien."

Appendice

Le retour imminent du Rédempteur

Arthur Pink[1]

La Bible n'indique nulle part le moment précis de la seconde venue; elle la présente comme un événement qui peut se produire à *tout* instant. Autrement dit, le fait du retour du Sauveur est systématiquement évoqué *en termes d'imminence*. En affirmant que le retour du Rédempteur est un événement imminent, nous ne voulons pas dire qu'il se produira *immédiatement*, mais que Christ *pourrait* revenir de notre vivant, qu'il *pourrait* apparaître cette année. Mais nous ne pouvons pas affirmer qu'il le *fera*.

La seconde venue est un *fait* certain parce que l'Ecriture Sainte le révèle. La *date* de cette venue est *incertaine* parce que Dieu ne l'a pas fait connaître. Nous sommes donc en présence d'une vérité simple à saisir et qui est cependant d'une importance fondamentale et d'une grande valeur pratique. La plupart des erreurs et des hérésies qui se sont propagées concernant ce sujet sont imputables à l'ignorance de cette considération élémentaire.

Prenons un exemple. Si le peuple du Seigneur avait prêté attention au fait que l'Ecriture présente la seconde venue

1. Cet appendice est extrait d'Arthur W. PINK, *The Redeemer's Return* (Swengel, Penn.: Bible Truth Depot, 1918), pp. 157-181.

comme un événement susceptible de se produire *à toute heure*, l'enseignement des postmillénaristes selon lequel le Seigneur ne peut revenir qu'au terme d'une période de mille ans n'aurait jamais pu obtenir une telle audience et être si facilement accepté. De plus, si cette merveilleuse vérité du retour possible de Christ *aujourd'hui* avait réellement empoigné notre cœur, elle aurait bouleversé notre façon de vivre avec une telle force que ses conséquences seraient incalculables et sa valeur incomparable. Sans nous étendre davantage sur la portée générale de cet aspect de notre thème, soulignons le caractère imminent du retour de Christ.

Le Seigneur a lui-même employé le langage de l'imminence pour parler de son retour

Voici comment, dans le discours du mont des Oliviers, le Maître répond à la question de ses disciples concernant le signe de sa venue et de la fin du monde (Mt 24:42-51):

> *Veillez donc, puisque vous ne savez pas quel jour votre Seigneur viendra. Sachez-le bien, si le maître de la maison savait à quelle veille de la nuit le voleur doit venir, il veillerait et ne laisserait pas percer sa maison. C'est pourquoi, vous aussi, tenez-vous prêts, car le Fils de l'homme viendra à l'heure où vous n'y penserez pas. Quel est donc le serviteur fidèle et prudent, que son maître a établi sur ses gens, pour leur donner la nourriture au temps convenable? Heureux ce serviteur, que son maître, à son arrivée, trouvera faisant ainsi! Je vous le dis en vérité, il l'établira sur tous ses biens. Mais, si c'est un méchant serviteur, qui dise en lui-même: Mon maître tarde à venir, s'il se met à battre ses compagnons, s'il mange et boit avec les ivrognes, le maître de ce serviteur viendra le jour où il ne*

> *s'y attend pas et à l'heure qu'il ne connaît pas, il le mettra en pièces, et lui donnera sa part avec les hypocrites, c'est là qu'il y aura des pleurs et des grincements de dents.*[2]

Une analyse de ce passage permet de mettre en relief les vérités importantes suivantes. Premièrement, l'"heure" du retour du Seigneur est *inconnue* de son peuple. Deuxièmement, parce que nous ne connaissons pas l'instant exact de son avènement, nous devons être *constamment* dans l'expectative et vigilants. Troisièmement, le Seigneur *reviendra inopinément*, même à une heure où ses disciples n'y penseront pas. Quatrièmement, le serviteur fidèle et avisé est celui qui donnera de la nourriture au temps convenable aux membres de la maison du Seigneur pendant son absence; celui qui sera trouvé agissant ainsi lors de l'apparition du Seigneur sera abondamment récompensé. Cinquièmement, celui qui dit en son cœur: "Mon maître *tarde* à venir" est un *méchant* serviteur qui sera couvert de honte lorsque le maître apparaîtra.

D'après la parabole des dix vierges, le Seigneur Jésus désire que son peuple soit prêt en permanence pour la venue de l'époux. Au début de la parabole, il indique que toutes les "vierges" prirent leurs lampes et vinrent à la rencontre de l'époux. Il est très facile de saisir le sens de cette partie de la parabole. Dans les jours qui ont suivi l'ascension du Seigneur, ses disciples perdirent tout intérêt aux choses de la terre et portèrent leur affection sur Christ. Ils n'avaient qu'une espérance et un ardent désir: son retour. Mais comme l'époux tardait, l'attente de son apparition s'estompa, ce qui entraîna un état de torpeur et de somnolence spirituelles. Cet état dura jusqu'au milieu

2. Les versets bibliques cités renvoient au retour de notre Seigneur sur la terre, comme il ressort du fait qu'ici il se dénomme lui-même "le Fils de l'homme"; pourtant, comme toute prophétie, ils ont au moins une *double* portée et peuvent être appliqués de façon appropriée à son secret retour dans les airs.

de la nuit, jusqu'à ce qu'un cri retentisse: "Voici l'époux, allez à sa rencontre!" Cette annonce eut pour effet de réveiller toutes les vierges, aussi bien les sages que les folles. Le malheur qui frappa les vierges folles dépourvues d'huile souligne fortement la nécessité d'être toujours prêt et de veiller sans cesse. Le Seigneur lui-même a tiré l'application pratique de toute la parabole: "Veillez donc, *puisque vous ne savez ni le jour, ni l'heure*" (Mt 25:13).

A la fin de son récit parallèle du discours du mont des Oliviers, Marc s'étend plus longuement que Matthieu sur l'ordre que le Seigneur a donné à ses disciples de *veiller* en attendant son retour. "Prenez garde, veillez et priez; car vous ne savez quand ce temps viendra. Il en sera comme d'un homme qui, partant pour un voyage, laisse sa maison, remet l'autorité à ses serviteurs, indique à chacun sa tâche, et ordonne au portier de veiller. Veillez donc, *car vous ne savez quand viendra le maître de la maison*, ou le soir, ou au milieu de la nuit, ou au chant du coq, ou le matin; craignez qu'il ne vous trouve endormis, à son arrivée soudaine. Ce que je vous dis, je le dis à tous: Veillez" (Mc 13:33-37). Une lecture attentive de ces versets montre clairement que le maître voulait faire comprendre deux choses à ses disciples. Premièrement, si son retour est absolument certain, en revanche, personne ne sait *quand*. Deuxièmement, compte tenu de l'ignorance de l'heure exacte de son retour, les disciples du Seigneur doivent adopter une attitude de vigilance sans faille, et s'attendre *à tout instant* à son avènement.

A une autre occasion, le Seigneur déclara à ses disciples (Lu 12:35-38):

> *Que vos reins soient ceints, et vos lampes allumées. Et vous, soyez semblables à des hommes* qui attendent que leur maître revienne *des noces, afin de lui ouvrir dès qu'il*

arrivera et frappera. Heureux ces serviteurs que le maître, à son arrivée, trouvera veillant! Je vous le dis en vérité, il se ceindra, les fera mettre à table, et s'approchera pour les servir. Qu'il arrive à la deuxième ou à la troisième veille, heureux ces serviteurs, s'il les trouve veillant!

La comparaison ne peut manquer d'impressionner. Le croyant est exhorté à se conduire comme un serviteur fidèle qui se tient sur le pas de la porte, les reins ceints et la lampe allumée, scrutant l'obscurité pour apercevoir le Maître qui revient et capter les premiers bruits de ses pas.

Il en sera de même le jour où le Fils de l'homme paraîtra. En ce jour-là, que celui qui sera sur le toit, et qui aura ses effets dans la maison, ne descende pas pour les prendre; et que celui qui sera dans les champs ne retourne pas non plus en arrière... Je vous le dis, en cette nuit-là, de deux personnes qui seront dans un même lit, l'une sera prise et l'autre laissée; de deux femmes qui moudront ensemble, l'une sera prise et l'autre laissée (Lu 17:30-35).

La substance de ce passage est en parfaite harmonie avec ceux déjà considérés. L'avènement du Seigneur ne sera ni annoncé ni attendu. Il se produira alors que les gens vaqueront à leurs occupations quotidiennes, ce qui nous impose d'être toujours sur le *qui-vive*.[3] Remarquons en passant que le dernier passage cité confirme l'*exactitude scientifique* de la Bible. Au verset 31, il est précisé qu'il fera "jour" (ce sera le cas d'une moitié du globe terrestre) au moment de l'apparition de Christ, alors que pour d'autres (v. 34), cette venue se fera la "nuit" (l'autre moitié de notre planète). La Bible anticipe ainsi une découverte scientifique

3. "Qui-vive?" est le cri des sentinelles. Nous devons comme elles toujours être en alerte, sur nos gardes.

relativement récente et démontre que le Seigneur était parfaitement informé à la fois de la *rotondité* et de la *rotation* de la terre.

> *Prenez garde à vous-mêmes,* de crainte *que vos cœurs ne s'appesantissent par les excès du manger et du boire, et par les soucis de la vie, et que ce jour ne vienne sur vous* à l'improviste*; car il viendra comme un filet sur tous ceux qui habitent sur la surface de toute la terre. Veillez donc et priez en tout temps, afin que vous ayez la force d'échapper à toutes ces choses qui arriveront, et de paraître debout devant le Fils de l'homme (Lu 21:34-36, mise en évidence ajoutée).*

Remarquez particulièrement les mots "de crainte que vos cœurs ne s'appesantissent par les excès… et que ce jour ne vienne sur vous à l'improviste." Le Seigneur exige que nous soyons prêts chaque jour, et même à chaque heure. Il ne pourrait être plus explicite. Que ceux qui parlent avec tant de mépris de "la théorie du n'importe quand" pèsent le poids des mots "à l'improviste" et se souviennent qu'ils ont été prononcés par le Seigneur lui-même. Dieu nous cache intentionnellement la date précise de la seconde venue de Christ pour nous obliger à veiller et à être toujours dans l'attente, toujours prêts.

Avant de passer au point suivant, soulignons encore un verset de l'Ecriture en rapport avec notre sujet. A la lumière des paroles du Seigneur – "Cette bonne nouvelle du royaume sera prêchée dans le monde entier, pour servir de témoignage à toutes les nations. Alors viendra la fin" (Mt 24:14) –, les post-millénaristes affirment que les apôtres *ne pouvaient* attendre le *retour de Christ de leur vivant*. Mais cette objection est balayée par plusieurs passages du Nouveau Testament. En Actes 19:10, il est écrit: "Cela dura deux ans, de sorte que *tous ceux qui habitaient l'Asie*, Juifs et Grecs, entendirent la parole du Seigneur." Et dans Colossiens 1:5-6, l'apôtre déclare: "… à cause de l'espérance qui vous est réservée dans les cieux, et que la parole de la vérité, la parole de l'Evangile vous a précédemment fait connaître. Il est au milieu de vous, et *dans le monde entier*; il porte des fruits, et il s'accroît, comme c'est aussi le cas parmi vous, depuis le jour où vous avez entendu et connu la grâce de Dieu conformément à la vérité..." Au verset 23 du même chapitre, l'auteur ajoute: "si du moins vous demeurez fondés et inébranlables dans la foi, sans vous détourner de l'espérance de l'Evangile que vous avez entendu, qui a été prêché à *toute créature sous le ciel*, et dont moi Paul, j'ai été fait ministre." Ces versets montrent de la façon la plus claire que l'obstacle imaginé par les postmillénaristes n'existait pas pour les apôtres qui pouvaient vraiment nourrir l'espérance du retour imminent du Rédempteur. L'Ecriture avance donc une preuve irréfutable que l'Evangile *avait été* si largement répandu par les apôtres eux-mêmes que rien de *nécessaire* et *d'inévitable* ne pouvait s'interposer entre eux et la réalisation de leur espérance.

Nous espérons ainsi avoir balayé de la façon la plus plausible et la plus convaincante l'objection contre le retour imminent du Seigneur avant son règne de mille ans. Passons au point suivant.

Les apôtres ont employé le langage de l'imminence pour parler du retour du Seigneur

"Cela importe d'autant plus que vous savez en quel temps nous sommes: c'est l'heure de vous réveiller enfin du sommeil, car maintenant le salut est plus près de nous que lorsque nous avons cru. La nuit est avancée, *le jour approche*. Dépouillons-nous donc des œuvres des ténèbres, et revêtons les armes de la lumière" (Ro 13:11-12). Le "salut" auquel l'apôtre fait référence ici désigne l'achèvement et la consommation de notre salut, lorsque notre âme, notre esprit et notre corps seront rendus parfaitement conformes à l'image du Fils de Dieu. Cette opération interviendra lors du retour de notre Rédempteur, car "lorsqu'il paraîtra, *nous serons semblables à lui*" (1 Jn 3:2). Ce sera le "jour" du croyant, le "jour parfait", celui qui mène le croyant vers un éclat "croissant" (Pr 4:18). La nuit dont il est question plus haut correspond à la période actuelle, celle où la Lumière du monde est absente. Remarquons que les apôtres, sous l'inspiration de l'Esprit, considéraient la nuit comme "avancée" et le jour "proche".

"Le Dieu de paix écrasera *bientôt* Satan sous vos pieds" (Ro 16:20). C'est une référence à Genèse 3:15 où YHWH a promis à nos premiers parents que la descendance de la femme écraserait la tête du serpent. Comme un jour les croyants gouverneront et régneront avec Christ (Ap 3:21; 19:14; 20:4), il est annoncé ici que "le Dieu de paix écrasera bientôt Satan sous *vos* pieds". L'emploi de l'adverbe "bientôt" montre que l'apôtre ne considérait pas la réalisation de cette promesse comme lointaine, mais plutôt comme une réalité imminente.

"Je rends à mon Dieu de continuelles actions de grâces à votre sujet, pour la grâce de Dieu qui vous a été accordée en Jésus-Christ. Car en lui vous avez été comblés de toutes les richesses qui concernent la parole et la connaissance, le témoignage de Christ ayant été solidement établi parmi vous, de sorte qu'il ne vous manque aucun don, *dans l'attente où vous êtes de la manifestation de notre Seigneur Jésus-Christ*" (1 Co 1:4-7). Ce texte nous apprend premièrement que les saints de Corinthe attendaient la venue du Seigneur Jésus, et qu'ils l'attendaient *au cours de leur génération*; deuxièmement, que l'apôtre les *félicitait* pour leur attitude, au point même de rendre continuellement grâces à Dieu; troisièmement, que l'attente de ces croyants corinthiens constituait le *summum bonum* de l'expérience chrétienne, puisqu'à l'affirmation qu'il ne manquait "aucun don" à ces croyants, Paul ajoute ce qu'il considère comme le point culminant, à savoir leur "attente…de la manifestation [du] Seigneur Jésus-Christ".

"Veillons les uns sur les autres, pour nous exciter à l'amour et aux bonnes œuvres. N'abandonnons pas notre assemblée, comme c'est la coutume de quelques-uns; mais exhortons-nous réciproquement, et cela d'autant plus que vous voyez *s'approcher le jour*" (Hé 10:24-25). La venue du "jour" avec ses gloires et ses béatitudes, voilà ce qui occupait tout le champ de vision de l'apôtre. Le "jour" promis, le jour de Christ, qui devait succéder à la sombre nuit de tristesse de l'absence de l'époux, était une espérance solidement ancrée dans son cœur. Par la foi, il pouvait "voir" ce jour *approcher*; c'est à la lumière de son *imminence* que l'auteur exhorte ceux qui partagent la même vocation céleste que lui à se conduire dans le temps présent d'une manière qui convient aux enfants de la lumière. Dans ce même chapitre, l'apôtre dit: "Encore un peu, un peu de temps: celui qui doit venir viendra, et il ne tardera pas" (v. 37). Combien ces paroles éclairent le désir du Saint-Esprit pour les croyants du premier siècle! Il voulait qu'ils attendent "la bienheureuse espérance, et la manifestation de la gloire de notre grand Dieu et Sauveur Jésus-Christ."

L'espoir du retour du Seigneur était si vivant dans le cœur de l'apôtre, et cet événement lui semblait si imminent qu'il comptait figurer non parmi les morts, mais parmi les chrétiens vivants lorsque retentirait l'appel au grand rassemblement. Il déclare en effet: "Voici, je vous dis un mystère, *nous* ne mourrons pas tous, mais tous *nous* serons changés, en un instant, en un clin d'œil" (1 Co 15:51-52). Et ailleurs: "Mais nous, *nous* sommes citoyens des cieux, d'où *nous* attendons aussi comme Sauveur le Seigneur Jésus-Christ, qui transformera le corps de notre humiliation, en le rendant semblable au corps de sa gloire" (Ph 3:20-21). "Car le Seigneur lui-même, à un signal donné, à la voix d'un archange, et au son de la trompette de

Dieu, descendra du ciel, et les morts en Christ ressusciteront premièrement. Ensuite, *nous* les vivants, qui serons restés, *nous* serons tous ensemble enlevés avec eux sur des nuées, à la rencontre du Seigneur dans les airs, et ainsi *nous* serons toujours avec le Seigneur" (1 Th 4:16-17). Les ennemis de la foi se sont appuyés sur ces affirmations pour montrer que Paul s'était trompé, qu'il avait donc écrit sous l'inspiration de sa sagesse humaine, qu'il ne faisait qu'exprimer *ses croyances personnelles*, dont certaines étaient visiblement erronées. Cette objection est inacceptable pour les croyants qui savent que "toute Ecriture est inspirée de Dieu". Nous espérons indiquer dans la suite de ce chapitre pourquoi le Saint-Esprit a poussé les apôtres à parler de la seconde venue de Christ comme d'un événement susceptible de se produire de leur temps.

Paul n'est pas le seul à s'exprimer de cette façon: les autres apôtres aussi ont envisagé le retour du Seigneur comme pouvant intervenir à tout instant. L'apôtre Jacques écrit: "Vous aussi, soyez patients, affermissez vos cœurs, car l'avènement du Seigneur est proche" (Ja 5:8). Il n'y a aucune ambiguïté dans ce langage; l'apôtre affirme sa foi en la venue prémillénariste de Christ, car il pourrait difficilement dire que l'avènement du Seigneur est proche si mille ans devaient s'écouler préalablement à sa venue. De plus, Jacques annonce *l'imminence* de son apparition, autrement dit un événement qui peut se produire n'importe quand. De son côté, l'apôtre Pierre déclare: "La fin de toutes choses [les choses qui ont trait au siècle présent] *est proche*. Soyez donc sages et sobres, pour vaquer à la prière" (1 Pi 4:7). L'apôtre s'attendait à la clôture très prochaine de l'économie présente et à l'instauration d'un nouvel ordre de choses lorsque son Seigneur reviendrait et prendrait les rênes du pouvoir. L'apôtre Jean dit: "Petits enfants, c'est la dernière heure, et comme vous avez appris qu'un Antéchrist vient, il y a maintenant plusieurs Antéchrists, par là nous connaissons que c'est la dernière heure" (1 Jn 2:18). L'auteur enseigne une leçon importante à ses lecteurs: ceux-ci ne devaient pas déduire du fait que l'Antéchrist personnel n'était pas encore venu au moment où il écrivit cette épître, que la seconde venue de Christ était encore lointaine. Non, car plusieurs antéchrists étaient déjà apparus, ce qui prouvait que c'était "la dernière heure". Nous constatons donc que le témoignage des apôtres est unanime et explicite. Ils attendaient le retour de leur Seigneur à tout instant. Telle devrait également être notre attitude.

Que les larmes ne troublent pas ma vue,
Que la joie illumine mon sourire;
Veille et attends-le; lève les yeux vers la nue:
Bientôt, bientôt le Seigneur va venir.

Bientôt, la Voie Lactée d'étoiles parsemée
Et le sublime dôme de saphir
Rayonneront d'une gloire inégalée:
Bientôt, bientôt le Seigneur va venir.

Changé en un clin d'œil à sa vue,
Revêtu d'une beauté immaculée,
Je le contemplerai sur son trône élevé
Et je chanterai: "Le Seigneur est revenu!"

Un regard de son visage resplendissant
Consumera ces mortels vêtements,
Effacera la moindre tache de péché:
Seigneur Jésus, viens sans tarder!

Quel bonheur de demeurer auprès de toi,
Toi, mon refuge éternel assuré!
Quelle félicité, quelle ineffable joie!
Seigneur Jésus, viens sans tarder!

Pourquoi le fait du retour du Seigneur est-il présenté dans un langage d'imminence, alors que la date exacte reste cachée?

A première vue, il peut nous paraître étrange que le Seigneur ne nous ait pas fait connaître la date exacte de son avènement. Il a permis que de nombreux détails liés à cette bienheureuse espérance soient consignés dans la Parole. Il a révélé beaucoup de faits qui devront se produire lors de sa seconde venue; ce qui peut donc nous sembler étrange, c'est qu'après nous avoir *tant* dit, il nous ait laissés dans l'ignorance sur le point qui focalise le plus notre curiosité. Disons d'emblée que ce n'est *pas l'ignorance* qui a motivé le Seigneur à nous cacher l'heure de son apparition, bien que certains de ses adversaires lui reprochent cette ignorance. Ils fondent leur accusation perverse sur Marc 13:32: "Pour ce qui est du jour ou de l'heure, personne ne le sait, ni les anges dans le ciel, ni le Fils, mais le Père seul." Ces paroles ne présentent aucune difficulté d'interprétation si nous les replaçons dans le contexte de l'évangile qui les rapporte, à savoir celui de Marc, l'évangile qui présente Christ comme le serviteur parfait de YHWH, le serviteur obéissant dont la nourriture était de faire la volonté de celui qui l'avait envoyé, le serviteur qui "ne sait pas ce que fait son maître" (Jn 15:15). Marc 13:32 ne met nullement en doute l'omniscience du Seigneur, mais affirme qu'en tant que serviteur, il s'en remettait à la volonté d'un autre. Il suffit de réfléchir tant soit peu pour comprendre que le Seigneur a fait preuve d'une sagesse parfaite en nous cachant la date exacte de son retour. Il tenait en particulier à ce que son peuple demeure dans une vive expectative, l'attendant sans relâche.

Cette question du retour du Seigneur doit être examinée à la lumière de *l'unité de l'Eglise de Christ*. Nous sommes tous enclins à considérer les croyants comme des individus séparés les uns des autres plutôt que comme "un seul corps" (1 Co

12:13), "membres les uns des autres" (Ro 12:5). L'Eglise n'est pas une organisation, mais un organisme vivant, un "corps" dont Christ est la "tête". Par conséquent, l'imminence du retour du Rédempteur concerne autant chaque membre que l'ensemble des saints; les croyants du premier siècle s'intéressaient donc autant à la venue du Sauveur que les chrétiens d'aujourd'hui. L'objet de l'espérance d'alors reste l'objet de l'espérance maintenant, car le corps est un; inversement, l'objet de l'espérance contemporaine devait nécessairement faire l'objet de l'espérance autrefois. Il en résulte qu'en vertu de l'unité des saints, les premiers chrétiens étaient exhortés à marcher à la lumière d'une bienheureuse espérance *commune à toute l'Eglise*.

Le fait du retour du Seigneur aurait pu ne pas être révélé du tout, mais cela aurait privé l'Eglise d'un puissant stimulant à vivre saintement. L'imminence de la seconde venue du Rédempteur a été communiquée pour obliger les chrétiens à veiller et à être prêts. Si donc le Nouveau Testament n'avait pas présenté le fait du retour du Seigneur comme un événement *susceptible* de se produire n'importe quand, mais l'avait enseigné comme repoussé dans le temps et devant intervenir à un siècle fixé dans le lointain, tous les croyants qui auraient vécu avant cette échéance auraient été privés de la consolation qui réside dans l'assurance du retour de Christ à l'improviste, et n'auraient pas connu les effets purificateurs que cette attente est destinée à produire. Comme l'a fait remarquer à juste titre l'archevêque Trench, "Christ ne désire pas voir chaque génération croire à son retour de son vivant, car il ne veut certainement pas que notre foi et notre pratique reposent sur une erreur, ce qui serait le cas pour toutes les générations sauf la dernière. Mais c'est un élément nécessaire de la doctrine qui veut que la seconde venue de Christ puisse se produire à tout instant, et qu'aucune génération ne puisse la considérer comme improbable pour elle-même."

Nous avons ainsi une réponse amplement suffisante à notre question. La seconde venue de Christ est présentée dans le langage de l'imminence à cause des effets à long terme qu'elle est censée accomplir chez ceux qui s'accrochent à la promesse: "Voici, je viens bientôt." Le retour imminent du Rédempteur nourrit une espérance *pratique*. C'est en fait le plus puissant aiguillon du Nouveau Testament. Le Saint-Esprit associe ce retour à tous les préceptes et à toutes les applications pratiques relatives au caractère et au comportement chrétiens. "Elle justifie les exhortations, accentue les appels, développe les raisonnements, donne du poids aux commandements, rend les supplications plus ardentes, stimule le courage, combat la peur, ranime l'amour, alimente l'espérance, enflamme le zèle, sépare du monde, consacre à Dieu, sèche les larmes, triomphe de la mort" (Brookes).

L'espérance de la seconde venue de notre Seigneur développe la *loyauté et la fidélité à Christ.*

> *Quel est donc l'économe fidèle et prudent que le maître établira sur ses gens, pour leur donner la nourriture au temps convenable? Heureux ce serviteur, que son maître, à son arrivée, trouvera faisant ainsi! Je vous le dis en vérité, il l'établira sur tous ses biens. Mais, si ce serviteur dit en lui-même: Mon maître tarde à venir; s'il se met à battre les serviteurs et les servantes, à manger, à boire et à s'enivrer, le maître de ce serviteur viendra le jour où il ne s'y attend pas et à l'heure qu'il ne connaît pas, il le mettra en pièces, et lui donnera sa part avec les infidèles (Lu 12:42-46).*

La morale de cette parabole saute aux yeux. Tant que l'économe adoptait une attitude de vigilance, il était fidèle et sobre; mais lorsqu'il se dit en lui-même: "Mon maître *tarde* à venir", il se mit à battre les autres serviteurs, à manger, à boire et à s'enivrer. Autrement dit, l'attente dynamique du retour du maître favorise la loyauté et la fidélité, alors que l'insouciance rend le cœur plus mondain, la marche plus négligente et la vie plus charnelle.

Le retour du Seigneur est présenté comme un stimulant de *l'amour fraternel*: "Et que le Seigneur fasse croître et abonder l'amour que vous avez les uns pour les autres, et pour tous, à l'exemple de celui que nous avons pour vous; qu'il affermisse vos cœurs pour qu'ils soient irréprochables dans la sainteté devant Dieu notre Père, lors de l'avènement de notre Seigneur Jésus avec tous ses saints!" (1 Th 3:12-13). Sachant que le Seigneur peut revenir à toute heure, combien sont tragiques les divisions au sein de son peuple! Chacun de nous devra bientôt comparaître devant le *bêma* [le tribunal] de Christ où toute injustice sera redressée et tout malentendu réparé. Le Seigneur est proche; c'est pourquoi oublions nos divergences mesquines, pardonnons-nous réciproquement comme Dieu nous a pardonné en Christ; que notre amour les uns pour les autres augmente et abonde!

L'espérance de la seconde venue de Christ incite à mener une vie de piété: "Car la grâce de Dieu, source de salut pour tous les hommes, a été manifestée. Elle nous enseigne à renoncer à l'impiété et aux convoitises mondaines, et à vivre dans le siècle présent selon la sagesse, la justice et la piété, en attendant la bienheureuse espérance, et la manifestation de la gloire de notre grand Dieu et Sauveur Jésus-Christ" (Tit 2:11-13). Ces paroles montrent avec brio que la bienheureuse espérance cherche à contrecarrer chez le chrétien l'esprit de jouissance égoïste et d'autosatisfaction, pour le remplacer par la poursuite de la sanctification. Comme le dit l'apôtre Jean, "Quiconque a cette espérance en lui se purifie, comme lui-même est pur" (1 Jn 3:3).

Le retour du Seigneur a également pour but de *consoler* les cœurs endeuillés:

> *Nous ne voulons pas, frères, que vous soyez dans l'ignorance au sujet de ceux qui sont décédés, afin que vous ne vous affligiez pas comme les autres qui n'ont point d'espérance. Car, si nous croyons que Jésus est mort et qu'il est ressuscité, croyons aussi que Dieu ramènera par Jésus et avec lui ceux qui sont décédés. Voici, en effet, ce que nous vous déclarons d'après la parole du Seigneur: nous les vivants, restés pour l'avènement du Seigneur, nous ne devancerons pas ceux qui sont décédés. Car le Seigneur lui-même, à un signal donné, à la voix d'un archange, et au son de la trompette de Dieu, descendra du ciel, et les morts en Christ ressusciteront premièrement. Ensuite, nous les vivants, qui serons restés, nous serons tous ensemble enlevés avec eux sur des nuées, à la rencontre du Seigneur dans les airs, et ainsi nous serons toujours avec le Seigneur. Consolez-vous donc les uns les autres par ces paroles (1 Th 4:13-18).*

Ceux à qui l'apôtre écrivait se lamentaient sur la mort de leurs bien-aimés. Remarquons qu'il ne les console pas en leur disant que bientôt ils mourront à leur tour et qu'ils iront au ciel. Non, il place devant leurs yeux la perspective du Seigneur qui revient et qui ramènera avec lui tous les saints décédés.

La promesse du retour du Rédempteur vise encore à développer la grâce de la *patience*: "Soyez donc patients, frères, jusqu'à l'avènement du Seigneur. Voici, le laboureur attend le précieux fruit de la terre, prenant patience à son égard, jusqu'à ce qu'il ait reçu les pluies de la première et de l'arrière-saison. Vous aussi, *soyez patients, affermissez vos cœurs*, car l'avènement du Seigneur est proche" (Ja 5:7-8). Ces paroles furent adressées à des saints qui étaient pauvres en possessions terrestres et qui gémissaient sous l'oppression d'employeurs injustes. Avec quelle justesse cette parole d'exhortation s'applique à de nombreux élus du vingtième siècle! Combien de chrétiens pauvres supplient le Seigneur de les délivrer des difficultés financières, de la tyrannie et de l'injustice! Ces cris sont parvenus aux oreilles de l'Eternel des armées et, tout comme il est intervenu autrefois en faveur d'Israël en Egypte, il viendra rapidement pour arracher son peuple des mains de leurs chefs de corvée cruels. En attendant, il leur laisse pour mot d'ordre: "Soyez donc patients, frères, jusqu'à l'avènement du Seigneur."

L'espérance du retour du Seigneur est aussi *l'antidote aux inquiétudes*: "Que votre douceur soit connue de tous les hommes. Le Seigneur est proche. *Ne vous inquiétez de rien*" (Ph 4:5-6). Frères en Christ, pourquoi vous faire tant de souci à propos de vos besoins de l'année prochaine? Pourquoi vous torturer l'esprit pour faire des projets d'avenir? Pourquoi vous soucier du lendemain? Il se peut que demain vous soyez au ciel. Le cri qui sonne le rassemblement pourrait se faire entendre avant demain. Votre Sauveur peut surgir à tout instant. Le Seigneur est proche, et son apparition signifiera la fin de tous vos ennuis et de toutes vos difficultés. Ne fixez pas votre regard sur vos tribulations et les dangers qui vous menacent, mais levez les yeux vers votre Rédempteur. "Ne vous inquiétez de rien."

La perspective du prochain retour du Sauveur doit aussi stimuler la *sobriété et la vigilance*: "Cela importe d'autant plus que vous savez en quel temps nous sommes: c'est l'heure de vous réveiller enfin du sommeil, car maintenant le salut est plus près de nous que lorsque nous avons cru. La nuit est avancée, le jour approche. Dépouillons-nous donc des œuvres des ténèbres, et revêtons les armes de la lumière" (Ro 13:11-12). Le "salut" mentionné ici est le même que celui auquel Hébreux 9:28 fait allusion: "Christ... apparaîtra sans péché une seconde fois à ceux qui l'attendent pour leur salut." Christ nous apportera ce salut à sa seconde venue. Notez que ce salut n'est pas présenté comme un espoir lointain qui se réalisera à un moment très reculé, mais comme un fait très proche.

Avant de clore ce chapitre, une autre question mérite notre attention.

Pourquoi notre Seigneur a-t-il tardé jusqu'à présent?

Pourquoi le Rédempteur n'est-il pas revenu depuis longtemps? A première vue, cette question pourrait sembler impertinente, et certains seraient enclins à nous rappeler que "les choses cachées appartiennent au Seigneur". Nous rétorquons que ce n'est pas pour satisfaire une vaine curiosité ou pour nous complaire dans une spéculation oiseuse que nous posons cette question, mais simplement parce que nous croyons que son examen en toute humilité fera le plus grand bien à notre âme, dans la mesure où la réponse à cette interrogation met en relief la sagesse et la grâce de celui avec qui nous avons affaire.

Autrefois, la mère de Sisera s'était écriée à propos de son fils: "Pourquoi son char tarde-t-il à venir? Pourquoi ses chars vont-ils si lentement?" (Jg 5:28). Nous pouvons faire nôtre cette question. A la veille de sa mort, le Seigneur Jésus a dit à ses disciples: "Je vais vous préparer une place. Et, lorsque je m'en serai allé, et que je vous aurai préparé une place, je reviendrai, et je vous prendrai avec moi, afin que là où je suis vous y soyez aussi" (Jn 14:2-3). Mais dix-huit siècles se sont déjà écoulés, *et il n'est toujours pas revenu*! N'est-ce pas profondément mystérieux? Un monde qui se pose de plus en plus de questions; Israël qui est toujours sans patrie et sans roi; une Eglise déchirée en factions et, comme Samson, privée de puissance; une création qui gémit et une terre dévastée par la guerre, tout nous pousse à crier avec les âmes sous l'autel: "Jusqu'à quand, Maître saint et véritable…?" (Ap 6:10)

Pourquoi donc un tel retard? Pourquoi l'ère des bénédictions du millénium est-elle repoussée à ce point? Pourquoi le Rédempteur n'est-il pas encore venu prendre possession de l'héritage qu'il s'est acquis par son sang? Ce sont là des questions brûlantes, qui assaillent l'esprit de tous les saints de Dieu un jour ou l'autre. Peut-on obtenir une réponse satisfaisante? Certainement pas une réponse *complète*, car aujourd'hui "nous connaissons *en partie*". Mais une réponse tout de même, une réponse qui nous permette au moins *d'entrevoir*, même "d'une manière obscure, comme au travers d'un miroir", une bribe de la *signification* du retard du Seigneur. Pourquoi cet intervalle qui se prolonge depuis son ascension? Pourquoi n'est-il pas revenu plus tôt? Voici quelques éléments de réponse.

Premièrement, Dieu a voulu donner à l'homme l'occasion de pleinement mettre en œuvre ses plans et lui faire ainsi comprendre son besoin d'un chef compétent. L'homme ne pourra jamais reprocher à Dieu de ne pas lui avoir laissé le temps d'expérimenter ses propres plans. Il a eu le loisir de gouverner le monde et de l'entretenir. En quelque sorte, Dieu lui a confié les rênes du gouvernement du monde et s'est retiré des affaires pour un temps. Pourquoi? Pour montrer si oui ou non l'homme était suffisant pour cela; s'assurer si oui ou non l'homme était capable de se gouverner lui-même; vérifier si l'homme était compétent pour lutter contre les puissances mauvaises qui assaillent son âme.

A travers tous les âges, l'homme a tout fait pour gouverner le monde et en prendre soin. Il a eu les coudées franches. Quels ont été les résultats? Il a démontré on ne peut plus clairement sa haine incurable contre Dieu et la totale dépravation de sa nature. Quel usage a-t-il fait de la liberté, des occasions, des privilèges et des talents que son Créateur lui avait confiés? A quelle fin les a-t-il utilisés? A-t-il cherché à glorifier Dieu ou à se déifier lui-même? Poser la question, c'est déjà y répondre.

L'homme s'est montré d'un orgueil démesuré, hautain dans ses affirmations, impudent dans ses vantardises. Il a articulé ses slogans préférés autour des notions d'*amélioratio*n, de *progrès*, d'*illumination*, d'*évolution* et de *civilisation*. Mais la sagesse de ce monde est folie pour Dieu; la folie de la sagesse du monde et la vanité des prétentions humaines s'étalent devant nos yeux. Qu'a produit la "civilisation"? Qu'avons-nous réussi avec tous nos soi-disant lumières et progrès? Pour connaître la réponse, il suffit d'écouter le verdict de nos tribunaux, de lire la une des quotidiens, de prêter un peu d'attention aux conditions politiques et morales de notre temps, de penser à la Guerre mondiale avec ses cruautés, sa barbarie, ses atrocités diaboliques. Et remarquons que ces choses ne sont nullement imputables à l'ignorance et à l'inexpérience de l'homme. L'homme n'est pas en train d'écrire les premières pages de l'histoire! Nous sommes vingt siècles après le début de l'ère chrétienne! L'être humain ne peut donc pas reprocher à Dieu de ne pas lui avoir laissé assez de temps pour peaufiner ses plans. Loin de là. Dieu lui a donné beaucoup de temps, en tout cas assez pour mettre en évidence sa faillite, pour prouver qu'il est totalement incapable de se contrôler lui-même, que si la paix doit être instaurée, ce sera de façon *extérieure* à lui.

La première partie de notre réponse est donc celle-ci: le retour de Christ tarde de manière à ce que l'homme ait toute latitude pour mener à bien ses plans. *Dieu attend la moisson.* Il attend que le temps de la moisson des machinations et des efforts de l'homme soit venu. Il attend patiemment, la faucille à la main, et dès que le travail humain sera parvenu à complète maturité, alors retentira le cri: "Lance ta faucille, et moissonne; car l'heure de moissonner est venue, *la moisson de la terre est mûre*" (Ap 14:15).

Deuxièmement, le Seigneur a jusqu'à présent retardé sa venue pour que la patience de Dieu soit pleinement démontrée:

"Mais il est une chose, bien-aimés, que vous ne devez pas ignorer, c'est que, devant le Seigneur, un jour est comme mille ans, et mille ans sont comme un jour. Le Seigneur ne tarde pas dans l'accomplissement de la promesse, comme quelques-uns le croient; mais il use de patience envers vous, *ne voulant pas qu'aucun périsse*, mais voulant que tous arrivent à la repentance" (2 Pi 3:8-9). Tout au long des dix-neuf siècles écoulés, le Seigneur n'a cessé de répéter: "Venez à moi, vous tous qui êtes fatigués et chargés, et je vous donnerai du repos." Depuis que le Sauveur a quitté la terre, Dieu use de miséricorde à l'égard du monde au lieu de le frapper de ses jugements. La patience de Dieu envers notre race perverse est vraiment merveilleuse. Quelle grâce que les coupes de son ardente colère n'aient pas encore été versées sur les nations jusqu'à maintenant! Quelle patience extraordinaire de YHWH qui supporte depuis vingt siècles des rebelles tels que nous les connaissons! Pourquoi le jour du salut s'est-il prolongé au point de dépasser en durée toutes les dispensations qui l'ont précédé? Pourquoi la porte de la grâce reste-t-elle grande ouverte et pourquoi Dieu supplie-t-il les pécheurs d'être réconciliés avec lui? Pourquoi Christ n'est-il pas revenu depuis très longtemps au milieu d'une flamme de feu pour se venger de ceux qui ne connaissent pas Dieu et n'obéissent pas à son Evangile? Pourquoi ne s'est-il pas encore assis sur son trône de gloire et n'a-t-il pas encore dit à ses ennemis: "Retirez-vous de moi, maudits; allez dans le feu éternel qui a été préparé pour le diable et pour ses anges"? Pourquoi? Parce que le Seigneur "use de patience envers vous, ne voulant pas qu'aucun périsse". Supposons que le Seigneur soit revenu il y a cinq, dix, vingt ou cinquante ans. Combien de ceux qui lisent ces lignes et se réjouissent d'avoir été acceptés dans le Bien-aimé auraient alors péri dans leurs péchés? Associez-vous alors à l'auteur pour remercier le Dieu de grâce de son admirable patience.

Troisièmement, le Seigneur a jusqu'à ce jour repoussé la date de son retour pour mettre à l'épreuve la foi de son peuple. Il a toujours agi ainsi. Pourquoi Abraham dut-il attendre si longtemps avant d'avoir Isaac? Pourquoi cet asservissement prolongé en Egypte alors que le peuple élu gémissait sous les fardeaux que lui imposaient ses cruels maîtres de corvée? Pourquoi quatre siècles de silence entre le ministère de Malachie et celui de Jean-Baptiste? Pourquoi un intervalle de 4 000 ans entre le don de la promesse à la femme au sujet de sa descendance et sa réalisation? Pourquoi? Pour tester la foi des enfants de Dieu, pour démontrer la réalité de leur confiance en lui. Le même principe s'applique à notre dispensation. Pourquoi notre Seigneur s'attarde-t-il tellement dans la maison de son Père? Pourquoi ces dix-huit siècles passés au cours desquels son Eglise chemine dans le désert du monde? Pourquoi la première veille, la deuxième et même la troisième sont-elles déjà passées sans que le Seigneur soit revenu? Pourquoi Dieu a-t-il permis que la bienheureuse espérance, redécouverte il y a près d'un siècle, ne soit pas suivie de l'apparition de l'époux? Pourquoi à cette vive attente des siens au cours des trois générations passées le ciel continue-t-il de répondre par le silence? Pourquoi les roues de son char n'apparaissent-elles pas? Pourquoi? Parce que Dieu éprouve la foi de son peuple. Pourquoi se plaît-il à agir de la sorte? Pour la louange de la gloire de sa grâce. Peut-être aussi pour prouver aux anges à qui nous sommes livrés "en spectacle" (1 Co 4:9) qu'il possède un peuple capable par sa grâce de lui rester fidèle au milieu des ténèbres d'un profond mystère.

Les voies de notre Dieu sont merveilleuses. Les moqueurs ont beau s'écrier: "Où est la promesse de son avènement?", les méchants serviteurs s'exclamer: "Mon maître tarde à venir" et notre cœur mauvais être tenté de se cabrer devant ce long délai, force nous est cependant de constater que Dieu "fait tout à merveille".

Glossaire

Amillénarisme: théorie selon laquelle le règne de mille ans de Christ, décrit dans Apocalypse 20, est une réalité invisible et spirituelle plutôt qu'un règne terrestre littéral. Les amillénaristes pensent que le royaume existe déjà maintenant et qu'il ne faut pas prendre la mention des mille ans au sens littéral; le prochain événement sur le calendrier prophétique sera le retour de Christ immédiatement suivi du jugement.

Antichrist (voir aussi Bête): l'apôtre Jean est le seul auteur biblique à utiliser ce nom, et il ne le fait que dans ses épîtres. Il parle de l'Antéchrist (ou Antichrist) comme d'un personnage particulier à venir, tout en reconnaissant que de nombreux "antéchrists", c'est à dire des gens dont l'opposition à Christ est manifeste, sont déjà dans le monde.

Bête: la créature qui apparaît dans Apocalypse 13:1-10. Elle finit par devenir le maître du monde et un cruel persécuteur des enfants de Dieu (v. 7), ainsi que l'objet du culte du reste du monde (vv. 15-18). La bête sera le dernier ennemi terrestre de Christ (19:19); elle est habituellement identifiée à l'Antichrist de 1 Jean 2:18; 4:3, à "l'homme impie" et "fils de perdition" de 2 Thessaloniciens 2:3-4, et au "chef qui viendra" de Daniel 9:26.

Bibliologie: la partie de la théologie qui traite de l'inspiration et de l'autorité de l'Ecriture.

Christologie: la partie de la théologie qui traite de la personne et de l'œuvre de Christ.

Discours du mont des Oliviers: le discours prophétique de Christ rapporté principalement dans Matthieu 24–25 (avec des parallèles plus concis dans Marc 13 et Luc 21). Il s'agit d'une réponse détaillée à la question des disciples (Mt 24:3) concernant la destruction du temple, la fin du monde et son retour.

Enlèvement: le mot désigne la venue de Christ dans les airs pour ses saints (1 Th 4:14-17), par opposition à son retour sur la terre avec les saints (Za 14:5).

Eschatologie: la partie de la théologie qui traite de la fin des temps.

Exégétique: du grec *exêgêsis*; qui a trait à l'analyse et l'explication minutieuse d'un texte biblique à partir des originaux.

Faux prophète: Apocalypse 13 décrit la montée de deux bêtes. La première monte de la mer (v. 1), la seconde de la terre (v. 11). Cette dernière agit en tant que faux prophète. Elle opère des signes et des miracles (vv. 13-14) et incite les gens à adorer la première bête (vv. 12, 14-18). Après le chapitre 13, l'apôtre Jean désigne systématiquement cette bête comme "faux prophète" (16:13; 19:20; 20:10) alors qu'il parle de la première bête en disant simplement "la" bête (voir *Antichrist*, *Bête*).

Glorification: l'aboutissement instantané du processus de sanctification. Elle marque l'étape finale de l'œuvre salvatrice de Dieu en faveur des rachetés (Ro 8:30). Elle implique même "la rédemption de notre corps" (v. 23). "Car il faut que ce corps corruptible revête l'incorruptibilité, et que ce corps mortel revête l'immortalité. Lorsque ce corps corruptible aura revêtu l'incorruptibilité, et que ce corps mortel aura revêtu l'immortalité, alors s'accomplira la parole qui est écrite: La mort a été engloutie dans la victoire" (1 Co 15:53-54). La glorification s'opérera au retour de Christ, lorsque ceux qui sont morts en Christ seront ressuscités et que ceux qui seront encore vivants à ce moment-là seront enlevés dans les airs à sa rencontre (1 Th 4:16-17). Tous les saints seront alors instantanément rendus semblables à Christ: "Lorsqu'il paraîtra, nous serons semblables à lui, parce que nous le verrons tel qu'il est" (1 Jn 3:2).

Hamartiologie: la partie de la théologie qui traite du péché.

Herméneutique: la science qui traite des principes d'interprétation de l'Ecriture.

Hyper-prétérisme: théorie selon laquelle *tous* les événements prophétiques abordés dans l'Ecriture ont été accomplis avant l'an 70 de notre ère. L'hyper-prétérisme reprend à son compte l'hérésie d'Hyménée et Philète, qui enseignaient que la deuxième venue de Christ s'était déjà produite et renversaient ainsi la foi de certains chrétiens (2 Ti 2:17-18). Les défenseurs de ce système spiritualisent généralement le sens du retour de Christ et nient le fait qu'il reviendra sous une forme corporelle. Ils essaient de concilier leur affirmation avec la déclaration d'Actes 1:11 – "Ce Jésus, qui a été enlevé au ciel du milieu de vous, viendra de la même manière que vous l'avez vu allant au ciel." – en niant l'ascension corporelle de Christ. Certains vont même jusqu'à nier sa résurrection corporelle, ce qui les dispense d'expliquer ce qu'aurait pu être une ascension non corporelle. Ainsi l'hyper-prétérisme s'en prend à plusieurs doctrines cardinales du christianisme. Ce système se différencie du *prétérisme* (voir plus loin), bien que tous deux se fondent sur une interprétation erronée de Matthieu 24:34 ("Cette génération ne passera point, que tout cela n'arrive").

Jour du Seigneur: le jugement apocalyptique final sur la terre (Es 13:9-11; Ez 30:2-19; Joël 1:15; 2:30-32; 3:14; Am 5:18-20;

So 1:14-18; Za 14:1-4; Mal 4:1, 5). Le Nouveau Testament emploie l'expression "jour du Seigneur" au moins trois fois, peut-être même quatre (Ac 2:20; 1 Th 5:2; 2 Pi 3:10 et 2 Th 2:2 dans les plus anciens manuscrits). Le jour du Seigneur est aussi appelé "jour du malheur" (Job 21:30; Jé 17:17) ou "jour de vengeance" (Es 61:2; 63:4; Jé 46:10). Parmi ses autres synonymes dans le Nouveau Testament, mentionnons "le jour de la colère" (Ro 2:5), "le jour où Dieu visitera" son peuple (1 Pi 2:12) et "le grand jour du Dieu tout-puissant" (Ap 16:14). Dans les contextes de ces versets, il est question de jugement et de "ravage du Tout-Puissant" (Joë 1:15). Le jour du Seigneur est associé à Harmaguédon (Za 14:1-4), et au jugement et à la destruction finale de la terre (2 Pi 3:10), même si l'Apocalypse sépare ces événements et situe le règne de mille ans entre eux (Ap 19:17–21:1).

Justification: l'acte par lequel Dieu déclare juste le pécheur qui croit. Dieu peut prendre cette décision sans compromettre sa justice, car la justice de Christ est imputée à la personne justifiée. De la même manière, la faute du pécheur a été imputée à Christ sur la croix où le Sauveur a fait l'expiation du péché. Ainsi, lors de la justification, la culpabilité du péché est effacée par la mort de Christ, et les mérites de la vie parfaite de Christ sont portés au compte du pécheur.

Millénium: le règne de mille ans de Christ sur la terre, décrit dans Apocalypse 20:1-7.

Pneumatologie: la partie de la théologie qui traite du Saint-Esprit.

Postmillénarisme: système qui enseigne que l'Eglise établira le règne terrestre de Christ grâce à la prédication de l'Evangile (et par l'action politique, selon certains). Les postmillénaristes croient que Christ régnera sur un royaume terrestre littéral, mais la plupart pensent qu'il gouvernera du ciel, après quoi il viendra sur la terre pour exercer ses jugements.

Prémillénarisme: théorie qui enseigne que Christ reviendra sur la terre pour y instaurer son règne de mille ans, et qu'il montera sur un trône terrestre.

Prétérisme complet: euphémisme pour désigner l'hyper-prétérisme (voir plus haut). On l'appelle aussi "prétérisme conséquent" et "eschatologie réalisée".

Prétérisme partiel: voir *Prétérisme*.

Prétérisme: selon cette interprétation, les prophéties de Matthieu 24 relatives à la tribulation se sont toutes réalisées lors de la destruction de Jérusalem en 70. Ses défenseurs maintiennent que d'après Matthieu 24:34 ("Cette génération ne passera point, que tout cela n'arrive") toutes les prophéties désastreuses du discours du mont des Oliviers se sont réalisées lors de la chute de Jérusalem en l'an 70 de notre ère. Il faut différencier ce système de celui connu sous le nom d'hyper-prétérisme (voir plus haut). Contrairement à ce dernier, le prétérisme ne nie pas le futur retour corporel de Christ sur la terre ni la résurrection littérale des morts. Le courant majoritaire du prétérisme est souvent qualifié de prétérisme partiel par les tenants de l'hyper-prétérisme.

Sotériologie: la partie de la théologie qui traite du salut.

Théologie proprement dite: la partie de la théologie qui traite plus particulièrement de la doctrine de Dieu.

Tribulation: une période de sept ans de calamités terrestres qui précédera le retour de Christ en gloire. Cette période est associée à la soixante-dixième semaine de la prophétie de Daniel, au cours de laquelle "un chef qui viendra" profanera Jérusalem et le temple de Dieu (Da 9:26-27). Les prémillénaristes considèrent généralement que les jugements décrits dans Apocalypse 6 à 18 interviendront pendant la tribulation. Le "chef" dont parle Daniel correspond à la bête d'Apocalypse 13. Il existe d'autres parallèles frappants entre les événements détaillés dans l'Apocalypse et la prophétie de Daniel (cf. Da 7:25; 12:7; Ap 12:14).

Type: une préfiguration symbolique de vérités concernant Christ. Ce sont en général des personnages ou des événements de l'Ancien Testament qui annoncent des traits de caractère ou des incidents de la vie du Messie. Ainsi, l'esclavage d'Israël en Egypte préfigure la descente de l'enfant Jésus en Egypte pour fuir la colère du roi Hérode (cf. Os 11:1; Mt 2:13-15), et le serpent d'airain au bout de la perche (No 21:9) était un type de la crucifixion de Christ (Jn 3:14).

Index biblique

Du même auteur

Aux éditions de La Maison de la Bible

La gloire du ciel

Ce que la Bible dit du ciel, des anges, de la vie éternelle. Où pouvons-nous apprendre à quoi ressemble le ciel? La Parole de Dieu doit demeurer notre source. C'est d'elle que l'auteur tire ses observations. D'innombrables volumes ont été écrits sur le ciel, mais rarement avec autant de ferveur, de profondeur et de fondement biblique. John MacArthur éveille en nous l'espérance de ce qui nous attend... au ciel! - 256 pages - E3359

Spiritualité en crise: comment discerner le vrai du faux

Saviez-vous qu'en réalité la foi peut être gravement nuisible? Certains types de foi détournent en fait du vrai Dieu, remplaçant la vérité par la superstition, le mensonge ou la foi elle-même. Une telle foi conduit inévitablement à la catastrophe spirituelle. - 130 pages - E3314

La bénédiction de Toronto

L'histoire est souvent marquée par la répétition des faits historiques. Le monde religieux n'y échappe pas et, de temps à autre, est secoué par des poussées de fièvre. L'événement, pour peu qu'il soit spectaculaire, déchaîne les passions. A la lumière de l'Ecriture sainte, l'auteur examine le mouvement appelé la "bénédiction de Toronto". - 32 pages - E3283

Autres éditions

Galates

MacArthur nous commente cette lettre de Paul, ce cri du cœur venant d'un homme de Dieu qui comprend plus qu'aucun autre ce qu'est la liberté de la grâce. Cette lettre est une épée étincelante, maniée par un cœur ardent! - 346 pages - D1137

Tite

L'auteur nous présente cette épître comme un trésor pratique, un guide de la sorte de ministère et de vie chrétienne qui attire les non-croyants au salut. Cette lettre est une formation pour l'établissement d'églises fortes, efficaces dans leur témoignage. 260 pages - D1138

Ephésiens

Cette merveilleuse lettre parle aux chrétiens des grandes richesses, de l'héritage et de la plénitude qu'ils possèdent en Jésus-Christ et dans son Eglise. Elle leur dit ce qu'ils possèdent, et ce qu'ils doivent faire pour se l'approprier et en jouir. 528 pages - D1144

Colossiens - Philémon

Bien qu'écrit il y a près de 2 000 ans, le message toujours actuel de l'épître aux Colossiens touche les problèmes et les crises de notre époque et présente Jésus-Christ comme leur solution. "Jésus a enseigné que les croyants doivent se pardonner réciproquement": en écrivant à Philémon, Paul applique cette vérité à une situation précise. - 328 pages - D1143

Eglise (L') : le Corps de Christ

Définit le Corps de Christ en soulignant son unité dans la diversité. Montre qu'il a un témoignage à rendre par les dons spirituels faits à chaque membre. - 32 pages - D3209

Donner selon Dieu
La libéralité, découlant d'un cœur engagé pour le Seigneur, demeure aujourd'hui encore une source de bénédiction. 98 pages - D3235

J'ai trouvé la volonté de Dieu
La volonté de Dieu peut être trouvée... et suivie! L'auteur présente cinq principes de base pour une vie chrétienne selon la volonté de Dieu. Si ces principes sont vécus et intégrés, le sixième peut être appliqué - il vous surprendra certainement - "Faites ce que vous voulez!". - 63 pages - D3245

Comment affronter l'ennemi
Bien des chrétiens croient que nous devrions faire comme si Satan et son armée de démons n'existaient pas. D'autres disent que nous devrions apprendre à lutter contre eux et chercher à engager le combat. Mais que dit la Bible? - 234 pages - D1134

Evangile selon Jésus (L')
Là où nous avons toujours pu présenter l'Evangile, nous avons développé des expressions clés: "Croire en Jésus-Christ"; "Accepter Jésus"; "Recevoir Jésus dans son cœur", etc. Mais, telles que nous les utilisons, ces expressions sont-elles équivalentes au "Suis-moi!" que Jésus adressait à ceux qui s'enquéraient auprès de lui de la façon d'être sauvé? - 358 pages - D1133

Quand la conscience disparait
Dans ce livre passionnant, John MacArthur nous met au défi d'affronter une société qui refuse d'assumer sa responsabilité. Basé sur le solide fondement biblique, il nous montre pourquoi et comment traiter la question du péché, si nous voulons vivre de manière à plaire à Dieu. A lire et faire lire! - 299 pages - D9127